- 2019年四川省普教科研资助金课题"'分享·创生'教学的理论与实践研究"（[2019]514-16）
- 成都市教育科研2017年度规划课题"基于核心素养的分享教育研究"（CY2017Y02）
- 2020年成都市哲学社会科学规划课题"成都市区域推进课堂教学改革，提……研究"（ZY2420200634）

"分享·创生"
教学的理论与实践

FENXIANG
CHUANGSHENG
JIAOXUE DE LILUN YU SHIJIAN

黄祥勇　张玉华　牟天伟　著

北京师范大学出版集团
北京师范大学出版社

图书在版编目(CIP)数据

"分享·创生"教学的理论与实践 / 黄祥勇，张玉华，牟天伟著. -- 北京：北京师范大学出版社，2024.12. -- ISBN 978-7-303-29969-0

Ⅰ．G420

中国国家版本馆 CIP 数据核字第 20243FV958 号

出版发行：北京师范大学出版社　www.bnupg.com
　　　　　北京市西城区新街口外大街 12-3 号
　　　　　邮政编码：100088
印　　刷：北京溢漾印刷有限公司
经　　销：全国新华书店
开　　本：787 mm×1092 mm　1/16
印　　张：12.5
字　　数：259 千字
版　　次：2024 年 12 月第 1 版
印　　次：2024 年 12 月第 1 次印刷
定　　价：45.00 元

策划编辑：乔雪峰　　　　　　责任编辑：齐栋超　李文娟
美术编辑：王　蕊　胡美慧　　装帧设计：永城天地工作室
责任校对：段立超　　　　　　责任印制：孙文凯

版权所有　侵权必究
反盗版、侵权举报电话：010-58800697
北京读者服务部电话：010-58808104
外埠邮购电话：010-58808083
本书如有印装质量问题，请与印制管理部联系调换。
印制管理部电话：010-58808284

前　言

随着新课程改革的稳步推进和《义务教育数学课程标准(2022年版)》(以下简称《标准(2022年版)》)的有效实施，教师的教学观与学生观都在发生着改变。《标准(2022年版)》指出，数学课程要培育学生的核心素养，主要包括以下三个方面：会用数学的眼光观察现实世界，会用数学的思维思考现实世界，会用数学的语言表达现实世界。教师已逐渐意识到传统教学中可能存在的某些问题，如"一讲到底"的传统授课方式、学生被动接受的听课状态，以及单一对错的教学评价方式等，使得教学与评价分离，导致教师只围绕"怎么教"来进行教学设计，而忽视对"学生的学习习惯怎么培养、教师的教学活动如何开展、学生评价怎样有效"等问题的思考，最终造成学生主体性的缺失和学生学习积极性的降低。因此，如何将理论化的"意识"转化为可复制的"操作"成为一个亟待解决的问题。

《关于进一步减轻义务教育阶段学生作业负担和校外培训负担的意见》(以下简称"双减")指出，要求教育工作者必须改变传统的教学思想，有效建立与"双减"政策相适应的办学理念、教育模式和教学方法。学校教育应不断深化课程改革，创新教学方式。课堂是教师教学与学生学习的主阵地，在学校层面的减负必须要抓住课堂，让学生充分利用课堂学习时间，做到学有所得，学生负担自然随之减轻。

新课程改革以来，各地教育工作者对课堂教学方式进行了大胆的尝试与改革，其中以"小组合作"为载体的课堂改革居多。同时，教师尝试引导学生自主学习，并组织学生积极参与活动，给予学生更大的交流探讨空间。但这样的课堂改革可能更偏向于停留在"意识"上，"形式"上没能达到可"复制"、可"操作"的层面，导致教师的课堂教学方式、学生活动的组织形式、学生评价的具体内容等缺少可遵循的操作办法。《标准(2022年版)》在课程理念中指出，有效的教学活动是学生学和教师教的统一，学生是学习的主体，教师是学习的组织者、引导者与合作者。学生的学习应是一个主动的过程，认真听讲、独立思考、动手实践、自主探索、合作交流等是学生学习数学的重要方式。评价不仅要关注学生学习结果，还要关注学生学习过程，激励学生学习，改进教师教学。"分享·创生"教学正是针对所谈到的这些问题在新课程改革的理念下创生出的一种全新的教学活动。

"分享·创生"教学是以学生的学为出发点，以激发学生的学习内力、改善学生的学习方式、促进学生的学习发展为目的，按照"Q问题(question)—D对话(dialogue)—

E 评价(evaluate)—R 重构(reconstruction)"的方式开展的教学活动,即以"问题"为主线来设计学生的教学活动,以学生参与多种视域融合的"对话性讲解"代替教师单向的"独白式讲解",以内在的凸显认知发展功能的学习评价代替外在的发挥甄别竞争功能的学业评价,以建立知识内在联系和意义理解的自我新认识代替知识的被动接受的教学过程。"分享·创生"教学的基本内涵包括以下四个方面:

一、以角色重塑为学习生态基础。"分享·创生"教学体现的是"师生""生生"多元主体之间相互依存、合作共赢的"你—我"关系,是交往互动、动态生成的批判性学习过程。课堂上不仅有教师和学生的角色,还出现了"教师学生"与"学生教师"的新型角色,师生、生生之间相互学习,由听讲变为主讲或由主讲变为听讲,即各对象之间互为主体,教师和学生的角色不再具有绝对性及不变性,他们之间的角色是相互转换、动态变化的。

二、以对话性讲解为学习基本样态。"分享·创生"教学不再以个体"独学"为主,而是师生、生生之间以对话为主要形式的"共学"和"互助"。多元主体之间是以对话性讲解的方式开展活动的,不是单向的灌输过程而是多向的互动过程,不是既定不变的"静止"传授过程而是瞬息变化的"动态"交流过程,对话性讲解贯穿整个课堂学习的始终。

三、以多元评价为学习推进手段。"分享·创生"教学不仅关注学生对知识理解的对错,还关注不同学习者的学习情感、学习态度和学习精神。学习什么内容和学习的程度不再由教师决定,也不再是预设不变的,而是根据课堂学习内容和学习者的具体表现让大家一起来参与探究、一起来参与评说,"多元评价"成为一种有效促进师生学习的方式。

四、以反思重构为学习内在效益。"分享·创生"教学不仅关注学习者的独学效果,更关注学习者在"对话性讲解""多元评价"的分享学习活动中实现共学互助,实现个人对学习内容进行改变或扩充的反思与再认识,经历个人认知从随意到规范、从零散到系统、从浅表到深度的创生过程。

"分享·创生"教学的研究团队以新课程改革理念为指导,秉持"学生为主体,教师为主导"的思想,致力改善学生的学习状态和教师的教学方式。"分享·创生"教学努力实现学生的学习状态由被动到主动、学习方式由个体独学到团队共学、学习评价由单一对错到多元全面、学习效益由短效分数到长效发展的四个转变,最终落实"会学习、会合作、会表达、会评价、会习得"的五会培育。

本书从理论与实践两个方面,对"分享·创生"教学的内涵、特征、基本理念、理论基础、教学原则、教学策略、学习评价等内容进行了较为系统的整理。全书共分八章,第一章主要阐述了"分享·创生"教学的形成过程;第二章主要论述了教学论的转向:从"教"走向"学";第三章介绍了"分享·创生"教学的理论基础;第四章至第六章依次论述了"分享·创生"教学的概述、"分享·创生"教学的基本理念、"分享·创生"

教学范式；第七章介绍了"分享·创生"教学的学习单设计；第八章以课型分类呈现了技术融合下的"分享·创生"教学的典型课例。"分享·创生"基本理念契合新课程改革的理念，有助于克服现实教学中的一些弊端和"顽症"。

本书适合中小学教师、教研人员、师范院校学生、课程与教学论的研究生与研究人员阅读参考。

本书在撰写过程中，有大量一线教师深度参与。曾志跃、蒋维、文秋月三位老师参与了部分章节的编写工作，曹军才、邱声誉、何雨佩、荣彬、杨泽海、李思兴、陈立蓉等老师还参与了前期的编写和指导工作，在此一并表示衷心的感谢。

虽然本书在编写过程中经历多次修改，但限于编者的水平，难免有不妥之处，恳请读者批评指正。最后，希望本书能够对课堂教学改革起到积极的推动作用，重塑教育新生态！

2024 年 4 月

目 录

第一章　"分享·创生"教学的形成过程 …………………………………… 1
　第一节　基于课堂的问题提出 …………………………………………… 1
　　一、课堂教学中学生的主体性发挥欠佳 ……………………………… 1
　　二、课堂教学中学生的学习方式较单一 ……………………………… 2
　　三、课堂教学中学生的学习与评价相对分离 ………………………… 3
　　四、课堂教学中学生知识的接受方式碎片化 ………………………… 4
　　五、课堂教学中教师的教学目标定位不准确 ………………………… 4
　第二节　回归课堂的课题引领 …………………………………………… 6
　　一、立足课堂的问题解决 ……………………………………………… 6
　　二、高于课堂的成果提炼 ……………………………………………… 7
　　三、回归课堂的实践指导 ……………………………………………… 8
　第三节　超越课堂的深入研究 …………………………………………… 10
　　一、揭示分享学习型课堂教学范式的内涵 …………………………… 10
　　二、揭示分享学习型课堂教学范式的意义 …………………………… 11
　　三、对典型性问题进行深入研究 ……………………………………… 13
第二章　教学论的转向：从"教"走向"学" ……………………………… 14
　第一节　为什么要从"教"走向"学" ………………………………… 14
　　一、教学的概念及其发展 ……………………………………………… 14
　　二、学生的"学"是教学矛盾的主要方面 …………………………… 15
　　三、转变学习方式是新课程改革的核心任务 ………………………… 16
　第二节　怎么样从"教"走向"学" …………………………………… 22
　　一、主动发展的激励性维度 …………………………………………… 22
　　二、问题解决的发展性维度 …………………………………………… 24
　　三、评价调节的反思性维度 …………………………………………… 25
　第三节　从"怎样学"到"怎样教" …………………………………… 28
　　一、教师是学生学习的促进者 ………………………………………… 28
　　二、学生活动的组织原则 ……………………………………………… 30
　　三、提升学生的质疑能力与分享意识 ………………………………… 31

第三章 "分享·创生"教学的理论基础 ······ 35
第一节 哲学与社会学基础 ······ 35
一、对话哲学对教育的影响 ······ 35
二、"分享·创生"教学中的对话哲学 ······ 36
第二节 心理学基础 ······ 38
一、马斯洛需求层次理论 ······ 38
二、建构主义学习理论 ······ 41
三、布卢姆教育目标分类学理论 ······ 45
第三节 教育学基础 ······ 49
一、学习金字塔理论 ······ 49
二、主体教育理论 ······ 51
三、对话式教育理论 ······ 54

第四章 "分享·创生"教学的概述 ······ 58
第一节 "分享·创生"教学的界定 ······ 58
一、"分享·创生"教学的定义 ······ 59
二、"分享·创生"教学的内涵 ······ 62
第二节 "分享·创生"教学的特征 ······ 68
一、"分享·创生"教学是一种以"为学而教"的教学 ······ 68
二、"分享·创生"教学是使学生"会学"的教学 ······ 69
三、"分享·创生"教学是学习单导航式的教学 ······ 70
四、"分享·创生"教学是学生"主动建构"知识的教学 ······ 72
五、"分享·创生"教学是学生参与"教"的教学 ······ 73
六、"分享·创生"教学是整合"多元"方式的教学 ······ 74
第三节 "分享·创生"教学的意义 ······ 76
一、为"分享·创生"教学这一新型教学提供认识论与方法论 ······ 76
二、为"分享·创生"课堂教学的开展提供新的指导框架 ······ 77
三、为"分享·创生"视域下的课堂教学提供系列资源 ······ 78
四、为"分享·创生"教学的理论研究和实践经验搭建桥梁 ······ 79

第五章 "分享·创生"教学的基本理念 ······ 81
第一节 "以生为本"的教学观 ······ 81
一、一切为了学生 ······ 81
二、高度尊重学生 ······ 82
三、全面依靠学生 ······ 82
四、全面发展学生 ······ 83

第二节 "多元构建"的知识观 ………………………………………… 84
　　一、重视重点知识、难点知识呈现的旁观者知识观 ………………… 84
　　二、重视学生参与知识构建与生成的参与者知识观 ………………… 85
　　三、重视既有"传承"又有"创生"的全息教学知识观 ……………… 85
第三节 "深度理解"的教育观 ……………………………………… 86
　　一、深度理解的教学活动是一种常态 ……………………………… 86
　　二、深度理解的教学是反思性的教学 ……………………………… 87
　　三、深度理解的教学是体验性的教学 ……………………………… 87
第四节 "创新发展"的评价观 ……………………………………… 88
　　一、"创新发展"的评价观更加关注学生自身的发展 ……………… 88
　　二、"创新发展"的评价观引导学生创新发展的学习 ……………… 89
　　三、"创新发展"的评价观是多元共存的评价观 …………………… 89

第六章 "分享·创生"教学范式 ………………………………………… 90
第一节 "分享·创生"教学范式的概念界定 ……………………… 90
　　一、什么是范式 ……………………………………………………… 90
　　二、什么是教学范式 ………………………………………………… 90
　　三、什么是"分享·创生"教学范式 ……………………………… 92
第二节 "分享·创生"教学范式的结构特征 ……………………… 92
　　一、内涵结构 ………………………………………………………… 92
　　二、基本理念 ………………………………………………………… 92
　　三、操作程序 ………………………………………………………… 93
　　四、教学原则 ………………………………………………………… 98
第三节 "分享·创生"教学范式的活动开展 ……………………… 99
　　一、共学组活动 ……………………………………………………… 99
　　二、互助组活动 ……………………………………………………… 104
　　三、"小老师"展示活动 ……………………………………………… 106

第七章 "分享·创生"教学的学习单设计 ……………………………… 114
第一节 "分享·创生"教学的学习单概念 ……………………… 114
　　一、学习单的含义 …………………………………………………… 114
　　二、学习单在"分享·创生"教学中的意义 ……………………… 117
第二节 "分享·创生"教学的学习单特征 ……………………… 126
　　一、整合性 …………………………………………………………… 126
　　二、主体性 …………………………………………………………… 127
　　三、开放性 …………………………………………………………… 128
　　四、导学性 …………………………………………………………… 129

第三节 "分享·创生"教学的学习单设计 …………………………… 130
　一、学习单的基本内容 ……………………………………………… 130
　二、学习单设计的基本原则 ………………………………………… 135
　三、学习单的设计方法 ……………………………………………… 138

第八章 "分享·创生"教学的典型课例 ………………………………… 144
第一节 技术融合下的"分享·创生"课堂教学 ……………………… 145
　一、信息技术融合在课堂教学中的使用优势 ……………………… 146
　二、信息技术与数学课堂教学的融合原则 ………………………… 148
　三、信息技术融合在课堂教学中的使用情境 ……………………… 150
　四、信息技术融合在课堂教学中需要注意的问题 ………………… 153
第二节 新授课中的典型课例 ………………………………………… 154
　一、概念新知课的基本结构 ………………………………………… 154
　二、概念新知课的典型案例 ………………………………………… 155
第三节 复习课中的典型课例 ………………………………………… 171
　一、板块复习课的基本结构 ………………………………………… 171
　二、板块复习课的典型案例 ………………………………………… 172
第四节 讲评课中的典型课例 ………………………………………… 181
　一、试卷讲评课的基本结构 ………………………………………… 181
　二、试卷讲评课的典型案例 ………………………………………… 182

后　记 …………………………………………………………………… 189

第一章 "分享·创生"教学的形成过程

2015年"分享·创生"教学以"分享学习型课堂教学"为名称被提出并开始研究，2017年更名为"基于核心素养的分享学习型课堂教学"，2020年正式更名为"分享·创生"教学。"分享·创生"教学主要经历了以下三个阶段，第一阶段"基于课堂的问题提出"，第二阶段"回归课堂的课题引领"，第三阶段"超越课堂的深入研究"。本章将对"分享·创生"教学的形成过程的三个阶段进行一次系统的回顾与梳理。

第一节 基于课堂的问题提出

初期，为了全面细致地了解目前课堂教学的实际情况及具体问题，我们到各学校进行教学视导，考察课堂教学的现状，与学校领导、教师交谈，对各学校教师进行问卷调查。从这些实际调研、考察、访谈中，我们发现目前学校的课堂教学存在以下几个问题。

一、课堂教学中学生的主体性发挥欠佳

"以学生为主体"的新课程教学理念还停留在很多教师的意识层面，课堂上学生主体性的缺失仍是普遍现象。目前，很多课堂仍是以教师为主导的"一言堂"教学，教师不注重学情，眼里没有学生，教学活动的设计不以学生的认知为前提，忽视学生的兴趣爱好，对知识的接受程度仅仅是围绕自己的想法，以完成教学内容为目的。在教学内容的讲解过程中，教师过分依赖教材和教辅资料，没能结合学生的学情对教学内容进行修改和调整，使得教师的"教"与学生的"学"分离。另一类课堂则是盲目推崇学生的主体性，课堂无教师主导，整个教学活动全是由学生推进的"放羊式"教学，学生独立完成教学活动的探究、问题的解决。教师在课堂上仅仅是参与者的角色，没有教学活动的组织与开展，教学内容中也没有学生探究问题的设计。这样的课堂看似热闹，但学生的参与却流于形式，没能解决教学过程中的实质问题。

在传统灌输式的课堂教学中，教师是权威的象征，学生只能按照教师铺设的道路行走。课堂教学的开展方式以"教师独白式讲解"为主，是只见"知识"不见"人"的教学方式，学生在课堂上主体性的体现成为口号，教师不知如何在课堂中体现和发挥学生

的主体性。无教师主导的课堂教学是对新课程理念的误解，部分教师误以为教学任务的完成只要全部交给学生就体现了学生的主体性。"学生为主体，教师为主导"是一个不可分割的统一体，"主体"体现的是学生在学习活动中的地位，"主导"体现的是教师在学习活动中发挥的作用。很多时候，由于学生自身知识经验和能力的局限性，他们是无法独立开展、完成学习活动的，此时教师适当的指导和帮助显得尤为重要，学生是学习活动的"主体"，教师是学习活动的"主导"者。学生主体性的缺失是我们深入课堂实践教学活动后发现的较为突出的问题。

二、课堂教学中学生的学习方式较单一

美国学者哈伯特·塞伦提出"学习方式通常指学生在完成学习任务时经常的或偏爱的基本行为和认知取向，它是学习者连续一贯表现出来的学习策略和学习倾向的总和"。① 新课程改革以来，我国的课堂教学方式在新课程标准的影响、推动下进行了一次重要的变革。学生的学习方式从被动接受式逐渐向自主、合作、探究式转变。学习方式的转变要求教师在教学中的角色逐渐向组织者、引导者与合作者转变。

以"教师独白式讲解"为主要教学方式的课堂导致了学生学习方式的单一。在传统课堂教学中，教师过于关注学生对知识的接受与掌握情况，忽视学生对知识的发现与探究过程，"师讲生听"的方式成为课堂教学的主要模式。课堂讲解的话语权由教师独享，讲解的任务也由教师独立完成。这样的教学模式使得学生一直处于被动接受的学习状态，从而导致新课程改革所倡导的自主、合作、探究等学习方式未能得到有效实施。同时，这种以教师讲授为主，学生被动听为辅的教学方式又将产生许多教学弊端。如教师将花费大量的时间批改学生的作业，从而没有足够的时间和精力进行专业的进修以及对教学经验的反思与提炼。随着教龄的增加和教学经验的积累，教师会误以为教学内容就是机械重复，导致教师不愿去思考创新，从而疏于对教学内容的掌握，最终失去提升自己专业能力的动力和信心。教师的"教"与学生的"学"产生不匹配的结果，势必也会导致课堂效率低下。虽然教师花费大量的时间进行知识的讲解，但学生并没有将知识内化，也未能进行自我建构，从而导致学生不能迁移应用，往往事倍功半。

总之，"教师独白式讲解"这种单一的教学方式，导致教师成为课堂的中心，学生学习的主动性减弱，学习的积极性降低，从而使课堂缺少生机。长此以往，学生学习的主动性和积极性逐渐丧失，厌学、不学的现象也会越来越严重。学生的学习永远是被动接受，缺少主动参与，这不利于学生创新精神的培养，也不利于教师对学生分析问题、解决问题等能力的培养。

---

① 周兴国. 反思"转变学习方式"说[J]. 课程·教材·教法, 2006(7): 22—25.

三、课堂教学中学生的学习与评价相对分离

教育评价具有强大的导向功能，有怎样的教育评价，就有怎样的教育实践；有怎样的教育实践，就有怎样的学生发展。学习评价是教育评价的主要组成部分，学习评价的目的在于改进学习实践。学习评价不仅是对学生学习成绩的认可，更重要的是对学生学习行为的引导，促进学生认知能力、动手能力、分析和解决问题能力不断提高。但是在传统课堂教学中，评价的目的是甄别与选拔，而不是促进学习和改善表现；评价标准是预设的，而非生成的；评价所关注的是学习结果，而非学习过程；评价方法注重纸笔的考试或测验，并常常将学习评价和考试画上等号，似乎只有考试才能客观、科学、公正地甄别学生，提供学习调控的信息。

通过深入课堂，我们发现目前教师的学习评价还是着重关注学生在学习活动中所获得的学习结果与行为表现，这只发挥了评价的甄别与部分激励功能，而忽略了评价的认知与生成功能，使得学习与评价相分离、学习者与评价者相对立。目前学习评价主要存在以下几个方面的问题：

1. 评价忽视了学生的学习过程

关于学生的评价，教师原有的认知就是"选拔为先"，但随着新课程改革理念的提出，学生的评价已经转变为以"发展为导向"。在理论层面，多数教师已经意识到评价需要关注学习的过程。但在以学生的中、高考成绩为标准决定是否升学的情况下，家长、社会只通过学校升学率的高低来判断学校的教学质量。学校在这种强大的社会压力和教育惯性下，不得不全力抓应试教育。学校课程的设置不得不以升学考试为核心，学校对教师的教学效果考核也不得不以学生对教材知识的掌握程度为参照，教师对学生的评价考核也转变成以学生在班级成绩排名为标准，最终导致评价仍然是一种重视结果的终结性评价。

学生的整体性发展，在关注学习结果的同时，更需要关注的是学生参与学习的全过程。因为学生全面发展，除了知识的学习，还包括情感态度、综合创造能力、问题解决能力、学习能力、合作与交流能力等方面的培养。对这些能力的评价是不能够通过纸笔测验得出结果的，因为这些能力主要表现在学生学习的过程中。传统的教学忽略了对这些能力的评价，究其原因是这些能力没有被可视化，教师难以对学生在学习过程中所表现出来的能力进行分析判断。实际上，学生的这些能力在学习过程中是有所体现的，学生的这些能力可以通过文字、语言、行为等形式表现出来，教师及时地对学生的这些表现进行评价与反馈，学生能力就会得以提升，从而实现学生整体性发展。

2. 评价忽视了学生生命发展的整体性

学生是一个生命体，这个生命体因有情感、行为、思考而独特地存在。课堂是学生生命发展的主要场所。在教育教学过程中，不能忽略生命的整体性发展，而仅仅关注学生个体的阶段性成长。在教育教学过程中，教师对学生的影响是长远的，不能把

学生当成知识的接纳器，让学生被动地接受课堂教学的知识，漠视学生的情感与态度。教师要尊重学生生命的延续性，重视学生发展的长远性，看到学生在知识获得的过程中，所获得的分析问题、解决问题以及社会交往的能力，而不能仅仅关注知识本身。

3. 评价忽视了对学生学习过程的指导

对学生的学习评价应当具有全面性、指导性、过程性等基本特征。若要发挥评价的作用并使其具有全面性，就要对学生进行多种方式、多元内容的评价。因此，在评价的过程中除了可量化的分数评价之外，还需要有质化的文字评价。因为学生学习的知识在不同的维度具有不同的表现形式，在学习的过程中教师要对学生的学习进行指导并及时评价。在实际课堂教学中，很多教师将过程性的指导与学习评价割裂理解，导致教师总是按照自身的教学计划推进课堂流程，而对学生学习过程的指导相对较少。

总体上，我们深入课堂教学后发现，现有的评价模式还存在一些问题。例如，评价的方式单一，仅仅以考试分数为依据；评价的主体单一，仅仅是师对生的评价；评价的内容单一，仅仅是学习效果的评价；评价的体系不健全，仅仅是"重考试、重分数"。这样的评价方式会削弱学生的学习积极性，不利于学生的发展。

四、课堂教学中学生知识的接受方式碎片化

以教师讲授为主的课堂教学，带给学生的更多的是碎片化的学习方式。

首先，体现在教师课堂提问的碎片化。我们发现，在许多的课堂上教师问题一抛出，学生小手便林立，师生问答此起彼伏，这样的课堂氛围很好，但在这整齐划一的回答中，并不见得所有的学生就真的学会了。因为在快速的追问中能够跟得上，甚至是"配合"得天衣无缝的毕竟是少数思维灵活的学生，而对于大多数学生在碎片化的追问中，他们更多的只是如看戏般的旁观者，并没有真的参与其中。教师会误以为学生都已经对知识有了较好的掌握，继而加快教学的进度。

其次，课堂教学中练习设计的碎片化也是一个不可忽视的问题。大部分教师对于学生练习的布置仅仅是有布置而无设计。他们并没有关注题目之间的内在联系，只是机械式地使用教辅资料。碎片化的练习带给学生的仅仅是练习数量的增多而不是思维的提升，这些题目可能都处于同一个思维层次上，学生通过"模仿"便能完成。学生练习完成之后，教师讲授又以订正答案为主，在学生完成改错之后，教师会误以为学生已经达到了教学要求。

五、课堂教学中教师的教学目标定位不准确

通过实际调研发现，在许多课堂教学中，学科教学不是在与学科知识相遇的过程中让学生习得和掌握新知识的技能，而是由教师直接把结论性的知识展示给学生，忽略了对学生习得知识的生成过程的引导。教学目标的设定偏重知识和技法，忽略高阶思维能力和学习能力的培养，更没有着眼于激发学生的情感，学生在学习过程中难以

获得学习兴趣及学习成就感。学生在课堂上的学习是完成外在任务，以避免惩罚为取向的浮于表面的学习，学习过程以机械记忆和反复操练为主，缺少深度思维加工，学习成果多以复制为主，难以迁移和升华。以这种方式学习的学生在小学阶段成绩一般比较好，也可能是教师眼中的"学优生"，但是随着学年的不断提高，特别是到了八年级以后开始出现学习困难和成绩下降的趋势，到了高中阶段学习任务的难度进一步提高，这些学生会表现出学习成绩"断崖式下跌"，学习状态急转直下。

偏重知识与技法的学习方式，导致学生在学习过程中只重视学习结果的对错，忽略了对相关知识间的联系。这样学习状态下的学生往往缺乏知识体系建构的能力，对于"为什么学"和"怎么学"缺少正确的认知，缺乏对知识的分析、创造、批判和发散等思维能力。究其原因是教师在教学时侧重于对学生知识和技能的培养，而忽略了对学生思维品质的培养。在学习初始阶段，那些表现为会答题、考高分的"伪优生"，随着学业难度的增加也将逐步转化为"学困生"。

学生思维的培养是课堂教学的目标之一。要想实现这一目标，教师在设定课堂教学目标时就不能仅以学生知识技能的获得为目的，而应该多关注学生知识获得的过程，学生在教师的引领之下去积极参与、体验成功、获得发展的深度学习的过程，这些才是课堂教学值得关注的地方。在这样的过程中，学生既掌握了学科核心知识的前后联系，又把握了学科知识的本质和思想方法，还能促进内在学习动机的形成。可以说让学生深度参与学习的过程是促进学生核心素养形成的重要途径，它着眼于学生对学习内容的整体把握，有利于学生迁移学科知识的学习方法、建构学科知识体系、发展高阶思维。学科知识本身就具有整体性、逻辑性和结构性，这也决定了在教育教学中，教师需要竭尽所能让学生既知其然更知其所以然，使得学生从浅表碎片化的学习到结构化的深度学习。因此，要想让学生的学习从浅表走向通透，学生的思维从被动走向主动，深度参与学习是比较有效的途径之一。

基于以上的分析与思考，我们决定把研究的课题定位为解决课堂教学中存在的实际问题。在课堂教学中通过教学模式的改进充分地体现学生的主体性，同时也把以"师讲生听"为主的教学方式转变为自主、合作、探究相结合的学习方式，从教师的"教"向学生的"学"进行转变。以角色重塑作为学习生态基础，构建师生、生生这样的多元主体。这些主体相互依存是合作共赢的"我—你"关系，体现了教学的交往互动、动态生成的批判性学习过程。以对话性讲解为学习基本样态，构建以对话为主要形式的"共学"和"互助"，体现教学由既定不变的"静止"传授过程向瞬息变化的"动态"交流过程转变。以多元评价为学习推进手段，构建评价体系，体现教学不仅关注学生对知识理解的对错，还关注对习惯方法和对不同学习者的学习情感、学习态度与学习精神的培养。以反思重构为学习内在效益，构建学习效益的多重关注，除了关注学习者的独学效果，还关注学习者在"对话性讲解""多元评价"的分享学习活动中，通过共学互助，实现个人对学习内容进行改变、扩充与再认识，体现教学中个人认知从随意到规范、从零散到系统、从浅表到深度的创生过程。

第二节 回归课堂的课题引领

由于本研究是理论与实践相结合的综合性研究,我们将"源于课堂,高于课堂,用于课堂"确立为研究的基本原则,将"聚焦问题—试点实验—理论提炼—实践检验—完善提升—普及推广"确立为研究的基本思路。针对课堂教学中出现的问题,在研读典型文献并梳理前期研究成果后,我们明确了本研究的核心问题与研究对象。在课题研究阶段,根据研究的进程以及存在的问题,我们进行了理论提炼,结合学科学习活动案例,揭示形成基于核心素养的分享学习型课堂教学基本条件与基本过程,构建基于核心素养的分享学习型课堂教学模式。与此同时,将提炼的理论与教学模式返回到课堂教学实践之中,进行有效性检验。根据二轮实践的结果完善提升,从教学目标、教学程序、教学策略、教学评价等方面完善教学模式。通过调查、交流、理论分析等方式,剔除不切实际的理论假设,构建基于核心素养的分享学习型课堂教学的评价体系,最终形成较为完善的基于核心素养的分享学习型课堂的教学体系。

一、立足课堂的问题解决

研究不是一蹴而就的,"基于核心素养的分享学习型课堂教学活动之'生讲生学'活动"是我们第一阶段的研究主题,确定研究目标后,我们便开始推进研究的工作。首先,利用教研、区域课堂教学大赛、骨干教师培训等活动,对教师进行动员宣讲,让所有教师了解"生讲生学"活动。接着,各教师利用班会等活动对学生进行动员,让学生也知晓"生讲生学"活动。为了更好地营造活动的氛围,采用海报宣传的方式,将活动方案张贴在各教室,同时还借助公众号对活动进行宣传。

教师和学生知晓了"生讲生学"活动,而活动要如何具体实施呢?拟文本便是第二阶段的工作。我们通过文本的梳理确定了"生讲生学"活动的标准以及流程。我们将拟好的文本发给学生,让他们对"生讲生学"活动的流程做到心中有数。在学生有了理论的认识之后教师便开始进行课堂上的实际培训,教师组织"敢讲—会讲—善讲"三个环节来培训学生,通过每堂课"生讲生学,以讲促学,人人争当'小老师'"活动的推进,逐步引导学生"人人敢讲,人人会讲,人人善讲"。

研究推进一段时间之后,各学校均有自己的实践经验,由于参与研究的学校较多,将所有学校分为三个片区。在教研活动时间采用片区交流的方式,各学校派代表分享实践的经验以及在实践中遇到的问题,最后将实践中好的方法和存在的问题进行梳理,从而在二轮实践中进行优化改进。再次深入实践之后我们采用"以赛促培"的方式来检验研究的效果。为了达到人人参与的目的,各学校首先在班级中进行初赛,然后在各年级中进行决赛,最后在片区进行总决赛。班级初选时要求人人参与,让每位学生敢于上台讲解，其目的就是让学生体验参与的过程，同时规范讲解流程。再通过年级决赛选出一轮实践后产生的课堂优秀"小老师"，最终进入片区总决赛。通过片区活动的开展，不但可以检验各学校"生讲生学"活动开展的效果，还可以通过比赛来促进各学校教师的培训。通过第一阶段的"生讲生学"活动的开展，我们发现各学校教师已经初步有了思想的转变，教师不再把"师讲生听"作为课堂教学的唯一方式。随着研究的推进，尽管各学校实施的效果略有差异，但在课堂上教师开始让学生参与课堂、对话性讲解，而不只是"教师独白式讲解"。学生不再是被动接受知识，而是开始参与知识生成的过程。在练习时也不再是机械式地重复记忆，而是开始通过对话性讲解来反馈知识。在这一次实践的过程中根据各学校的实践效果，我们确定了各学校试点的班级，以便研究的持续推进。通过这些试点班级的推进，以点带面，让更多教师看到研究的效果，以此激发越来越多的教师主动地参与研究。

二、高于课堂的成果提炼

经过两年的实践后我们开始对本研究进行阶段总结与成果提炼。2017 年 4 月我们举行了名为"基于核心素养的分享学习型课堂教学研究"的阶段总结、成果展示活动，来自各市、区(县)的教研员及骨干教师参加了本次活动。在本次活动中广大教师不仅听取了《基于核心素养的分享学习型课堂教学研究》的区域教改主题报告，还听取了《我们的分享学习型课堂》的学校分报告，同时还观摩了"分享·创生"视域下"有关二次函数中的三角形面积问题"的精彩课堂。授课教师在课堂教学中体现了"共学相伴、分享相长、多元评价"的教学理念，课堂上教师适时的问题驱动、精要的点拨习得、灵动的教学智慧和学生高昂的学习热情、闪亮的讲解展示、和谐的共学互助，赢得台下热烈的掌声。

这是分享学习课堂第一次集中成果展示。这一次展示活动给教师们带来了巨大冲击，教师们感受到了课堂变革下学校的发展及课堂的活力。先进教育思想的引领必将带来深刻的教学改革，这一次的展示活动让教师们在"听中学，学中思，思中悟"，从"观课"走向"思课"，从而带动更多教师开始行动。后续阶段，分享学习课堂的成果展示逐步推进，我们分别于 2017 年 11 月、2018 年 3 月、2018 年 11 月举行了名为"基于核心素养的分享学习型课堂教学——新授课课型上法""初中数学分享学习型课堂教学第二片区研讨""初中数学基于网络画板的分享学习型课堂教学复习课研讨"的阶段总结与成果提炼活动。在每一次的活动中教师代表都对分享学习型课堂的创新形式进行了充分展示，让教师们对分享学习型课堂教学有了更深的认识，也为分享学习型课堂教学的进一步推广奠定了基础。

通过阶段总结与课堂展示，我们总结提炼了分享教育的特征与内涵，与"分享·创生"教学的理论与实践相关的各类论文不断被各平台发表刊登。论文《论分享教育的含义与特征》①《数学课堂文化的基因:"对话性讲解"的基本含义》②发表在《教育科学论坛》,论文《初中数学试卷讲评课学情分析及教法研究》③发表在《数学通报》。此外,《基于创新思维的分享学习课堂教学范式分析》《基于分享学习课堂下的初中数学线上教学探究》《基于核心素养下初中数学试卷讲评课上法探究》《分享课堂之"生讲生学"活动过程研究》《初中数学分享式教学研究》《中学数学分享学习型课堂初探》等二十多篇研究论文陆续发表在各平台,同时,各学校教师积极进行学位提升,撰写了学位论文《初中数学课堂中运用分享学习模式的实践研究》④《分享学习型课堂模式在初中数学教学中的应用研究》《分享学习模式在初中数学教学中的应用研究》。这些研究论文明确了分享学习课堂教学的核心要素及主要环节,揭示了分享学习课堂内涵和教学模式,展示了分享学习单的内涵、特征、构成要素、设计原则和各种课型学习单的设计等研究成果。同时,我们还形成了分享学习课堂教学的评价体系。这些高于课堂的总结提炼,极大地促进了课题研究的顺利进行,保证了研究任务的有效完成,同时也提升了课题研究的质量和水平,取得了有价值的研究成果。

三、回归课堂的实践指导

研究中提炼出的理论,只有回归课堂指导实践才能有效发挥理论的指导价值。在研究过程中,我们通过教研活动、全区课堂教学大赛、骨干教师培训等活动,将总结提炼的研究成果带回课堂并指导教学实践,从而发挥理论指导的作用,保障了课题研究的有效进行。

在实践了一段时间之后,我们发现分享学习型课堂教学是学生在分享学习单的引导下开展的自主学习、合作学习和探究式学习。分享学习单是教师在认真钻研教材与分析学情的基础上,根据教学要求和学生的认知水平与知识经验,并以学生的学为出发点,把学习的内容、目标、要求及学习方法等要素有机地融入学习过程而编写的一个引导和帮助学生自主学习、探究的方案。⑤因此,分享学习单可以帮助学生将所学知识与已有的知识经验形成联结,为知识的学习提供适当的附着点,而且它又结合学习内容为学生提供有效的学习方式与学习策略,指导学生学习。通过每堂课"生讲生学,以讲促学,人人争当'小老师'"活动的推进,逐步培养学生"人人敢讲,人人会讲,人人善讲"。长期的坚持培养,可以在各班形成"以讲促学"的良好学风,学生的"讲解评价",逐渐从课内延伸到课外,分享由被动变为主动,不仅分享解题经验、学习方法,

---

① 王富英,黄祥勇,张玉华. 论分享教育的含义与特征[J]. 教育科学论坛,2016(9):5-7.
② 张玉华,牟天伟. 数学课堂文化的基因:"对话性讲解"的基本含义[J]. 教育科学论坛,2018(16):39-42.
③ 牟天伟,张玉华. 初中数学试卷讲评课学情分析及教法研究[J]. 数学通报,2017(4):5-7,11.
④ 蒋维. 初中数学课堂中运用分享学习模式的实践研究[D]. 南充:西华师范大学,2017.
⑤ 王新民,王富英,谭竹. 数学学案及其设计[M]. 北京:科学出版社,2011:10.

还会分享思维方式和情感体验等。通过学生的"讲解评价",能够建立学生自信心,提升荣誉感,激发学习兴趣,改变学习态度。因此,我们在课堂教学时应不断培养学生清晰地讲、简洁地讲、互动地讲、精彩地讲。对此,我们撰写了《数学课堂文化的基因:"对话性讲解"的基本含义》①一文组织教师进行学习,让每个参与课题研究的教师明确分享学习型课堂教学中"对话性讲解"的内涵,从而使课题研究更加有效地向前发展。

为了更加规范地编制分享学习单,解决一线教师针对学习单的内容把握不准、学习单编写质量欠佳等问题,我们又组织教师集中培训学习。通过培训,规范了分享学习单的内容、结构、编写格式等。分享学习单的内容包括学习目标、学习重难点、学法指导、学习过程、学习评价等内容,将梳理的内容拟成文本,分发给各学校教师进行学习,从而使教师们对分享学习单的内涵、特征和构成要素有了清醒的认识,提高了分享学习单的编写质量。

在课堂教学时,一些教师在不同课型中运用分享学习型课堂教学模式时出现了内容与实际脱节的现象,在评价时部分教师由于对学习评价的内涵和特征理解不够,导致课堂教学中仍然出现只量化的单一评价。针对以上问题我们撰写了论文《基于核心素养下初中数学试卷讲评课上法探究》《基于核心素养下初中数学作业讲评课上法探究》《基于分享学习下的初中数学复习课上法探究》等供教师学习。同时利用教研活动开展了"分享学习课堂之学习评价研讨""分享学习模式的解读""基于核心素养的分享学习型课堂教学模式评述""'分享+展示'课堂学习活动研讨""基于核心素养的分享学习型课堂研究"等为各教师提供答疑解惑的机会。教研员也利用教研活动和到各学校听课的机会,指导教师的课堂教学,从而提高了教师对分享学习型课堂教学的内涵、特征和环节的理解及认识,提高了课堂教学的质量。

为了使研究更加细致落实,各学校开始通过申报子课题的方式来引领课堂教学。其中不乏"未来课堂环境下的初中数学分享学习模式实践研究""基于分享学习下初中数学学习方式的实践研究"等优秀课题,这些子课题的研究可以更好地将课堂教学中提炼出来的理论应用于教学实践,从实践中来到实践中去,使研究的内容更加务实,从而使总课题的研究得以继续顺利推进。

2021年7月,课题"基于核心素养的分享教育研究"结题之后,我们通过召开成果推广应用专题报告会,以及到各学校进行现场指导等形式继续引领教师的教学实践。在全国中小学教师继续教育网直播,我们进行了名为"基于核心素养的分享学习型课堂教学模式评述"的专题讲座,在四川省教师继续教育四川师范大学培训中心我们开展专题讲座"分享与展示课堂教学研讨""'分享+展示'新型学生学习活动研究""'分享+展

---

① 张玉华,牟天伟.数学课堂文化的基因:"对话性讲解"的基本含义[J].教育科学论坛,2018(16):39—42.

示'课堂学习活动研讨""分享学习的理论与实践研究"。在成都大学教育科学学院开展了专题讲座"分享学习型课堂教学研究"。在四川省教师继续教育成都师范学院培训中心开展专题讲座"分享教育观下深度学习实践探索""分享学习区域实践研究""基于网络画板的分享学习型课堂教学实践研究"。通过以上的一系列活动，我们将研究成果回归课堂指导教学实践，充分发挥了课题研究成果的价值和作用。

第三节 超越课堂的深入研究

课题结题之后我们对取得成效的课堂教学和研究成果进行认真分析，对课题研究中有待升华的理论和实践问题进行反思总结，从不同的角度对课题有关理论问题进行了深入研究。

一、揭示分享学习型课堂教学范式的内涵

基于核心素养的分享学习型课堂教学是指以培养学生核心素养为目的、以对话性讲解与评价彼此表现的分享学习活动，来影响和促进学生逐步形成适应个人终身发展及社会发展需要的必备品质和关键能力的新型课堂教学。

1. 体现角色重构

分享学习型课堂教学体现的是师生、生生主体之间相互依存及合作共赢的"我—你"关系，是交往互动、动态生成的批判性学习过程。教师和学生的角色不再具有绝对性与不变性，他们之间的角色是相互转换、动态变化的。分享学习型课堂教学不再以个体"独学"为主，而是以师生、生生之间的"共学"为主。传统课堂的教学活动转变为分享学习型课堂教学中学习共同体的学习活动，这里的学习共同体指的是有着共同的学习目的，并都关心这个目的而调节自己的学习行为，在合作交流中进行有目的的共享与沟通。在这个学习过程中，教师和学生的身份都是多重的，教师也是"学生"，需要认真倾听学生的发言，需要参与学生的讨论；学生也是"教师"，需要在全班或小组内进行个人学习的讲解，需要对同伴的学习情况进行质疑和评价。

2. 讲解评价是一种新的学习方式

在传统教学中师生之间是主体与客体的关系，教师的任务是"讲授"，学生的任务是"听取"。由于教师讲授的内容、进度和提出的问题都是教师自己设计的，教师经过多轮讲授同一课程后对内容已烂熟于心，不用准备都可以熟练地讲授，从而失去了再学习提高的需要和动力，即"教者不学"。同时学生依附于教师的讲授完成教师布置的作业，不需要给别人讲授也就没有深入钻研的需要，即"学者不教"。教师与学生之间"先教后学"的模式是一种教学常态，学生的学习是先记住教师讲授的知识再模仿例题进行题型练习，从而提不出多少有价值和深度的问题，即使一些爱思考的学生提出一

些较难的问题也大多未能超出教师的经验所及，从而"教学不相长"。

基于核心素养的分享学习型课堂教学中，师生、生生之间通过"对话性讲解"和"学习内评价"进行学习。课堂上，学生可以是"学生教师"，不仅有机会表达自己的理解与发现，还有机会通过提问、质疑、评价等参与对知识意义的探究学习。师生活动由单向的"教与学"转向多方的"互助学习"。师生、生生为着共同的学习任务，讲解具有差异性的不同观点，针对差异性观点进行多元评价，思想自由发展、充分共享，实现对知识意义的共同理解。[①]

二、揭示分享学习型课堂教学范式的意义

基于核心素养的分享学习型课堂教学有助于学生对知识意义的深入理解，提高课堂学习和教学的效率，有利于学生综合素质特别是学生核心素养的培育。基于核心素养的分享学习型课堂教学将实现以下四个转变，学习状态的转变从被动转向主动，学习方式从个体独学转向团队共学，学习评价从单一内容转向多元全面，学习效果从短效分数转向长效发展。

1. 形成了一种新的学习方式：从"被动听取"到"讲解评价"

传统的课堂教师只关心知识在学生脑海里的识记，而忽略学生在学习过程中的体验和感受，学生被教师视为灌输的对象，只能服从和遵守教师的单向讲授。学生"听取"认真便被看作"乖学生"，课堂越安静便被看作纪律越好，相反如果在教师的讲解过程中，学生"插嘴"越多便被看作"问题"学生，视为破坏课堂纪律的"学困生"。因此，传统课堂在某种程度上"忠诚于科学，却背弃了学生；进行着表演，却没有观众；体现了权利，却忘记了民主；追求着效率，却忽视了意义"。

分享学习型课堂教学消除了教师的权威，教师不再是各种教学资源的占有者，而是和学生一块共享各种学习资源。学生不再被动"听取"，而是和同伴或教师不断交往互动，共同参与对知识意义的探究和对学习表现的评价的过程。多元的学习主体代替了单一的教学主体，学习者与教师、同伴、文本、自我不断对话，多种视域动态分享，学习不再单调沉默而是丰富有趣，不再静止不变而是动态生成。

2. 构建了一种新的学习关系：从"误解"到"尊重"

在传统教学中教师独占话语权，教师讲解过程就是一种要求和规定过程，学生只能被动地听取与服从，教师对学生学习情况的"误判"，学生对教师教学的"应付"成为师生教学关系的真实写照。教师越是戴着"神圣"的面具讲解，学生便越是不露痕迹地隐忍"应付"，教师缺失对学生真正的关爱，学生缺失对教师真正的尊敬，课堂师生之间的教学关系只能是彼此误解的紧张虚假关系。

在分享学习型课堂教学中，师生、生生之间彼此信任，相互理解，师生和生生之

[①] 张玉华.基于核心素养的分享学习型课堂教学范式[J].教育科学论坛，2021(4)：46—48.

间是一种"你—我"尊重的学习关系。一方面，学习者要使自己讲解的内容被教师或同伴理解接受，就要"为别人设身处地想一下，看他和别人的生活有何接触点，以便把经验整理成这样的形式，使他能更容易领会"。这种"为别人设身处地想"就是在尊重别人。同时学习者为了提高自己的讲解水平使自己的讲解更加具有吸引力，在教师或同伴讲解时他便会更加注意倾听、观摩学习他人好的讲解方法与讲解艺术。这种"注意倾听、观摩"是在尊重别人的前提下进行的。在分享学习型课堂教学中，常常听到学生这样说："每个人都有上台讲解的机会，慢慢地我们也会学着去倾听别人的讲解，以便更好地理解别人的想法和思维，因为当我们自己去讲的时候也希望得到同样的尊重。"学习者在长期的"为别人设身处地想"和"注意倾听、观摩"的行为中就可养成一种良好的习惯，从而形成理解、尊重别人，学习他人长处的优良品质。另一方面，当教师将自己的角色转换为"教师学生"认真倾听"学生教师"的发言时，教师对学生的学习情况就会有更准确的把握，给予学生换位思考后的真正理解，这充分体现了教师对学生学情的尊重。学生的讲解充分展示了学生思维的全过程，由原来"看不见的学习"变为"看得见的学习"。因此，分享学习型课堂教学有利于教师及时了解学生学习的真实情况，发现学生的智慧，并根据学生学习中的疑点、难点进行有针对性的讲解，从而真正做到了"精讲"和"以学定教"。

3. 产生了一种新的学习效益：从"复制"到"创生"

在传统教学中，教师在单位时间内向学生"讲授"的知识越多被看作越有效，课堂上教师的主要教学状态是"讲授"，学生的主要学习状态是"静听"，教师单向地一味灌输，学生被动地一味接受，学习过程就是信息的传递和知识的复制过程。教师高居学生之上，把学生当成"纯粹的无知者"，教师讲的内容无条件地接受，即使教师讲错了，学生不敢也不会质疑。传统教学将学习效益等同于生产效率，关注的是生产效率而不是每位学生个体生命的生长。

分享学习型课堂教学更多的是关注每个学习者个体的独特性，关注他们在学习过程中的生成和需要。课堂上不同的个体以自己独特的方式参与对知识的探究活动，并形成自己对知识意义的"前理解"，不同的"前理解"相互碰撞又会迸发出每个个体对知识意义的"新理解"，这里的"新"不仅体现在学习者对知识意义理解的完善补充、纠错改正，还体现在学习者将获得超乎自己认知水平的新视域、新境界。因此讲解评价学习是创生学习的过程，学习效益的高低不仅反映了每个学习者在对话性讲解中获得对知识意义理解的广度和深度，还反映了学习者在评价交流中收获了多少无法预测的观念和体验。

4. 追求了一种新的学习意义：从"分数"到"发展"

在分享学习型课堂教学中，教师不仅关注学生对于知识掌握的达成度，关注每一次测评后学生的"分数"，同时也关注学生在学习过程中的体验和感悟，注重学生表达能力、合作能力、交流能力等综合素养的提升。分享学习型课堂教学可以使学生从只

"关心自己"的"独自学习"向"关心他人"的"合作学习"转变,从个体经验的"独占"向与他人"分享"转变,从情感单一、内心的孤独向与他人和谐相处、丰富情感转变。在分享学习型课堂教学中,学生的核心素养是在民主平等、尊重信任的氛围下,通过教师、学生、文本、社会之间的相互对话,在师生、生生经验与智慧共享和实践性评价反思的分享学习活动过程中逐渐形成的。因此,分享学习型课堂教学对促进学生个体心智成熟、人格完善和核心素养的形成以及人的全面发展有着重要的价值和意义。

三、对典型性问题进行深入研究

基于核心素养的分享教育经过多年全面而深入的研究,结合区域各学校教学实践,进一步总结实践经验和研究成果,已经揭示了基于核心素养的分享教育的内涵、特征,架构了基于核心素养的分享教育的课程设计,建构基于核心素养的分享教育的课堂教学模式,为广大教师提供落实主动学习的支架。对于广大的一线教育工作者来说,理论、政策等教学理念从"主观认识"到"教学实践"需要跨越多重鸿沟才能让"分享教育"的理念落地生根,有效渗透到日常的教学实践中。因此,研究内容有待进一步扩展、深入,并在行动研究的范式下不断突破。

本研究主要采用案例研究法,分类汇总各学校教研组、教师围绕"分享教育"的论文,同时选取典型的教学案例,集中展示了基于核心素养的分享教育研究系列展示课的物化成果,重点探讨各实验学校实践"分享教育课堂教学"的体会和困惑。因此,研究方法也有待进一步优化、整合。在以后的研究中还应采用 SPSS 和 Excel 软件对研究结果进行处理,在处理和分析数据时采用描述统计、独立样本 T 检验、单因素方差分析等方法,此外还需进一步分析、探讨问卷。在后续研究中将量化和质性研究两种方法整合使用,以得到更加深入、全面的研究结果。基于以上存在的问题,我们又将以课题的形式做进一步的深入研究。我们将分享教育研究上升为"分享·创生"研究,并于 2019 年申报了四川省教育科研重点课题:"分享·创生教学的理论与实践研究"。同时,2021 年 7 月在成都市面向全学段全学科征集"分享·创生"教学的理论与实践研究子课题,发挥课题研究理论引领价值和实践验证成果推广的作用。

第二章　教学论的转向：从"教"走向"学"

随着新课程改革的稳步推进和《标准（2022年版）》的有效实施，以及素质教育的全面发展，教师的教学观与学生观发生了翻天覆地的变化。新的教学观倡导全面发展、交往与互动、开放与生成，即教学更重视过程，更关注学生，更注重师生互动，更重视课程的创生与开发。教师成为"学生学习的促进者"，学生成为"学习的主体"。一线教师在新课程改革的逐步渗透中，意识到了传统教学的弊端，也有意识地尝试通过一系列的教学活动去改革课堂教学，体现学生的主体地位，但整体上效果并不见得符合预期。那么，如何将主流的"意识"转化为可复制的"操作"？每一位教师都期待着一个较为完美的答案，然而要回答这个宏大的问题，依旧要从"教"与"学"的关系说起。

第一节　为什么要从"教"走向"学"

一、教学的概念及其发展

《现代汉语词典》中对"教学"一词的解释是：教师把知识、技能传授给学生的过程。这一解释中主语很明显是教师，教学行为指的是教师的行为，其突出的是教师的中心地位，其主体是教师，对象是学生，目的是把"知识""技能"传授给学生。这样的解释也反映了长期以来人们对教学的理解，认为教学的本质是知识本位下的知识和技能传承，通过有组织、有目的、有计划的教学活动，让学生学习和掌握必要的科学文化知识与技能。

随着教学实践的不断深入和教学理念的持续更新，我们对"教学"的认识也在逐渐完善。虽然到目前为止，我们对"教学"这一概念的解释也没有明确、统一的认识，但是几乎大同小异。除了《现代汉语词典》中的观点外，还存在着以下几种比较有代表性的观点，如教学是以课程内容为中介的师生双方教和学的共同活动[1]；教学是教的人指导学的人进行学习的活动，进一步说，是教和学相结合或相统一的活动[2]；教学是教师

---

[1] 顾明远. 教育大辞典[M]. 上海：上海教育出版社，1990：178.
[2] 李秉德. 教学论[M]. 北京：人民教育出版社，2000：2.

教学生学习文化知识的教育过程，是学生在教师的指导下，掌握文化知识和技能，进而发展能力，增强体质，形成思想品德的过程①……这些观点的共同点是关注到了"教学"的整体性及统一性：教和学是密不可分的，教学应由师生在同一时间和空间共同完成；强调了教与学的联系及因果性；强调先有了教学目标，再考虑实现目标的教学手段，从而确立相应的教学活动，"学"应该在"教"的框架之下发生和发展。长期以来，教学都是作为一个整体概念理解的，更强调的是"教"的目标性，"学"的适应性及"教与学"的适切性。

虽然教与学有着紧密的关联性，但也保持着相对的独立性。传统教学过程中"以教定学"的方式忽略了教和学的独立性。而随着"学生主体地位"的凸显，也出现了另一种极端的观点，即"以学代教"，简单地认为教学就是让学生自己学，此观点典型地放大了教和学的独立性而轻视了两者之间的关联性。我们认为，教学应该是从学生的已有经验出发，充分利用学生的求知本能，激发并保持学生的好奇心，为学生创设一个恰当的学习情境，搭建一个和谐的学习平台，指导并教会学生学会学习，学会评价自身的学习效果。我们的教学应该以课程标准为指引确立知识的引导方向，以学生的主动学习为目的设计教学活动的内容与呈现方式，充分地体现学生的学习主体地位，教是"为了不教而教"，教是为了"学"而教。

二、学生的"学"是教学矛盾的主要方面

学校的主要功能是为社会输送全面发展的栋梁之材，因此，教学关系着学校的生存与发展，是学校教育教学诸项矛盾的"交点"。而教学本身也充满了各种矛盾，有内部矛盾，有外部矛盾。教学过程的基本矛盾是就教学活动系统与外部关系而言的，是一种与外部关系的矛盾；教学过程的主要矛盾是就教学过程构成要素之间的关系而言的，是一种内部矛盾。②

教学的主要矛盾是"教"与"学"的矛盾。教师、学生、教学内容、教学手段是组成教学过程的四个主要因素，因此，教学的内部矛盾自然是这四个构成要素之间的矛盾，其中包括教师与教学内容的矛盾、教师与教学手段的矛盾、学生与教学内容的矛盾，以及学生与教学手段的矛盾等，而在这些矛盾中，教师的"教"与学生的"学"是教学的主要矛盾，其他的是次要矛盾。原因是教学内容和教学手段虽然重要，但是教学内容有着统一性、稳定性和权威性的特点，教学手段只是课堂教学的辅助，它们是教师的"教"与学生的"学"的中介，是两者关系的纽带，因此不是教学的主要矛盾。在"教"与"学"这一矛盾中，学生的"学"是矛盾的主要方面，"教"是矛盾的次要方面。教师的"教"是通过教学内容和教学手段为媒介来实现学生的"学"。教学内容的确定，跟社会

---

① 裴娣娜. 教学论[M]. 北京：教育科学出版社，2007：3.
② 傅岩. 论教学过程的构成要素及基本矛盾和主要矛盾[J]. 天津市教科院学报，2002(4)：18—21.

需要什么样的人才有关，但是也要以学生的身心发展和成长成才的需要为依据，更要尊重学生的身心发展规律、认知特征和心理特征。由此可见，学生的"学"才是主要方面。另外，从教学手段的选择上来看，教师除了要根据教学内容选择合适的教学手段之外，更要根据学生的认知规律和心理特征确定教学手段。比如在小学低段时，应该多开展一些游戏，多给一些直观教具，这样便于学生更好地感知和理解，这正是因为小学低段的学生处于具体运算阶段，以具体的形象思维为主，抽象和概括的能力较差。所以在教学手段的选择上，学生的"学"仍然是主要方面。

如果教学手段和教学内容是外因，那么学生的学习动机则是内因。教师在教学过程中，要不断地激发学生的学习兴趣，调动学习积极性，培养自觉勤奋的学习精神，由"要我学"变成"我要学"。学生的"学"除了一位良师的引导外，更重要的是靠学生主动地"学"，充分体现学生的主体作用。教师所谓的"教好"数学，其实质是引导学生"学好"数学，数学的学习本身应该是一个激发学生内在学习动机的育人过程，数学育人应摆在诸多教学活动的前列。多年以后，学生可能会忘记教师教给他的具体数学知识，但数学学习中积累的能力将影响其一生。就学生而言，教师教学生知识是相对的，育人是绝对的，学习动机是终身的。由此，从学生的学习内因来看，学生的"学"仍然是教学的主要方面。

教学工作千头万绪，学生才是学习的主体，树立正确的教师观和学生观，形成良好的师生关系，才能正确处理教学中的各类矛盾。教师应该不仅仅是知识的传授者，方法的训导者，更是文化的播种者，学习方法的启迪者。

三、转变学习方式是新课程改革的核心任务

新一轮的课程改革，不仅要求转变教师的教育观念，改变平时习以为常的教学方式和教学行为，更重要的是要改善学生的学习方式。学习方式的转变才是新课程改革的显著特征与核心任务。改变学生接受学习、死记硬背、机械训练的现状，倡导学生主动参与、乐于探究、勤于动手。培养学生收集和处理信息的能力、获取新知识的能力、分析与解决问题的能力，以及合作与交流的能力。而转变学生的学习方式主要涉及以下三个方面：

1. 强调"以学生为主体"

有效的教学活动是教师"教"与学生"学"的统一，学生是学习的主体，教师是学习的组织者、引导者与合作者。基于这一点，在转变学生的学习方式时，教师要充分重视学生的主体性，采用多种教学方式，激发学生的内在学习动机。在教学的过程中，不但要让学生掌握相应的知识，更要让学生提升相应的能力，培养核心素养。知识和能力是相辅相成的，依靠获取知识来增长后天的能力，更依靠其能力来学习更多的知识。因此，要发挥学生在教学活动中的主体作用，依赖于学生对自己能力的感知，任何一个学生总有一定的认知能力，同样任何一个学生的能力都有向前发展的必要。因

此，对能力提升的自我省悟是学生学习时发挥主体作用的第一要务。

(1)"自我省悟"是发挥学生"主体"作用的必要准备

学生的能力，既有先天的因素，又有后天的培养。所谓先天的因素，一般而言，是指人的记忆力、观察力、注意力、概括力等，学生在学习的过程中，也需要对这些能力自觉地加以感受。例如，对所学的乘法公式，以及三角变换公式等，记忆起来是否太难；对细胞分裂的离散的整数关系，能否联想到建立在实数基础上的光滑曲线；能否注意到在三角学中，与欧氏几何一样，角的第一阶段仍然保留图形含义，但忽略了其形状，只强调角的终边所在位置，完全是为了角的实数化前景；最为典型的莫过于幂函数的表达式，它的简洁使初学的学生常常不甚理解其含义，而与指数函数的形式相混淆，一方面，它是初中阶段学过的所有初等运算，从具体到一般的概括，另一方面，又突出所有幂函数在第一象限的图象，完成了从一般到具体的概括。以上的这些例子说明了学生学习能力的不同，学生所具备的这些先天条件是他们学习的必要准备。

而关于学生能力后天的培养却是更为重要的，这才是人为可控的因素，也是对学生影响更为深远的方面。数学能力既包含抽象概括能力、空间想象能力、推理论证能力、运算求解能力、数据处理能力，又包含发现问题能力、提出问题能力、分析问题能力、解决问题能力。前者往往可以划分为"识记、理解、运用、综合分析"四个层次。显然，它们是学生在后天的学习中获得的，不同的学生，其数学能力高低不同，表现各异。通过"识记"，学生们知道了在平面直角坐标系下直线的形状与位置；通过"理解"，推得了直线方程的各种几何形式和一般式；通过"运用"，会处理两条直线的位置关系，计算角与距离等；而处理直线与圆锥曲线的位置，已经是"综合与分析"的层次了。由此可以看出，在教学过程中，教师需要重视学生各方面能力的培养，让学生不断地进行能力的"自我省悟"，才能更好地在教学过程中发挥学生的主体作用。

教学范畴的客体是指教师传授的知识、技能、方法、做人道理及教师人格影响等，而主体就是学生本身。教学的主要目的是让学生得到发展，"教是为了不教"，学生是"内因"，教师是"外因"，因而充分发挥学生的主体作用尤显重要。教师传授的知识、技能、方法及施加的思想，都要经过学生的观察、思考、练习及领悟才能成为学生自身的学习能力和自我品质。学生的学习主动性、积极性越强，求知欲、自信心、刻苦性、探索性和创造性越饱满，学习效果就越好。学生绝不是学习的机器，也不是接收的容器。同样的教学内容，同样的教法，学生学习的效果却是千差万别。而这种结果的差异就在于学生个体的差异，在于主动性的差异，在于"自我省悟"的习惯、方式和层次的差异。"自我省悟"完成得如何直接影响并最终决定其学习效果和身心发展水平。"自我省悟"为发挥学生的"主体"作用提供了知识、能力、习惯、方法的必要准备。

(2)"自我省悟"是发挥学生"主体"作用的开始

在学习过程中，每当学生遇到困难，解决问题颇感棘手时，就特别需要对自身能力的"自我省悟"。倘若能真的这样做，学生克服困难和解决问题的方向就选择正确了。他没有把原因归到另外的地方，把责任归咎于他人，而是努力发挥自身的主观能动性，从自己身上找原因，并努力寻找解决问题的方法。因此，学生一旦在学习中遇到困难，就自觉地做"自我省悟"，实质上就是学生发挥"主体"作用的开始。学生在学习过程中的"自我省悟"表现为在新课学习前，提前复习相关的知识，并对不熟悉的知识重新进行领悟和学习的过程，这其实就是学生发挥"主体"作用的开始。

(3)"自我省悟"是发挥学生"主体"作用的必要前提

每当学生实施"自我省悟"的时候，教师要适时地灌输"知不足而奋进，望远山而力行"的理念，使他们认识到，在博大精深的知识面前，应该保持"君子日复三省吾身"，应该保持谦虚的人生态度；在同学面前，应该学会"三人行，必有我师焉"，既吸取别人的长处，又有不甘人后的进取精神；在自己的未来面前，应该有千里之行始于足下的埋头苦干的意志。面对学习逆境：当遇到需要三四步才能解的难题的时候，学生应该"自我省悟"，理顺题中潜藏的逻辑结构；当遇到既在意料之外，又在情理之中的数学技巧时，学生应该"自我省悟"，加以归纳，把生疏的知识变为熟悉的理念；当遇到新的问题无固定路径可循，需要一题一法时，学生应该"自我省悟"，创新思路，具体问题具体解决。面对学习顺境：当遇到直接反映知识特征的问题时，学生也应该"自我省悟"，加强基础训练，做到基本功烂熟于心；当遇到已掌握的解题方法，对自己也应该"自我省悟"，迁移方法，用于多题同解；当遇到会做的题时，学生对自己也应该"自我省悟"，消灭错误，赢得高分。

在学习中，学生处于"见贤思齐"的时候，对自己更应该"自我省悟"，不但要向学习比自己强的同学学习，学他的兴趣，学他的意志品质，学他的学习方法，学他的知错即改的精神；也要向有时学习比自己弱的同学学习，学他自强不息的态度，学他克服学习困难的勇气，学他坚持学习的可贵精神，学他的一技之长。

总之，学生经过对自身的"自我省悟"能够扬长避短，不仅能让学生意识到自身的不足，还能让学生学习别人身上的优点，从而提升自身的学习品质，这成为学生发挥"主体"作用的必要前提。

2. 重视知识的"生成"

长期以来，我国教育受应试教育的影响，重灌输式的接受学习，轻探究式的发现学习，注重短期知识点的"学会"，而忽略长效性的"会学"。因此，新课程改革的核心理念之一就是关注学习的过程，重视"知识的生成"。那么何为知识的生成？其实质是学生通过自我的亲身经历，把原有知识经验作为新知识的生长点，从而"生长"出新的知识经验的过程。因此，在教学过程中，教师应该转变知识观，为学生提供"生长点"，搭建"脚手架"，引导学生进行知识的生成。

(1)创设情境，营造"知识生成"的氛围

教师在教学过程中，应该创设与实际生活、新知识相关的情境，激发学生的学习兴趣，为学生营造知识生成的氛围。有效的情境，应该能引起学生的认知冲突和对知识的困惑，这样才能让学生有进一步探究的愿望。例如，在学习"认识二元一次方程"时，让学生先解决与生活息息相关的实际问题，感受方程建模的数学思想的同时，引发学生对新的数学模型的兴趣，当学生发现新的方程与已学的一元一次方程不一样时，引发认知冲突和困惑，从而想要类比一元一次方程的概念，生成二元一次方程的概念。这样学生感受到了概念的生成过程，对概念间的联系与区别也就掌握得更好了。

(2)善于提问，提供"知识生成"的动力

在教学过程中，问题为"知识生成"提供了动力，是引发思维活动的开始，是知识建构的源泉。教师提出一个好的问题，学生的自主探究就有了方向，知识的生成就有了载体。那么何为一个好的问题？首先，问题应当具有"生长性"。所谓"道而弗牵，强而弗抑，开而弗达"，好的问题一定要能引发学生的思考，提供思考的方向，具有引领作用，是为了促使知识的生成而问。因此提问的关键在于把握好"度"，既能产生思维动力，又能让学生有足够的思维空间。其次，问题应当具有挑战性，能够引起学生的认知冲突，有一定的思维深度，才能引发学生深层次的知识建构。

(3)搭建"脚手架"，引发"知识的自然生长"

对于学习过程中一些过于抽象的问题，想要让学生实现"知识的自然生长"，教师需要适时地搭建"脚手架"。著名教育家老子强调："人法地，地法天，天法道，道法自然。"那么知识的教与学也是如此，让学生实现"知识的自然生长"，才能更好地领悟知识间的内在联系。在教学过程中，教师要搭建"脚手架"，需要深度分析学生的学情，知识间的内在联系。例如，在学习"探究多边形的内角和"时，如果让学生独立探究出多边形的内角和是比较困难的，教师在教学过程中，可以让学生先复习三角形及四边形的内角和。再探究五边形的内角和。先让学生的思维发散，用尽可能多的方法来探究五边形的内角和，再让学生在此基础上，选择一个最优方法来探究多边形的内角和。教师搭建这样的"脚手架"，学生能够更加自然地推导出多边形的内角和公式，实现"知识的自然生长"。

3.尊重身心发展的规律

(1)学生的身心发展存在"飞跃"期

中学生从七年级的青涩儿童成长为充满远大抱负的有志青年，历经儿童、少年到青年的生理和心理发育期。思维上也经历着两个关键阶段：形式逻辑思维从出现、形成、训练到基本成熟，完成了形式逻辑思维发展的全过程；抽象逻辑思维从开始出现到逐渐占据上风。对应年龄的数学知识出现"大爆炸"似的扩大、全新的抽象、跳跃式的进步、螺旋式的上升。因此，学生的身心发展存在一定的关键期，我们把这叫作学生能力的"飞跃"期。我们认为，七年级和高中一年级两个阶段，均是学生身心发展及能力提升的"飞跃"期。

"飞跃"期的出现，依赖于学生基本认知能力的长期积累。如果没有小学基本认知能力的长期积累就没有七年级的"飞跃";如果没有初中基本认知能力的长期积累,就很难有高一的"飞跃"。当学生适应新的学习任务后,随着思维的发展,基本认知能力必然会上升到一个新的台阶。

"飞跃"期的出现,标志着知识容量的"大爆炸"和学科思想方法的融会贯通。如果用结构与功能的观点来理解所有的知识,那么每一个知识点都是构建知识大厦的必然支点,分别标识着它们各自的由来、特征、方法和应用。例如,在七年级时,代数表现的是从任意的具体数字归纳到一般字母,反过来,又从一般字母概括到具体数字,实现学生的两次抽象思维的转变;在高一时,充分必要条件为核心的逻辑初步,进一步推动了学生学习数学的"形式化"。

"飞跃"期的出现,产生出学科学习的"学法",不但是掌握每个章节的显性知识,更着重理解知识所反映的隐性理念,在身心发展的"飞跃"期,通过教学活动的"主体"作用,学生方可进入"顿悟式"的学习状态。

(2)抓好学生"飞跃"期的课堂教学

在教学活动中,要充分地发挥学生的主体作用,必须培养他们对学习的兴趣;包括但不限于对外部世界、对自己的内心变化充满好奇,形成用数据说话的观念;勇于自我纠正错误、追求美好,塑造坚持真理、修正错误的风范;注重真实、提供方法、善待别人,养成敢于负责、勇于担当的优良品质。

课堂学习是学生人生中一段重要的生命经历,每一节课都应是学生的一个有意义的生命历程,在这个历程里,教学的最高艺术乃是通过激励、唤醒、启迪,让课堂充满活力,使学生得到知识、情感、意志、信心等方面的发展。学生的潜能是无限的,而教学的创造空间又是不可估量的,因而要抓好学生"飞跃"期的课堂教学,充分调动学生的积极性,有的放矢地张扬他们的个性,以切实有效的方式引领他们突破数学的知识堡垒,并为他们显扬潜能创造机会。

(3)创设情境激发内在学习动机

人们常感叹,如今的学生比过去的幸福多了,可事实上学生却不是这样认为的。一谈到学习,大部分的学生都很苦恼,因为这不是他们从心底期待的那种学习感觉。学生期望的是能让他们有快乐学习的感觉,把学习当作一种快乐的享受。就像米卢所信奉的"快乐足球"一样,只要学生一上课就找到这种感觉,相信他们会提高学习的积极性,充盈学习的欲望。在上每一节新知识课之前,教师都要仔细思索,如何引入恰当的情境,方能吸引学生的注意力,让他们对知识立即产生兴趣,以便有一种迫不及待的求知欲。例如,在讲解平面直角坐标系时,可以先讲讲数学家笛卡儿发明坐标系的过程,有一天笛卡儿躺在床上静静地思考如何确定物体的位置,这时发现一只苍蝇粘在蜘蛛网上,蜘蛛迅速地爬过去把它捕住,笛卡儿恍然大悟道:"啊!可以像蜘蛛一样用网格来确定物体的位置。"通过这个数学故事引入正题,怎样用网格来表示位置,这时,学生的兴致已经调动起来了,这就是一节好课的开始。"好的开头是成功的一半",精彩的课堂导入不仅能很快地集中学生的注意力,还能让学生把学习当成一种乐趣。可见,什么事情都是"知之者不如好之者,好之者不如乐之者"。

(4)动手实践,点燃思维的火花

学生的思维是从动作开始的,切断了动作和思维的联系,思维就得不到发展。放开学生的双手,让学生在做中学,学中做,引导学生把课堂上所学的知识和方法运用到生活实践中,鼓励学生把生活中碰到的实际问题带进课堂,尝试着用课堂上学到的思想方法来解决。这既是学生学习的价值体现,又有利于培养学生初步的实践能力。如在研究轴对称时,可以让每位学生都准备一张薄的正方形纸,沿对角线对折后,得到一个等腰直角三角形,再沿斜边上的高线对折,保留含90°角的部分,将得到的三角形叠纸沿一条曲线剪开,打开折叠的纸,将其铺开。通过一系列的问题引导学生思考:①你能说明为什么得到这样的图形吗?应用轴对称知识试着与同桌讨论;②按上面方式对折两次后,如果沿任意一个花纹剪开,保留含90°角的部分,剪出的图案有几条对称轴?先猜一猜,再剪一剪,和同学交流并把所剪图案粘在黑板上。通过剪纸的问题情境,进一步理解轴对称及其性质,发展空间观念,同时激励学生勤于动手,乐于探索、发展学生实践应用能力和创新精神,通过此学习活动,学生获得的答案将是丰富的。在最后分享、交流、归纳时,他们收获了自己在活动中"研究"的成果,并最终形成规范、正确的结论。"纸上得来终觉浅,绝知此事要躬行",知识的积累,归根到底要靠生活实践来实现,这样既能让学生在亲身体验中把抽象的数学形象化,又能让学生感受到数学源于生活,激发了学生学习数学的兴趣。

(5)探索与分享,发掘内在的潜能

有效的学习活动,不能单纯地依赖模仿与记忆,动手实践、自主探索与合作交流是学生学习的重要方式。学生的学习过程主要表现为一个探索与交流的过程,在探索的过程中形成自己对知识的理解,在交流的过程中逐渐完善自己的想法。

学生在接触新的知识时,不应当都是被告知"这是……""……应当怎么做"等,而应当有机会进行探索性学习,去从事观察、实验、猜测、验证、推理与交流等学习活动。我们来看这样一个教学片段。

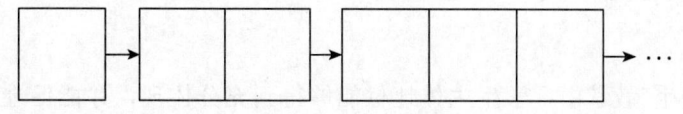

按图示的方式,搭1个正方形需要4根火柴棒,搭2个正方形需要_____根火柴棒,搭3个正方形需要_____根火柴棒,搭10个正方形需要_____根火柴棒。如果用 x 表示所搭正方形的个数,那么搭 x 个这样的正方形需要多少根火柴棒?与同桌交流。

教师让学生先独立观察、思考,再与小组成员交流各自的方法。为了完成活动,许多学生都冥思苦想,为了解决问题,学生们都绞尽脑汁。教师如果注意观察学生自主探索的过程，从中可以发现学生的潜力是非常大的，他们有不同的解决方式，有些甚至是教师都没有想到的。如果教师不留给学生充足的思考空间和时间，那么许多优秀的、独特的想法可能会被扼杀。

如果在课堂上，教师经常给学生这样的学习情境，那么学生是以"做"而非"听"的方式介入学习活动，是实实在在地进行着观察、实验、猜测、验证、推理与交流等学习活动，那么学生就是真正地参与了学习，这样的课堂氛围是充满民主的、个性的、丰富多彩的，更是充满了生命活力的。学生再也不会认为课堂是枯燥的、乏味的，我们的学生可以渐渐越来越"大胆"，遇到困难时，不是先听教师讲，而是常说"老师，等我们想一下"。教师与学生之间形成了一种默契，教师给出一个问题，学生自己就开始思考、演算，完成之后，就去与同学交流或与教师探讨，教师总是留给他们足够的时间去支配，学生若能通过自己的努力或与同学合作解决一个问题，比教师在黑板上讲三道题的效果还好。我们要的就是学生自己学习，同时，在合作交流过程中，让每一位学生能借助于集体的力量得到心灵的净化、品格的陶冶、思维等方面的锻炼。培养学生勤于动脑、善于说理、不尚空谈、踏实做事，做一个具有优秀品质的"人"。

作为新时代的教育工作者，在课堂上不应只"授人以鱼"，而应"授人以渔"，使学生成为学习的主人，发展的主体，使学生主动参与到课堂教学活动中去，获得自我表现的机会和发展的主动权，形成良好的个性和健全的人格。日本数学家及数学教育家米山国藏在从事了多年的数学教育之后，说道：学生们在初中或高中所学到的数学知识，在进入社会后，几乎没有什么机会应用，因而这种作为知识的数学，通常在出校门后不到一两年就忘掉了，然而不管他们从事什么业务工作，那种铭刻于头脑中的数学精神和数学思想方法都将长期在他们的生活与工作中发挥着重要作用。

改善学生的学习方式，让学生学会学习，培养学生综合素养和学科素养，是学生终身学习的需要，也是新课程改革的核心任务。这也表明一线教师必须要从"教"走向"学"。

第二节　怎么样从"教"走向"学"

"分享·创生"教学中，学生主体地位能够得到充分体现，并能促进学生核心素养的形成与发展，它包含主动发展、问题解决、评价调节三个重要的维度。

一、主动发展的激励性维度

这一维度以"学生主动"为其标志，是促进学生分享的动力机制，其根本目的是让学生从被动接受转为主动创生。传统的课堂教学中，教学活动基本是由教师直接做主，课堂内容由教师决定，课堂组织形式由教师安排，课堂时间流程由教师设计，课堂授课方法由教师个人习惯而定。学生作为知识的接受者存在，课堂教学活动更多的是教师的"教"的程序设计，而缺乏对学生个体差异的关注，也少了对"学"的充分思考。因而，学生是被动听，而非主动探讨；是冷漠旁观，而非置身其间；是学会了解答一部分既定问题，而不知道该如何发现问题并提出新的问题；是一个个相对独立的个体，而不是因教学而凝聚成的一个集体；是知识的孤立接受者，而不是知识的合作创生者。

主动发展的激励性维度试图改变以上传统课堂教学中的弊端，此维度的核心原则是让学生在和谐的氛围中快乐地学习与发展，通过分享、创生知识，不断得到成功的体验。

因此，实现主动发展的三个要素：和谐、成功、体验。

首先，我们应保持和谐融洽的师生关系，创设愉快安全的学习情境。但这里有两个问题值得注意：一是对学生观念的关注。课堂学习活动中，学生的各种各样的错误不应被呵斥，而应看到这些错误实际是学生从自身原有认识结构出发，对所遇到的新信息做出的自己的理解，是学生获得"正确观念"前必须经历的"替代观念"阶段。教师应尊重每位学生的这种"替代观念"，既给予学生一份"安全感"，也是对学生人格的信任。二是对学生的合作意识的培养。合作意识是现代人应具备的基本素质，我们应努力创设有利于人际沟通与合作的教育环境，使学生学会交流和分享研究的信息、成果及快乐，从而发展乐于合作的团队精神。

其次，营造成功的机会，从学生优点入手，提供展示的舞台，让学生展现能力、展现成果；从学生的闪光点入手，提供积极的评价，让学生展示他的个性、他的与众不同。成功是没有固定标准的，这就涉及评价的指标体系的确定。一是课堂活动参与的态度。二是学习活动中，探究问题的方法和技能的掌握情况，即对学生在课堂学习活动各个环节掌握和使用有关方法、技能的水平进行评价。比如学生对信息的选取和归类分析，对问题解决中思考方式的选用，对解题过程的监控，对探究结果的表达与交流等。三是学生的创意。要对学生在学习活动中发现问题、分析问题到解决问题的全过程中显示出的探索精神和能力进行积极评价。四是学习的结果。它不一定是正确的答案，但必须是学生亲身体验的结果；它不一定是完美的解答，但这解答必须包含学生自己的思想，甚至于根本没有结果，但只要学生不是在附和，不是在人云亦云。"成功"是无处不在的，关键是我们要给学生提供机会。

最后，我们一定要注意满足学生自主学习的需要，即提供体验自主学习的机会。课堂上，学生的倾听、讲解、分享、合作、质疑、释疑过程既是知识创生的土壤，更是学生能力形成的催化剂，学生通过自主参与学习活动获得亲身体验，从而逐步形成乐于探究、敢于质疑、喜于分享，以及善于表达的努力求知的积极心态，激发探索、创新的欲望。诚然，学习过程对某些学生而言可能会是一个痛苦的过程，但即便如此，经历主动发展的学生最终也可以交出一份积极健康的心理答卷。

二、问题解决的发展性维度

现在的学生一般不盲目地跟从别人，凡事都有自己的感受和判断。做一个内心笃定、拒绝随波逐流的异行者，这往往让成长中的学生感到很酷，所以学生有了自主解决问题的愿望，学生的能力也常常以"探索交流，求同存异"为标志，这是学生自主的运行机制，其根本的目的是让学生相信"与众不同"总是好的。

长期以来，"唯师、唯书"是课堂教学中最普遍的风气，记忆与模仿是学生学习活动中最核心的学习方式，"听话"是对学生最起码的要求，所以传统课堂教学在学生的创造性培养上，基本处于尚不理想的状况。

自主解决问题的发展性维度就是对这一状况提出的思考，其根本原则是"培养问题意识"，鼓励多角度分析和解决问题，这一维度包含四个要求：问题识别、问题探究、分享展示、策略定格。

问题识别指能认识到问题的存在，并且明确问题的实质，也就是发现问题。这是解决问题的第一步，往往也是最困难的一步。因为教师应依据学生识别问题的"心路历程"，创设适宜的问题情境，培养学生的问题意识。

问题探究实质上就是学生分析问题的过程。这种探究过程是学生最有价值的经历，是学生自主学习能力提高的最佳阶段。为此，教师应提供足够的时间、空间、资源，以提高探究的有效性。在教学中，教师要多看、多听、多感受，而少评判、少暗示问题的解决方向。多看学生各式各样解决问题的过程，多听学生与众不同的想法，多感受学生探究时的矛盾与混沌，以给学生足够的体验，少"及时"打断学生的观点并评判其正误，少暗示问题的解决方向，以防学生失去独立自由的思考空间。当然，教师并不是旁观者，而是学生成功的促成者、辅导者，也就是要时时关注学生思维的方向，将学生从混乱、无谓的"创意"和争论引向正路。

分享展示即学生将自己的收获进行归纳提炼，形成对问题的解答，这种展示不应仅成为结果的展示，更应是学生思考过程的展示。也就是让学生用语言描述自己的思维过程，自己是如何获得资源的、如何评论所得资源的、如何利用它们解决问题的，从而把内隐的思维外显。这就要求教师在教学中给学生说话的时间。在各种外显的思维碰撞中，学生才可能求异创新；在思维的交流中，学生将学会欣赏和发展他人的优点，学会理解与宽容，学会客观、公正、辩证地思考，从而懂得"分享"是以求同存异作为前提的。

策略定格就是在学生分享思维过程的基础上，师生共同分析评价各种解决策略的独特性、可行性、适用性。此时教师的角色不是做法官去以"权威"评判优劣，而应是学生策略方法的倾听欣赏者、合作优化者，在具体策略方法的操作过程中与学生共同体验方法的繁简，在对比中选择最佳的问题解决方式。有了选择，才会有创新，课堂中，教师可引导学生格外注意两点：一是策略方法是如何想到的，可以走多远，即对它的可行性进行估计；二是定格的策略方法适用于待解决的问题吗？这就要求学生不断反思自己对问题的识别是否准确，进而确立解法的通性与特征。

三、评价调节的反思性维度

这一维度以"自觉反省，学会调节"为主要标志，是学生自主探究、学会学习的监控机制，其根本目的是转变学生的学习方式，即由只重结果的记忆式学习转变为过程与结果并重的探究式学习。

传统的课堂上，最普遍的现象是记笔记、记题型、模仿教师的解法，学生很少关心教师的解法的来源、适用范围，也很少对教师的解法提出改进，更难见"自成一派"的创造性现象。那么，我们的教学能否既重结果又重探究过程呢？评价调节的反思性维度就是希望对此做出一种回答。

这一维度包含三个要素：过程评价、策略指导、反省提炼。

学习的实质是一种心理活动过程，是从信息鉴别、信息获取直到信息加工输出的心理过程。因而，教学中不仅要对结果引起重视，还要对学习活动的全过程予以积极、适当的关注与评价。没有探究过程的学习，只能产生模仿，难以解决新问题；而没有结果的探究活动，只能是"空中楼阁"，学生将不能认清所用的探究方法的科学价值，当然也就不会使用它去处理新的问题。因此，教学中应既重过程又重结果，在掌握基本概念和原理的基础上，发展学生的探究能力，这就要求教学的评价应是"全程"的。

探究策略的指导是指教师指导学生改进学习，学会探究、分享的方法，从而使学生在自主探究中获取知识、提高学习能力。教学中，我们有必要区分自由探究与自觉探究。前者含有较多的盲目性，往往导致低效学习；后者是学生置探究过程于计划指导、监控之下，是有效学习甚至高效学习的切实保障，实质就是把探究过程视作学生学习策略的获得与提高的一种手段。实践中可思考以下几个方面的策略指导。

1. 目标策略，就是在解决问题前，明确自己应达到的学习效果。分析自己如何完成学习目标，使差异不断减少。同时，预测子目标的可解性，以调整目标的分解方式，这样将避免问题解决中的盲目探究。

2. 信息组织策略，当一个新问题与学生的已有知识联系起来时，新问题所提供的信息才会成为学生头脑中的"合理内容"，由此才能出现问题的成功解决。因而，教学中，教会学生寻找信息间的关系，便成了探究活动中重要的一环。具体地说，就是引导学生建立知识结构体系，教学生学会对信息进行分类，进而引导学生学会从知识结构中寻找对信息的支持性内容，这就是我们常说的"要知其然，还要知其所以然"。

3. 调节策略，就是在解决问题的过程中，促使学生自觉矫正学习行为，以补救理解上的失误。而"矫正"的前提是"反馈"，既包含教师提供适时的、准确的反馈，也包含同学间互评或学生自省所得的反馈。一方面是"教"的反馈，一方面是"学"的反馈。前者要求教师在课堂上多提供动手、动脑、动口的机会，从学生的学习活动中收集信息并适时反馈，借此调整学习活动；后者要求教师和学生真实展示自己在解决问题时的思维过程，让学生从中领悟调整补救的实施过程。

反省提炼是指学生对自己的学习活动过程中所涉及的所有相关内容（如问题是什么，信息有哪些，如何思考的，思考的结果是什么，等）做出的反向思考。它不是从反思中培养创新能力和解决新问题的能力，它是指向未来的活动。反省提炼试图改变的就是传统课堂中，大量存在的就题论题、就解法论解法，学生只会套用不会适时选用的现象。反省提炼需要思考这样几个角度：一是对问题本身的反省，就是考虑问题的系统性与网络性，任何问题都是处于某一知识体系中的问题，反思问题的系统性就是教师引导学生寻找问题在"体系"中的位置、价值，从而明确该问题的支撑点，以确定最佳解决途径。同时，问题永远都不是孤立的，以其为源必能辐射出相关问题（如我们常应"一题多变"），这就是反思问题的网络性。在网络的构建过程中，学生将会真正成为学习的主人，因为他正在发现问题，提出问题，并试图解决问题。二是对思考过程的反省，就是反省自己从困惑直至明朗的过程，自己是如何理解题意的，抓住关键了吗？自己的方法是最佳的吗？别人的解法为什么与自己的不同？有规律可总结吗？解题过程中自己遇到困难时，是否做出了正确的调节？有什么应吸取的成败经验？对某一方法的可行性做过评判估测吗？起到了什么作用？是什么因素促成了自己的问题得以解决？这些因素有规律吗？等等。三是对解题思想与方法的反省，任何学科都有着自己特有的处理问题的思想与方法。这就要求我们在教学中注意引导、点拨学生，使之不断归纳、领悟、吸收和运用。因而，在教学中教师要反省学生解决问题时运用了哪些重要的思想与方法，是如何运用的，是什么时候运用的，现在的运用与以往的运用有不同吗，是否能成功地运用等。有了这样的反省，对一门学科的思想方法的认识和运用的水平就会不断提高。这时也才算做到了"举一反三，触类旁通"。这种反省其实是对学生学习潜能的发掘，是学会学习的精髓所在。

总之，课堂教学中，我们应以学生如何学为教学设计的出发点，根据当堂课的具体情况，选取最能体现该课堂实际的维度要素，进而构建出最适宜的课堂教学模式。

课堂教学是一个互动的过程，新课程改革强调改变过去课堂上以教师为主角的灌输式教学模式，通过各种方式吸引学生主动参与教学过程，通过自主探究、自主获取知识，提高技能。教学中要增加师生互动的环节，在完成教学内容之后，要及时向学生获取反馈信息，了解学生的掌握情况。

1. 学生的表现力问题

部分学生不敢分享。受传统教学模式及成长环境的影响，部分学生比较胆怯，不敢上台分享。针对部分学生羞于表达的现象，教师可以让表达能力强的学生先做示范，熟悉后实行小组交流，锻炼一段时间后，再转化为轮流讲。

部分学生不会分享，对自己的思维方法表述不清楚。学生有时能够理解方法，却难于将思维有条理地表述清楚，不能很好地用简洁的语言叙述清楚，为此，更需要借助分享的机会，不断锻炼学生的语言表达能力，也可让学生参与分享后的点评，实现一种方法引出多方面的思考，实现一题多解、一题多变，从而提高学生的发散思维能力。

2. 教师的控制力问题

担心学生的讲题速度慢，耽误教学时间。学生对知识的熟练程度远不及教师，因此在表述时不顺畅，要耽误比较多的时间，表述也有很多不完美的地方，此时教师不能过于心急地取而代之，刚开始只有花时间培养学生的语言表达能力，才能更好地提高学生的学习主动性。

担心学生的表述不准确，会误导其余同学。对于学生表述不当的地方，教师要多做示范，可以让讲得好的学生先分享，多分享，渐渐地其余学生就可以逐渐学习，不断提高思维的表达能力。

担心学生的成绩会受到分享的影响。学生在分享的过程中更多地注重思维方式的交流，不能转化为具体的书写，教师势必会担忧学生的成绩会不会更糟？其实分享不仅激发了学生的学习主动性，启发了学生思考，也改变了学生被动学习的局面，经过一学期的实践发现，学生的学习成绩不降反升。

3. 分享的作用

学生要想在分享中与众不同、脱颖而出，在分享前则需要做好充分的准备，要不断地思考，建立更加全面的思考连接，才能更好地让学生理解。思考是一个由表及里、由此及彼、深化拓展的过程，到达一定程度后，学生就能实现由量变到质变的飞跃。因此，深度思考成为一种稀缺能力，让学生站在分享知觉、分享回忆、分享组合等多角度思考，并引申出一些创意思考。

学生想要让自己的分享更独特，便会利用课余时间主动学习，发现自己不会的、少见的题目就特别兴奋，想弄明白问题的心理促使学生主动请教教师或其他同学。在学生分享的过程中，其余学生更加专注，更好地培养了学生倾听的习惯，培养了学生专注的学习品质。

分享就是最好的学习，在教别人的时候，不但能加深印象，还能发现自己的不足，从而不断强化理解，同时也将激发自己或者同学的灵感，产生新的解题方法与思维方式。在分享的过程中，学生更能留下比较深刻的印象，对于类似的题目学生可以很快进行对比分析，借助点拨与归纳，学生可以很好地实现思维的变式与迁移。学生通过分享，既帮助了别人，更帮助了自己，在获取知识的同时，还提升了自身的能力，何乐而不为呢？

第三节　从"怎样学"到"怎样教"

学生学得如何正是反映教师教得如何，学生怎样学成为教师怎样教的线索。至此，教师应该从学的角度去组织课堂，去设计情境，去实施活动。通过教师的努力引导，实现学生借助手、脑等器官，得到自己总结的结论，真正成为课堂的主人，让教师教学生知识的"教室"再一次变为学生学知识的"学堂"。

一、教师是学生学习的促进者

教育的对象是学生，学习的主体是学生，教育的本质是唤醒，唤醒的关键在教师。在当代教育形势下，教师要从知识传授者这一核心角色中解放出来，成为学生学习的促进者。教师在教学过程中，不但要传授知识，还要培养学习能力，更要落实立德树人根本任务。

1. 教师的促进作用应注意群体性、长效性及和谐性

教师的作用具有群体性，这主要是由教育的特点决定的。一个人的学习是独立的，很难持久的，而一个团体的学习是有趣的且能持久的。教师的个体在教师的群体中发挥彼此的智慧，互相帮助互相探讨，才能够有较高的效率。优秀的教师群体，既突出了教师个体，使之成为数学名师，更重要的是突出群体的智慧，不断地提高所有教师的教学观念，只有这样才能发挥数学教师的主导作用。

首先，一个教师的力量是微乎其微的，然而如果将若干个微乎其微的个体集中到一起，力量就是庞大的。教师是一个群体，学生也是一个群体，教师和学生又是一个群体，如果将这个群体凝聚成一个团体，运用团体的力量，集中团体的智慧，那么就能实现最大的收益。只有利用好了群体性的力量才能体现出教师的主导作用。从单方面看，优秀教师带新教师，"学优生"带动"学困生"，教师的素养得到了提高，学生的素养也得到了提高，更客观的是形成了互帮互助的学习氛围。最初的部分"学优生"，通过互帮互助带动了大批"学困生"，使得"学优生"比例越来越大。

其次，教师的作用具有长效性，教学的每个阶段都要符合教育教学规律。学生形成良好的学科素养，并且取得优异的学科成绩，既是学生努力的结果，也是教师长期辛勤付出的结果。一名学生的成长包含了家长、教师、学校、社会的大量付出，即便真正激活学生潜能的可能只是一个点，但这个点却也是众多努力铺垫的集合。每位学生都拥有属于自己的成长阶段，无论学生处于哪个层次、哪个阶段，教师都要耐心教导，不言放弃。学生的成长，无论是知识、思维，还是行为习惯都具有阶段性，一个阶段的成功并不代表每个阶段的成功，一个阶段的失败也并不代表每个阶段的失败。教育是一个长期的过程，要取得最后的效果，必须要长期坚持。教师不仅仅要求学生

识记知识的内容和形式，还要让学生经历知识的生成过程，懂得知识背景，并学会用自己的力量，获取其他的知识。

最后，教师的作用要具有和谐性。教师要想发挥促进作用，一方面要注意教师队伍的和谐，主动搞好团结，只有在和谐的环境中，才能够互帮互助、友好相处、共同探讨、乐于分享，只有一个和谐的团队，才有利于教师个体的成长，知识的更新，教学水平的上升。另一方面要搞好与学生和学生家长的关系，自觉接受他们的监督，争取他们对自己工作的支持，让自己和所有相关人员都处于愉悦的教育环境中。学校、家长、教师都是在为学生的成长而努力，为着共同的目标而努力。虽然大家共处于一个矛盾体中，但并不对抗。多沟通、多交流、多学习，这样才能够随时跟进学生的情况，尤其是处于青春期的学生，需要加强对他们的心理健康教育，这些就更需要学生、家长和教师走到一起，随时发现并解决学生的问题。多方的共同作用才不会使得学生在家里表现出一面但在学校表现出另一面的现象发生，从而保证学校教育和家庭教育的目标达成一致。目前有些学校和有些家长的唯分数论给学生的成长带来了很多的压力，因学生成绩不理想，家长的批评和指责给学生的成长带来了很大的困扰，这些都是需要我们学校和家庭共同思考的问题，每位学生都有自己的长处，我们需要淡化什么、强化什么，都值得思考。而这些只有学校与家庭齐心协力，教师和家长互相沟通才能达成一致，也只有这样才能够促进学生的健康成长。

2. 教师的促进作用应注意示范性和研究性

教师作为一种职业，必须经过比较系统的教育，取得教师资格才能上岗。教师既担负着知识传授和学生的思维训练的责任，还要为学生的成长保驾护航。如果说教师的工作神圣，那么我们的原则是"学为人师，行为世范"；如果说教师的工作重要，那么我们的愿望是"润物细无声"。

一是做好言传。学生素养的形成是学生个体性的自觉行为，只能在"内化"教师的言行中自我产生。他们鄙弃那些只会说教不能实干的教师。因此，为培养学生的学科素养，教师必须先做到以下几点。综合学习论、方法论、思维论、教学论等诸方面的内容，用教师的一桶水去装学生的一碗水，引导学生发现"知道而没想到"的知识；不说空话泛话，而是抓住时机及时教育，让学生时刻感受到教师的关爱，感受到教师所说的都是切合实际且正确的，所做的事都是为学生好，这样才能达到效果，不会让学生觉得唠叨。学生可能处于思考问题不全面、考虑问题不成熟阶段，需要教师协助学生全面地分析问题，而不是遇到学生犯错就先严厉批评，和学生商量着来，这样才会让学生出现问题时，会冷静地听教师分析，而不是和教师产生年龄及身份带来的距离感。

二是做好身教。在深入备好课的前提下，对学生所学内容，平等参与，共同研究。重视学生的不同意见，尊重学生的首创精神，教学相长，共同提高，做学生知识习得的引导者、合作者、帮助者和见证者。学生还处于模仿能力比较强的阶段，甚至很多模仿是潜移默化的，所以要求学生的前提是自己先做到，教师先做好示范，不仅是给学生做榜样，更多的是潜移默化地感染学生。很多教师都有这样的经历：时时听到学生传诵你说过的"名言警句"，在学生的言语中听到你的口头禅，在作业本上经常见到你的字迹等，这些可能都不是教师想教给学生的，但恰恰反映了学生受到教师感染影响的程度。

三是注意班风。在教师的聚合下，倾力建设良好的班风，把催人上进的氛围搞得浓浓的，把不空谈、注重实干的态度弄得实实的，把勇争第一、始终坚持的斗志烧得旺旺的。班风是一切学习的开始，要让班级形成互相竞争互相合作的氛围。多开展感恩和成长类主题班会，让学生意识到学习是自己的事情，意识到学习的重要性，要感谢父母创造的条件和给予的关爱，要感谢教师辛勤的付出，而不是把学习当成家长的事、教师的事，不埋怨教师的唠叨、家长的叮咛。多开展学习交流会，交流学习方法，帮助学生的成长；多开展帮扶活动，让层次不同的学生都能感受到班级的温暖；多开展班级间的篮球、拔河等友谊赛，增进班级凝聚力，让班级的每位学生都感受到班级的温暖，在班级里爱学习、好学习、乐学习。

二、学生活动的组织原则

《标准（2022 年版）》指出，教学将由"关注学生知识结果"转向"关注学生活动"，将学生学习过程看作学生"再创造"的过程。通过学生活动，教师要不断反思我们设计的活动在具体实施的过程中是否有效，是否提高了课堂效率，以利于教学活动的有效开展。

1. 学生活动要注意活动的全体性、开放性和目的性

全体性指的是学生在知识水平、认识能力等方面存在着客观差异，因此要关注各类层次的学生。课堂中的学生活动要以"人人会学"为宗旨，关注是否调动了全体学生的积极性，让每位学生都能参与学习活动。

开放性指的是教师以《标准（2022 年版）》为依据，创造性地使用教材，挖掘教材内涵，选择一些难易适度、形式活泼、具有趣味性、挑战性和研究性的学习材料，再经过有效的组织，让学生通过独立思考、小组讨论、多媒体展示、上台演练等教学形式，使教师的主导作用和学生的主体作用得到充分发挥，保持课堂活而不空、实而不死，真正提高课堂效率。

目的性指的是教学活动的核心是问题，活动的目的是解决问题并发现新问题，适当的问题能激发学生的求知欲。因为有了问题，思维就有了方向，有了创新。在课堂上，要尽可能多地创造真实的、具有挑战性的问题，让学生先独立思考再合作交流，让学生在交流的过程中碰撞出智慧的火花。"提出一个问题比解决一个问题更重要"，学生活动中教师不仅要让学生成为问题的解决者，更要培养学生成为问题的发现者。

总之，学生活动要本着"为了每一位学生的发展"的原则，教师在实际教学过程中积极思考、注重学生活动的有效性，把握好活动过程中的操作环节，让学生自己去探

索、去感受、去发现，从而获得发展，这样的学生活动才是有效的，课堂教学质量才能真正提高。

2. 学生活动要注意活动的有效性、充分性和有序性

(1)选择有效的活动形式

活动的组织形式可分为个体活动、小组活动和班级活动，其选择必须依赖问题的特点和活动的要求。为了让每位学生参与课堂活动，个体活动必须贯穿活动的始终，通过小组活动和交流，尽量使更多的学生暴露自己的思维过程，并在与他人思维的比较中得到补充和完善。班级活动是活动开展的起点和归宿，通过教师的调控、点拨及全班学生的集思广益，学生对问题的解决达到更深层次的掌握和理解。只有合理开展这些活动，才能使每一位学生充分地参与课堂实践，获得有效发展。

(2)提供充分的活动时间

学生是具有个体差异性的，为了让每位学生都得到相应的发展，教师只有把课堂上的时间尽可能多地留给学生去主动探索，这有利于学生能力的发展，能激发学生的学习积极性。课堂上留给学生充足的活动时间，这样学生就有机会去研究、去探索、去体验学习。只有学生自己探索过、感受过，印象才会深刻，学生的禀赋才能得以充分展示，这样课堂教学才真正算是有效的。

(3)组织有序的活动流程

一堂课并不是一堆或有趣或无趣的活动的无序集合，而应该是一个具有内在联系的活动序列，这些活动相互强化和巩固，从而使学习朝着教师努力的方向发展。课堂活动要做到富于变化、难度适中、连贯紧凑、循序渐进，要能给学生一种前进感，从而让他们获得成就感。

三、提升学生的质疑能力与分享意识

《标准(2022年版)》指出，教师应激发学生学习的积极性，向学生提供充分从事数学活动的机会，帮助他们在自主探索及合作交流的过程中真正理解和掌握基本的数学知识与技能、数学思想和方法，获得广泛的数学活动经验。教师要调动全体学生的主观能动性，发挥学生的主体作用，让每位学生都参与整个教育教学过程，进而获得主动发展和全面发展。教师重视学生的质疑能力及分享意识，这都是调动学生主动和积极参与学习的重要手段，也是激发和培养学生创新意识的重要环节。

1. 创设问题情境，使学生"想表现想分享"

在从事教育教学工作的过程中，时常听到教师们议论："现在的学生太懒了，不管听懂与否，都不会主动问教师，尤其是中等以下的学生，着实拿他们没有办法"。几千年来形成的传统课堂教学模式，造成了学生对教师这个角色的错误认识。对于困惑，学生既渴望得到帮助但又害怕被发现。思维活动总是不能跳出教师预先设计好的"圈子"，同时又害怕遭到同学的嘲讽、教师的批评。久而久之，学生便只会被动地、无条

件地接受知识，甚至不敢向同学、教师表达，更不敢质疑教材、资料。因此，教学过程中应积极、主动地创设情境，让学生大胆思考、大胆质疑，使思考、质疑、分享成为学生学习过程中的自身需求。

正是因为学生对在困惑中获得的知识会理解得更透彻，印象更深刻，因此，教师在教学中应抓住一个"巧"字，掌握一个"活"字，根据具体情况，主动地、积极地创设合乎实际的有效情境，学生就会勇于质疑，敢于讲出自己的疑惑来。另外，教师在教学活动的设计中还要对学生可能产生的各种质疑有充分的预设、考虑，做到心中有谱、"案"中有生，给学生的质疑创造充足的机会，提供更广阔的思维拓展空间。

下面是一个教学片段。

问题：观察单项式 x，$-2x^2$，$4x^3$，$-8x^4$，$16x^5$，……，请你寻找出其中的规律，并根据规律写出第10个单项式。

在解决问题的过程中，教师可以引导提问：本题单项式的系数的符号如何确定？系数绝对值如何确定？字母指数如何确定？大部分学生进行分析，对这些问题很快便得出了答案，但归纳一般式时，则出现了障碍。一部分学生提出，应针对系数的符号问题、系数的绝对值问题、指数问题分别进行讨论，得出结论；而另一部分学生则认为，只需要讨论系数问题和指数问题。两部分学生进行了激烈的讨论后，归纳出了一个一般式。这样的"对立"讨论不仅共同助力解决了问题，也通过"对立"再次明确了数学的结构组成，甚至在学生的潜意识里埋下了符号函数的印记。学生在这个活动过程中尝到了成功的滋味，自信心也得到了提高。

2. 营造质疑氛围，使学生"敢表现敢分享"

现代教育大力提倡民主教育、师生互动、探索性学习。民主、和谐的教学氛围是学生学习积极性、主动性发挥的前提和基础，因为它能消除学生紧张、恐惧的心理，使学生处于一种宽松、和谐的心理环境中。学生心情舒畅了，就能迅速地进入最佳的学习状态，敢于质疑，勤于思考。首先，教师要改变角色，与学生一起平等地学习、探索，变"一言堂"为师生交流、互动学习的课堂。在课堂上教师要以饱满的热情、真诚的微笑面对每一位学生，特别是对"学困生"更应加倍地以爱心、耐心来对待他们，使其深刻地感受到教师的爱，真正体会到自己是学习的主人，而不是被动地学习，产生出各种不符合实际的想法，如为了家长或其他人学习。从而缩短与学生的心理距离、角色距离，建立朋友式的新型师生关系。其次，要允许学生质疑"出错"，这是学生敢于质疑的前提。

例如，解关于 x 的方程：$\dfrac{2}{x-3}=\dfrac{3}{x-2}$。

在教师讲了一般的解法后，有学生便提出了这样的问题：此题可不可以不采用基本解法，而直接利用比例的性质进行交叉相乘来求解呢？这样做对不对？面对在教师看来很简单的问题，于学生就是在寻找知识间的联系。教师让学生进行讨论，最后得出结论，对于这种较为特殊的分式方程，通过与一般解法的对照，会发现它可以直接交叉相乘，其实这是利用去分母方法求解后的简化式，这样的活动中，学生自身质疑能力得到了肯定，规律的总结也更加准确。

教师善问只是为学生树立了"问"的榜样，而"善问"才为学生的质疑和创新提供了更多的可能。因此，教师要用语言的激励、手势的肯定、眼神的默许等手段对学生的表现欲望给予充分的肯定和赞赏。一个人如果体验到一次成功的喜悦，就会信心倍增、勇气大增，对许多问题都会产生跃跃欲试的冲动和对结果无限的渴求。教师应引导学生认识到畏惧错误、不敢质疑、怯于表达就是放弃提高并放弃进步的机会，学生一旦拥有了这样的意识，就会如释重负消除自卑心理，毫无顾忌地提问和分享，效果也与以往会有很大的不同。

3. 培养良好习惯，使学生"好表现好分享"

初中数学教学与小学数学的教学方式、方法已有很大不同。不但要让学生想质疑、敢质疑，还要让学生主动质疑，教师还应该不失时机地激发学生质疑。

例如，问题：$Rt\triangle ABC$ 中，直角边 AC，BC 的长分别为 6 和 8，求斜边上的高 CD 的长度。

在讲解此题时，教师引导学生利用勾股定理内容进行了尝试：首先求出了斜边 AB 的长度，再利用公共边 CD，通过两个直角三角形中的勾股定理建立方程，可求出 CD 或 AD 的长度，从而进一步求解。此时，教师便可提出，此题有没有其他的求解方法呢？

有的学生经过思考后提出，这样求解略显复杂；也有学生提出，此题可以利用三角形的面积公式来求解。教师便让学生自己试一试利用三角形面积公式来进行计算。学生便从同一个三角形的面积的不同算法上进行了探索，推导出了此题可以利用同一个三角形面积的几种不同算法来求解，从而很快便得出了 CD 的长度。教师进一步提出，在这个图形中，是否可以改变已知线段和待求线段变化出更多的问题呢？

面对层层展开的问题，学生的表现欲望得到了最大的激发，这样一来学生的思辨能力得到了充分的发挥和提高，从而增加了学生的信心及勇气，为学生在以后学习过程中敢于不断地提问和分享奠定了坚实的基础。

4. 提炼学习方法，使学生"会表现会分享"

每一个教师都应该充分认识到培养学生"学会"是前提，而让学生"会学"才是目的。我们要让学生想表现、敢表现、好表现，但更应该让他们会表现。要使学生认识到不会表达就不会学习，会表达才是有学习能力的重要标志。

教师要引导学生在预习过程中寻疑，在新旧知识的衔接处、学习过程的困惑处、法则规律的结论处、教学内容的重难点处等关键点着力；在概念的形成过程中、算理的推导过程中、解题思路的分析过程中、动手操作的实践中等生成处用心。

教师要启发学生表达，鼓励学生说有创造性意见的话，说错了重说；说得不完整的，自己或同学补充；没有想好的想好再说；鼓励学生在疑惑时举手提问；有不同意见的当堂进行讨论，自由发表意见，营造一个民主、和谐的交际氛围，使学生敢想、敢说、敢问、敢发表自己的意见。当学生在表达过程中出现一些诸如逻辑不清、表述不当等情况，教师不是立即打断学生的话语，也不立即予以订正，而是在学生说完之后，再针对出现的问题进行指导或者请其他学生进行补充、订正。

教师要在关键时刻扶学生一把，采取低起点、严要求、勤训练、上台阶的策略，循循善诱，使学生一步一步地找对方向，学会用恰当的语言表达自己的疑惑或成果，进而达到说得巧、说得精、说得新、说得有价值。

在教学实践中，教师应该针对学生的实际情况，采用不同的形式让学生实现想分享、敢分享、好分享、会分享的提升，使学生由被动学习逐步转向主动学习，由被动表达逐步转向主动表现，帮助学生认识自我、建立信心，从而调动学生学习主动性和积极性，使学生在创新能力及思维能力等多方面得到发展。

第三章 "分享·创生"教学的理论基础

"分享·创生"教学是在新课程改革下提出的一种新型教学模式，有着扎实的理论基础。本章将从哲学与社会学、心理学以及教育学三个方面阐述"分享·创生"教学的理论基础。

第一节 哲学与社会学基础

"分享·创生"教学的哲学思考是"对话—理解"，该教学形态的关键就是"对话"和"理解"。在分享的过程中，分享者通过对话深化了自己的经验，使自身获得对知识的理解。同时，当一个人倾听别人所想到的和所感受到的东西时，自己也能通过对话获得知识。通过分享和对话的过程，参与者能够获得自身的身心发展。"分享·创生"作为一种新的教学方式，从产生起就有深厚的哲学理论根基。其中，对话哲学是"分享·创生"的重要的哲学与社会学基础。

在人类生活的各个领域都离不开对话，对话让人们互相理解、相互交流思想并丰富自己。对话成为人类社会生活的主要活动范式，随着对话哲学的兴起，各个领域都受到一定程度的冲击，教育领域也从中深受启发。

对话哲学是在20世纪中叶前后一场哲学对话中所提炼出来的理论成果之一。在对话哲学发展的过程中，形成了对话哲学的马丁·布伯的关系性对话、伽达默尔的诠释学对话、哈贝马斯的交互主体性对话，以及巴赫金的交往式对话等众多哲学观点。

一、对话哲学对教育的影响

1. 确定对话内涵

学生、教师、教学内容之间所构成的错综复杂的教育关系是"对话"的本质。在一些教学管理活动中提出的"教育交往说"，将教学环节的必要互动重新定义，将"认识"转化为"交往"，这一观点在一定程度上反映了教育互相了解的本质。"对话"才是交往的重要展开，教育不仅是一个"探索真理和自我认识的过程"，实现真理和思想本身才是教育价值。正因为对话哲学进入到当代教育活动中，结合马丁·布伯的对话哲学学说，教师应该深入剖析教育活动中教师与学生以及学生与学生之间的主体关系，体现教师与学生以及学生之间的双方主体性的尊重。教师要与学生互相了解，了解"自我"和"他我"，认识并承认人生的双重性特点，"他我"与"自我"同等重要。在对话体系下，学生与教师不再是以知识为中介进行互动的独立个体，教师向学生单向灌输关系已经被改变，取而代之的是构建出"我—你"的对话体系。这是一种互为主体的全新关系，这种真正平等的关系能够将师生双方的主体性以更为直观的方式展示出来。

2. 确定对话本质

"对话"教育理念让以传递知识为核心的教学任务演变为生成知识，从而让教育活动更具有创造性。正是"对话"教育理念，使知识变成了一种动态的、开放的、生成的客观载体。在不断创生的过程中，学生能够依靠对话重新剖析教育的本质，真正实现对知识的理解和掌握。同时，教师在教育活动中要不断确定对话的本质，关注到个体情感等诸多方面，以技术理性为主宰的个体相互联系得以转变，让教育具有人性化追求。马丁·布伯所提出的对话哲学认为"我"与"你"之间不需要掺杂任何带有意图和目的的中介手段，"我—你"关系的核心就在于个体之间的直接关系，对于一切中介的抛弃。个体之间的相遇在个体之间的生存关系被不断重申的过程中得到了新的保障，对话与教育的发展能够迎来新的契机，进而使教育进入到无限的关系世界当中。

3. 强调意识形态

教育应该围绕认知、做事、社会关系和个体生存等角度来发展，教育中的"对话"能够培养学生的个体活动能力、培养学生处理人际关系的能力、培养学生集体合作态度，激发学生的主观能动性。"对话"促使学生积极学会生存的基本技能，对于现阶段的教育活动来说，沟通与交往是享受"对话"的重要前提。

二、"分享·创生"教学中的对话哲学

对话哲学对"分享·创生"教学的影响是直接的，特别是对"分享·创生"教学的"分享"交流概念和师生关系确立等提供了许多理论价值。

1. 共同在场的师生关系的重构

在现代教学中，"以学生为主体"的教学理念还停留在很多教师的意识层面，课堂上学生主体性的缺失仍是普遍现象。在目前的很多课堂中，教师仍然是知识的传授者，并以长者和权威的身份向学生下达学习任务，学生只能按照教师铺设的道路行走。课堂教学的开展方式以"教师独白式讲解"为主，是只见"知识"不见"人"的教学方式，学生的主体性在课堂中并未真正体现。因此，在传统教学中，师生的关系是"我—他"关系，课堂上和教育中仍然是"以教师为中心"。

根据对话哲学的观点，对话主体具有在场共生性，是浑然一体且不可分割的。不论是人与知识之间，还是教师与学生之间，或者是作为具象的人与作为抽象概念的教育之间，都要秉持"对话"和交流的原则。"对话"教学法要求教育者在与学生的交往中，时刻将学生当作地位平等的对象，用心倾听学生的需要和言谈。人与人的交往要互相

尊重和信任，"分享·创生"教学体现了师生关系、生生关系是"我—你"关系。为了帮助学生把最佳的潜能充分发挥出来，教师要看出学生具有潜在性和现实性的特定人格，把他的人格当作一个整体，由此来肯定他。教师要把学生视作伙伴而与之相处。

师生关系应该是信任、自由、责任和爱。正如马丁·布伯所言："信任世界是教育中的关系的最内在的成就。"①信任是"我—你"师生关系的内在基础，是通往学生内心的真正道路。他在此处所说的"在教育中不可被压制而应顺其自然发展的自发性"就是指"自由"。教育自由并不是教师的无所作为，而是应当有所为。教师理应成为学生信赖的导师，导师的作用是发挥着引导的作用，为学生照亮前方的道路，指明前进的方向，督促学生奋力前行。于教育来说，教育绝非仅仅强调自由，教育也十分关注和重视责任，教师与学生没有任何理由和借口推脱自身本应承担的责任，也正是责任保证了师生彼此的自由。因此，责任成为"我—你"师生关系的必然要求。在"我—你"师生关系中，学生摆脱控制获得自由并非意味着责任的重担从肩头卸掉，而是当学生"自由"时，越来越能深刻体会到自己承担的责任，要对自己的选择和决定负责。教师的责任便是引导和帮助学生认识到这一点，督促学生要对自己的选择负责，教师还要让学生认识到不将自己应当承担的责任推卸给他人。爱是教师对学生的义务，爱也同时是对话的基础和对话本身。② 以爱作为师生间"我"与"你"的对话的心理支撑，没有了爱就没有了师生间的对话，因为爱的存在，学生才愿意主动地参与学习过程。师生需要彼此全身心投入，让爱溢满"我"与"你"的心灵，建立起相互对话的"我—你"关系世界，进行文化、情感、精神的互相交流，实现完整人格的"我—你"精神相遇。

2. 以对话为核心的学习方式的重构

学习的重要意义在于对知识的本质理解。根据对话哲学的观点，理解的基本方式和途径是对话，只有通过交流和沟通，在对话的基础上理解才是真正的理解，对话才是学习的本质特征。

在"分享·创生"教学中，分享学习型课堂教学把课堂话语权还给学生，讲解的主体由单一的教师转换为多元的师生主体，即各对象之间互为主体，师生之间、生生之间可以"由听讲变成主讲"或"由主讲变成听讲"，讲解的多元主体之间是以对话的方式展开活动的，不是单向的灌输过程而是多向的互动过程，不是既定不变的"静止"传授过程而是瞬息变化的"动态"交流过程，"对话"贯穿整个课堂学习的始终。"分享·创生"教学突出学习者的讲解和评价，提供学生讲解和评价的机会，给够学生讲解和评价的时间。在"分享·创生"教学过程中，学生学习的主要方式是对话，知识的意义是在多元对话中生成的，情感态度价值观是在多元对话活动中逐渐形成的。由此可知"对

---

① [德]马丁·布伯. 人与人[M]. 张健，韦海英，译. 北京：作家出版社，1992：141.
② [巴西]保罗·弗莱雷. 被压迫者教育学[M]. 顾建新，赵友华，何曙荣，译. 上海：华东师范大学出版社，2001：38—39.

话"是"分享·创生"教学中的核心要素。知识的意义是在生与师、生与生的对话等多种视界的融合中而生成的。这里的对话主要是主体间的多元对话，即与教师、文本、同学的对话。这种学习也叫作多元对话性学习，赋予了学习概念新的内涵。学习的过程是一种对话性实践。这种重构的学习内涵体现在学习者同客体、自身与他人的关系中形成的三种对话性实践领域。同客体的对话是认知客体并把它语言化的文化性、认知性实践。直面知识的概念、原理和结构等，通过对具体客体的实验操作等建构知识的意义世界以及知识之间的结构化关系。与他人的沟通和交流的社会性实践比较显著，课堂的学习是在师生关系和伙伴关系中实现的。在多元的对话性学习中，学生还能够通过对话自我反思，改造自己所拥有的意义关系，重构自己的内部经验。学习活动是构建客观世界意义的活动，是探索与塑造自我的活动，是编织自己与他人关系的活动。①

第二节 心理学基础

学生通过内在的认知心理活动来实现知识的获取，心理学的理论和观点对教学会产生直接的影响，通过有效运用心理学的理论和方法达到更好的教学效果。"分享·创生"教学作为新的教学范式改变了课堂教学观念和行为，也改变了师生之间、生生之间的心理交互作用。"分享·创生"教学的心理学基础主要是马斯洛需求层次理论和建构主义学习理论。

一、马斯洛需求层次理论

1. 马斯洛需求层次理论概述

马斯洛将需求层次结构分为五级模型，通常被描绘成金字塔内的等级。从层次结构的底部向上，需求分别为：生理（食物和衣服），安全（工作保障），爱与归属（友谊），尊重和自我实现，如图3-1所示。

生理的需求。生理的需求包括衣食住行等各个方面的要求。马斯洛认为生理需求是一切需要之中最占优势的，因为一个人在各种需求都比较缺乏时，他对食物的要求比对其他任何的要求更为强烈。② 也就是说当一个人的生理需求都得不到满足时，其他的需求将不能激励他们。只有当生理需求得到满足时，其他的需求才会变成新的激励因素。

安全的需求。安全的需求主要包括生命安全，拥有稳定和谐的生存环境的需求。

---

① [日]佐藤学. 学习的快乐——走向对话[M]. 钟启泉, 译. 北京：教育科学出版社, 2004：38.
② [美]马斯洛. 马斯洛人本哲学[M]. 成明, 译. 北京：九州出版社, 2003：31.

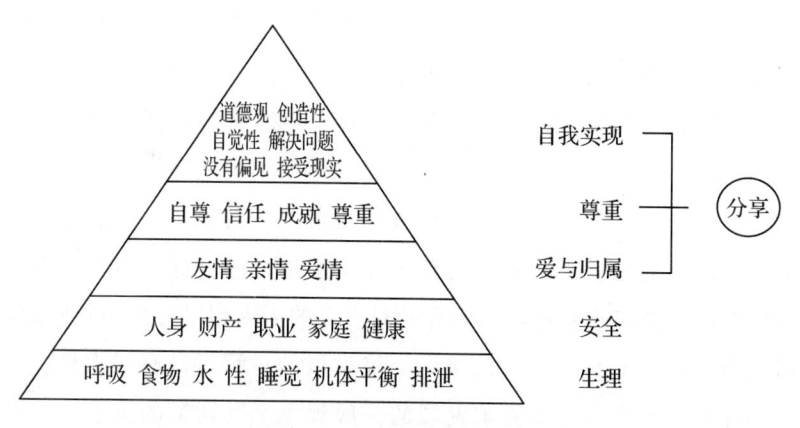

图 3-1 马斯洛需求层次理论

马斯洛认为"安全需求能否得到有效满足直接关系到一个人能否抵御危险环境的侵害，对处于发展中的儿童来说，仍处于追求安全的需求"①。每个人在发展的不同阶段都有对安全的需求，在学生的发展过程中，安全的需求也尤为重要。

爱与归属的需求。爱与归属的需求包括了亲情、友情以及爱情的需求。一方面是每个人都希望得到他人和群体的爱，也希望对他人给予爱；另一方面是归属的需求，大家希望加入一个融洽的集体，在与别人进行交往过程中，同伴间能和睦相处，大家也希望得到他人的认可，得到集体的认可。

尊重的需求。尊重的需求是指个体希望自己的成就和能力被认可的一种需求。尊重包括外部尊重和内部尊重。所谓外部尊重就是别人对自己的尊重、认可和信赖；内部尊重就是自尊，它是指个人有实力、有自信、自己能够胜任各种不同的工作且独立自主。马斯洛认为如果尊重的需求能得到满足，那么人就会对工作、对生活和学习充满激情，人也会变得十分自信；反之，人就会对自己失去信心，会自卑、情绪低落，感觉生活充满黑暗，体会不到自己的价值。

自我实现的需求。自我实现的需求是最高层次的需求，是指个体向上发展和充分运用自身才能、品质、能力倾向的需求。当一个人的生理的需求、安全的需求、爱与归属的需求和尊重的需求都得到充分满足后，自我实现的需求就成了推动他们前进的内在驱动力量。同时，马斯洛指出每个人满足自我实现的需求的方法是不同的，一个人只有知道自己想要什么，想成为什么样的人，努力去干适合自己的工作，他才能获得最大的快乐。自我实现在心理上表现为一种高峰体验。"自我实现意味着充分地、活跃地、无我地体验生活，全神贯注并忘怀一切"，这是一种真善美高度统一时的体验，是对人生中最美好的时刻、对生活中最幸福的时刻、对自己处于发挥潜能的最佳状态的体验。

---

① 车文博. 人本主义心理学[M]. 杭州：浙江教育出版社，2003：125.

五种需求是最基本的且与生俱来的，构成不同的等级或水平，并成为激励和指引个体行为的力量。马斯洛认为需求层次越低，力量越大，潜力越大。随着需求层次的上升，需求的力量相应减弱。高级需求出现之前，必须先满足低级需求。低级需求直接关系个体的生存，也叫缺失需求，当这种需求得不到满足时直接危及生命；高级需求不是维持个体生存所必需的，但是满足这种需求使人健康、长寿、精力旺盛，所以叫作生长需求。同时他也认为：在人的高级需求产生以前，低级需求只要部分满足就可以了。个体对需求的追求有所不同，有的对自尊的需求超过对爱和归属的需求。①

马斯洛提出人的需求有一个从低级向高级发展的过程，具有层次性、整体性和阶段性，这在某种程度上符合人类需求发展的一般规律。马斯洛的需求层次理论指出人的内在力量不同于动物的本能，人要求内在价值和内在潜能的实现乃是人的本性，人的行为是受意识支配的，人的行为是有目的性和创造性的。

2. 马斯洛需求层次理论对教育的影响

马斯洛的需求层次理论在不断发展和完善中得到广泛的应用。现代教育学中也把人看成追求长远成就、不断追求需要的满足、努力实现自我价值的潜能的社会人。②

现代教育更关注个人的教育需求，在思考教育的真正价值何在的同时，更多关注"我们需要教育做什么"，而不再是"教育能做什么"。同时，教师作为人类灵魂工程师要更多关注学生的自我实现，对学生因材施教。教师要给予学生更多的选择，充分尊重学生的个性发展，帮助其找到自身价值，提高自我效能感。对于"学优生"要引导他们不断攀登更高的山峰，鼓励他们不断突破创新。对于中等学生，这是教师容易忽略的一部分学生，教师同样需要给予他们关爱，让他们保持学习和生活的热情。对于学习困难的学生，更需要教师的不断鼓励和关怀，教师作为学生学习的引路人，主动帮助学生探索答案的人，对学生的发展起促进、帮助和鼓励作用。需求层次理论让我们进一步思考教育变革，课堂中最应该关注到全体学生的体验，增强以人为本的意识。

马斯洛需求层次理论在教学活动中的学生管理领域也有一定参考价值，教学中教师可以在充分了解学生需要的基础上，针对不同层次的学生采用不同的措施来激发他们学习的动机。另外，教师要引导学生增强自我认识，清楚自己需要什么，教师通过因材施教让学生向更高层次的需求努力奋斗，从而促进学生自身的全面健康成长。马斯洛的需求层次理论主要研究的是人的需求以及如何满足人的需求。马斯洛曾说过："人是一种不断需求的动物，除了短暂的时间外，极少达到完全满足的状况，一个欲望满足后，往往又会迅速地被另一个欲望所占领。"③这个观点很好地体现了需求层次理论

---

① 彭聃龄. 普通心理学[M]. 北京：北京师范大学出版社, 2003：329-330.
② 王玉莲. 从马斯洛的需要层次论谈管理中的激励[J]. 经济师, 2003(5)：14-15.
③ [美]马斯洛. 马斯洛人本哲学[M]. 成明, 译. 北京：九州出版社, 2003：2.

的激励功能。因此，该理论在课堂教学中的运用能够发挥强大的激励作用，充分激发学生的主动性、创造性和潜力，符合当代培养学生核心素养和社会责任感的美好愿望。

3."分享·创生"教学中的需求层次理论

根据马斯洛的需求层次理论，每一个个体都有得到他人尊重和认可的需求，同时每一个个体又都有异于他人的独特的经验，在与他人分享彼此的经验的过程中丰富或改变自己的经验，从而使自己的认识和心理发生变化。因此，人的成长是在分享他人资源的过程中逐渐完成的。

学生的学习是一个追求高级需要的过程，他们通过学习来实现自己的人生目标，学习的过程需要被肯定，需要使人相信自己的力量和价值，使得自己更有能力、更有创造力，从而建立足够信心去解决问题。"分享·创生"教学课堂中的分享交流给了学生实现这些需求的途径，课堂肯定了学生的学习积极性，学生在合作分享中能够完成自主学习和合作学习，全身心参与学习，感受到学习的愿望是来自内心的。在教学过程中，首先通过共学活动、小组互助、全班分享交流，学生在学习的过程中，感受到来自班级、小组、教师的温暖和爱，这满足了学生爱与归属的需求。其次学生和学生之间、学生和教师之间能够平等对话，师生认真倾听"小老师展讲"，这满足了学生尊重的需求。最后在"分享·创生"课堂中，学生在展示讲解中能够体验到当教师的感觉，体验到带给他人帮助并受到他人高度评价的满足感，不但能够分享学习，还能主动"创生"，这就是一种自我实现的需求。由此可以看出"分享·创生"教学以马斯洛需求层次理论为基础，尊重学生的身心发展规律，采用多种教学方式满足学生的缺失性需求和成长性需求，从而激发学生的内在学习动机。

二、建构主义学习理论

1. 建构主义学习理论概述

建构主义学习理论是行为主义发展到认知主义以后的进一步发展，代表人物是心理学家皮亚杰和维果斯基。

建构主义可以比较好地说明学习过程的认知规律，在建构主义基础上可以实现比较理想的建构主义学习环境。建构主义学习理论包括了"什么是学习"与"如何进行学习"。接下来就这两个方面进行说明。

什么是学习？建构主义认为学习是学习者在一定的情境背景下，借助教师和学习伙伴等的帮助，通过意义建构的方式来获取知识的过程。因此，建构主义学习理论认为"情境""协作""对话"和"意义建构"是学习环境中的四大要素和四大属性。"情境"要有利于学生对所学内容的意义建构，对教学设计也提出了一定的要求，要考虑有利于建构意义的情境的创设问题。"协作"是发生在学生学习过程的始终，学生通过协作完成资料收集、问题提出与验证、评价以及意义的最终建构。"对话"作为"协作"过程中不可或缺的环节，学习小组成员之间通过对话讨论具体的学习任务，每个参与对话讨论的学习者的思维成果被整个学习群体共享，对话就实现了意义建构。所谓"意义建构"就是学习者在整个学习过程中的最终目标，教师要帮助学生对当前学习内容所反映的事物的性质、规律以及该事物与其他事物的内在联系达到较深刻的理解，实现在脑海中长期储存、优化认知结构的目的。学生获得知识的多少也取决于学习者根据自身经验去建构有关知识的意义的能力，不取决于学习者记忆和背诵教师讲授内容的能力。

如何进行学习？建构主义提倡在教师指导下的、以学习者为中心的学习，既强调学习者的认知主体作用，又不忽视教师的指导作用，教师是意义建构的帮助者和促进者，学生是信息加工的主体，是意义的主动建构者。而教师是学生建构意义的帮助者，教师可以激发学生的学习兴趣，帮助学生形成学习动机，也可以创设符合教学内容的情境和设置有意义的问题，帮助学生建构当前学习知识的意义。当然，更有效的就是教师可以组织协调学生展开交流合作，组织学生展开分享学习课堂，做好总结和引导，学生通过合作学习和互相评价、自我评价，主动去发现规律，自我纠正以完善知识的构建。

维果斯基创立了一种个体心理发展理论——"最近发展区理论"，他认为最近发展区是儿童现在所表现出来的能力与潜在的能力之间的距离。维果斯基认为儿童在能力更强的人的指导下会表现出潜在的发展水平，能够促使最近发展区更好地转化到现有发展水平的范围之中。学习者间的彼此最近发展区内合作，会表现出比单独活动更加高级的行为，不同程度的学生在交流分享学习中可以取长补短，加深对问题的理解，促进学习质量的提高。

2. 建构主义的基本观点

(1) 知识观

建构主义理论指导下的学习理论认为知识应更多地强调其主观性和不被客观规律所束缚，并对有着客观确定性的知识表示怀疑。建构主义的知识观主要表现在知识是没有客观统一性和准确性的，任何结果不会是最终的准确结论，结果只是符合当前社会环境下的一种解释，它并不能成为真理性的客观答案。知识不是以客观规律的表现形式存在的，而是要以学习者个体的经验为基础，在特定的客观环境下建构起来的。建构主义理论指导下的知识观对传统的知识观的权威性提出了质疑，培养了学习者的创新思维和探索思维，提高了学习者发现问题、解决问题的能力。

(2) 学习观

学习不是教师把知识简单地传递给学生，而是学生自己构建知识的过程。学生根据自己的经验背景，对外部信息进行主动选择、加工和处理，从而获得自己的意义。意义是学习者通过新旧知识经验间的反复的、双向的相互作用过程而构建的，学习者原有的知识经验因为新经验的进入而发生调整和改变。建构主义理论更加注重学习者以自己的经验认知结构和心理结构为基础重新建构新的知识及其结构。教师在教学的过程中更多的是起到了帮助和指导作用，不能将知识作为预先决定的东西教给学生，学生需要自己通过同化和顺应改变认知结构，实现"平衡—不平衡—平衡—不平衡……"相互交替，学习的过程就是新旧知识在不断地双向交流后最终被学习者吸收掌握的过程。

(3)学生观

建构主义强调学生在进入学习情境之前已经形成有关的知识经验，他们对没有接触过的事情也会有相关的知识经验，当问题出现的时候，他们会基于以往经验，依靠他们的认知能力形成对问题的解释。因此教师也应该重视学习者的原有经验，将这些经验作为新知识的生长点，引导学生在原有知识经验中生长新的知识经验。教师要多倾听学生的想法并思考他们想法的由来，将这种丰富的不同思维的差异性视为珍贵的资源，以帮助者和指导者的身份帮助学习者建立自己的思维模式，引导他们丰富或调整自己的解释。

(4)教学观

建构主义认为学习者是教学中真正的意义建构者，是教学的真正主体。教师要在教学过程中运用活动，用活动让学习者在学习过程中思想活跃。激发学习者更多地主动动口和动脑思考，目的是让学习过程更活跃，也让学习者更愿意参与学习，最大限度地激发学习者学习的热情。教师在整个教学过程中应将自己定位在一个帮助者和促进者，更多地把教学侧重点放到学习者应如何去"学"而不是传统思想中所强调的教师如何去"教"。在探索问题的过程中寻找答案是建构主义理论所倡导的教学模式。教师要利用这种模式最终创造一个供学习者交流、探讨、分享合作与相互学习的公共平台。[①]

3."分享·创生"教学中的建构主义学习理论

建构主义关于学习的本质的理解及所提出的知识观、学习观、学生观和教学观，为"分享·创生"教学奠定了坚实的心理学基础并广泛渗透在"分享·创生"教学的各个方面。

(1)分享交流的学习方式

"分享·创生"教学课堂打破了传统教师"满堂灌"的教学方式，以学生为学习主体，把课堂的发言权还给了学生。学生通过小组合作与小组同伴讨论交流，通过多种视域的融合形成共同的意义而获得知识。在小组分享交流的过程中，学生学习别人如何分析问题和解决问题的思维方法，他们在交流中通过分享自己的经验、思想，与他人对话沟通，也不断反思、改进、协调，实现了对所学知识的主动意义的建构。

---

① 曹才翰，章建跃. 数学教育心理学[M]. 北京：北京师范大学出版社，2006：70—74.

(2) 意义建构的知识学习

在传统教学中，学生主要通过听讲、记忆和模仿练习来学习知识，而"分享·创生"教学倡导知识意义的建构和生命意义的建构，学生通过分享交流，完成向他人讲解说明自己的见解，借助自己已有的知识经验来进行解释和说明。这正好与建构主义中"学习是根据自己的经验背景，对外部信息进行主动地选择、加工和处理，从而获得自己的意义"的学习观完全一致。学习者在分享学习的过程中，通过同学间相互的见解分享，补充了自己的知识漏洞，进一步弄清知识的来龙去脉，生成了自己新的理解和发现；学生在分享交流中丰富了自己的经验和知识，对知识生成过程进行反思、比较、鉴别、评价和认同，对知识有更深入的体验，提升了与他人的交往能力，进而丰富了自己的情感，构建了自己的生命意义。在分享交流过程中，学生的讲解充分展示了学生的思维过程，由原来"看不见的学习"变成"看得见的学习"。在学习过程中，教师及时了解学生理解的情况，发现学生的智慧和存在的问题，还能根据学生遇到的疑点和难点以及薄弱点进行针对性的重点讲解，从而真正做到了"精讲"和"以学定教"，进一步有效促进学生的知识构建。

(3) 深度理解的认知活动

深度理解包括了"关系型理解"和"价值型理解"两个方面。关系型理解指对符号的意义和替代物本身结构上的认识，获得符号指代物的意义的途径，以及规则本身有效性的逻辑依据等。[1] 关系型理解是知道知识在什么背景下产生以及如何推导出来，有何特征等。价值型理解则是还要知道知识的价值和作用，包括了知识的科学价值、人文价值以及社会价值。价值型理解是在对知识生成过程的反思、回顾、比较、鉴别、评价和欣赏的过程中逐渐完成的。[2]

在"分享·创生"教学中，任何人在向他人讲解时都希望把自己的观点表述清楚，并想方设法让听众赞同和相信自己的观点。所以，为了更好地说服其他同学，讲解的学生首先要说服自己。在讲解之前讲解者会主动阅读钻研，弄清题意和理清思路，将模糊的清晰化，这个过程就是深度理解的过程。讲解中将知识讲解给其他同学就是"教"的过程，"教"本身对于所教的学科知识会产生更加深刻的理解。[3] 学生为了讲清楚某道题，对该题的细节会了解得更加详细，自己在想得越细致、逻辑越清晰的时候，理解也更加深入。同时，讲解的学生还会将杂乱的内容条理化，把经验整理成一定的次序和形式，使经验容易传达。[4] 学生从知其然到知其所以然，通过讲解达到了关系型理解。同时，学生在分享的过程中，通过与他人的对话交流也会对知识生成过程进行

---

[1] 马复.试论数学理解的两种类型——从 R. 斯根普的工作谈起[J]. 数学教育学报，2001(3)：50-53.
[2] 王富英，王新民. 让知识在对话交流中生成——DJP 教学中知识生成的过程与理解分析[J]. 中国数学教育，2013(21)：3-6.
[3] [捷]夸美纽斯. 大教学论[M]. 傅任敢，译. 北京：教育科学出版社，2014：155.
[4] [美]约翰·杜威. 民主主义与教育[M]. 王承绪，译. 北京：人民教育出版社，2001：160-175.

反思、回顾、比较、鉴别、评价和欣赏，提高了对知识价值的认识，增进与他人的交往能力和对他人的理解，丰富自己的情感，达到了价值型理解。"分享·创生"教学的理解是深度理解，是一种高水平的思维活动，充分体现了建构主义的教学观：教学要引导学生开展高水平的思维活动，使学生达到对知识的深度理解。

（4）平等合作的师生关系

在"分享·创生"的课堂教学中，教师与学生是平等合作的关系。在教学过程中，教师是学生构建知识意义的引导者和参与者，引导学生自主讨论，参与全班分享交流。学生真正成为学习的主体，主动参与、积极思考、善于表达、乐于分享，形成了师生间平等合作的关系。在分享时，学生将思维显性化，教师能进行更有针对性的指导，从而促进学生的发展。同时，学生解决问题的智慧也给了教师启迪，从而实现了师生的共同发展。这正如巴西教育家弗莱雷提出的，在理解与对话的教学中，教师不仅是授业者，在与学生对话中，教师本身也能受益，学生在被教的同时反过来也教育教师，他们合起来共同成长。

在"分享·创生"教学中，教师和学生随时转变角色，当学生分享和"展讲"时，学生变成了"小老师"，像教师一样自信地"上课"，会与"学生"互动。当教师针对学生讲解的薄弱点和重难点进一步评析时，教师又回到原来的位置。"分享·创生"的教学中师生不停转换角色，师生之间民主、平等，互为师者。正如建构主义认为教师不是向学生灌输知识而是引导学生自己构建知识，教师由知识的传授者变为引导者，学生成为课堂教学中的主角，在课堂中主动参与，有效进行意义建构。

三、布卢姆教育目标分类学理论

1. 布卢姆教育目标分类学理论概述

20世纪50年代，以布卢姆为首的专家团队编写发行了《教育目标分类学，教育目的分类法，手册Ⅰ：认知领域》，本书标志着布卢姆教育目标分类学理论的形成。书中把认知领域的教育目标体系分为了六个大的认知层次：知识—领会—应用—分析—综合—评价。这六个层次呈现逐级递增的单向维度。

2001年布卢姆的学生安德森在布卢姆的基础上，将认知领域分类架构加以修订，出版了《学习、教学和评估的分类学——布卢姆教育目标分类学修订版》。新版布卢姆教育目标分类将旧版教育目标的认知领域重新分成两个维度，即知识维度和认知过程维度。

布卢姆修订版教育目标分类学理论中关于知识维度的部分，将知识维度分为四个大类：事实性知识、概念性知识、程序性知识和元认知知识。[1]

事实性知识。事实性知识包括学生必须理解的基本要素，以便理解主题或解决问

---

[1] 付永存. 基于布卢姆教育目标分类学的小学科学课标分析[D]. 济南：山东师范大学，2019.

题。大多数事实性知识处于相对较低的抽象层次。事实性知识的两个亚类：第一，口头和非口头的特殊标记和知识符号，如技术词汇等。第二，具体细节和要素知识，如关于事件、地点、人物、日期、信息来源等知识。①

概念性知识。概念性知识包括分类和类别，以及它们之间关系的知识，是一种更复杂的知识形式，这是关于在更大系统中协同工作的基本元素之间关系的知识。其中包含三个亚类：第一，分类和类别知识，即不同学科的具体类别、群体。第二，原理和通则知识，即一种抽象的知识，总结了对现象的观察。第三，理论、模型和结构知识，即不同学科中用于描述、理解、说明和预测现象的各种范式、认识论、理论和模型。②

程序性知识。程序性知识是在如何做某事方面需要遵循的一系列步骤或一系列步骤的知识。程序性知识反映了各种"过程"的知识，而事实性和概念性知识可称为"结果"的知识。往往程序性知识是针对具体学科或专业的，包含三个亚类：第一，特定学科的技能和算法知识，一般步骤的完成顺序是固定的，最终结果通常被认为是确定的。第二，对特定学科的技术和方法的了解不会影响预定的答案或解决方案。第三，了解何时使用适当程序的标准通常涉及了解如何在这些程序之外使用它们。这类知识几乎具有历史的或百科全书的性质。③

元认知知识。元认知知识是关于一般认知和自我认知的知识。其中包含三个亚类：第一，策略性知识，即关于学习、思考和解决问题的普遍性，学生可以使用这些策略去记忆材料、提取文字的意义或者领会课堂、教材以及其他材料的内容。第二，关于认知任务的知识，包括适当的情境知识和条件知识。情境知识和条件知识是关于学生使用元认知知识的背景知识，以及使用各种策略和一般社会规范，习俗和文化传统的当地情境。第三，这是自我认知的一个重要部分，包括对认知和学习中的优缺点的理解，以及对自我激励的信念。④

布卢姆修订版教育目标分类学理论中关于认知过程维度分为记忆、理解（领会）、应用、分析、评价和创造。

记忆。当教师要求学生完整记住所呈现的材料时，与之相关的认知过程是记忆，其涉及从长期记忆中提取相关知识。它包含两个亚类：第一，识别，即它涉及从长期记忆中提取相关知识，以与所呈现的信息进行比较，创造新的记忆。第二，回忆，即

---

① ［美］安德森．布卢姆教育目标分类学修订版（完整版）[M]．蒋小平，等译．北京：外语教学与研究出版社，2009：35—37．
② ［美］安德森．布卢姆教育目标分类学修订版（完整版）[M]．蒋小平，等译．北京：外语教学与研究出版社，2009：37—40．
③ ［美］安德森．布卢姆教育目标分类学修订版（完整版）[M]．蒋小平，等译．北京：外语教学与研究出版社，2009：40—42．
④ ［美］安德森．布卢姆教育目标分类学修订版（完整版）[M]．蒋小平，等译．北京：外语教学与研究出版社，2009：42—47．

它只是重在从记忆中去提取相关信息。①

理解（领会）。理解要在获得的"新"知识与现有知识之间建立联系。理解类别中的认知过程又包含七类：第一，解释，指学生将信息从一种表示转换为另一种表示的能力。第二，举例，指学生列举一般概念或原则的具体例子。第三，分类，要求学生识别与特定示例"一致"的相关特征或模式。分类的同义词是归类和归入。第四，总结，指学生使用句子描述所呈现的信息或总结信息。总结的同义词是概括和归纳。第五，推断，这涉及发现一组示例或事件中的模式，要求学生能够编写每个示例的相关功能和关系。推断的同义词是外推、插值、预测和断言。第六，比较，它涉及识别两个或多个对象、事件、观点、问题或情况之间的相似点和不同点。比较的同义词是对比、配对和对应。第七，说明，这要求学生构建和应用系统的因果模型。说明的同义词是建模。②

应用。应用涉及使用程序来完成练习或解决问题，因此应用与程序性知识密切相关。其中包括两个亚类：第一，执行，指学生熟悉的任务是以编程方式执行程序。执行的同义词是实行。第二，实施，指学生选择并使用程序或方法完成不熟悉的任务。实施的同义词是使用和运用。③

分析。分析涉及将材料分解成其组件并确定零件之间的关系以及零件与整体结构之间的关系。其中包括三个具体的认知过程。第一，区别，基于相关性和重要性区分整体结构的不同部分。区别的同义词为辨别、选择、区分和聚焦。第二，组织，学生在呈现的信息之间建立系统的、内部一致的关系。组织的同义词包括构成、整合、发现连贯性、概述和分解。第三，归因，学生可以确定沟通背后的意见、倾向、价值观或意图。归因的同义词是解构。④

评价。评价是指基于准则和标准作出判断。其中包含两类：第一，检查，它涉及测试作业或产品内的矛盾或错误。检查的同义词是检验、查明、监控和协调。第二，评论，根据外部标准判断产品是我们所谓的批判性思维。评论的同义词是判断。⑤

创造。创造是指将要素整合为整体或功能整体，分为三个认知阶段。第一，产生：一种假设或解决方案，涉及学习者对问题的表征并提出一个特征标准。第二，计划：

---

① [美]安德森. 布卢姆教育目标分类学修订版（完整版）[M]. 蒋小平，等译. 北京：外语教学与研究出版社，2009：50—53.
② [美]安德森. 布卢姆教育目标分类学修订版（完整版）[M]. 蒋小平，等译. 北京：外语教学与研究出版社，2009：54—58.
③ [美]安德森. 布卢姆教育目标分类学修订版（完整版）[M]. 蒋小平，等译. 北京：外语教学与研究出版社，2009：58—59.
④ [美]安德森. 布卢姆教育目标分类学修订版（完整版）[M]. 蒋小平，等译. 北京：外语教学与研究出版社，2009：60—62.
⑤ [美]安德森. 布卢姆教育目标分类学修订版（完整版）[M]. 蒋小平，等译. 北京：外语教学与研究出版社，2009：63—64.

设计满足问题标准的解决方案,即形成解决问题的计划。计划的同义词是设计。第三,生成:执行计划以解决满足特定要求的特定问题。生成的同义词是建构。①

六个层次由低到高、由浅入深,记忆、理解和应用属于初级认知,分析、评价和创造属于高级认知,如图 3-2 所示。

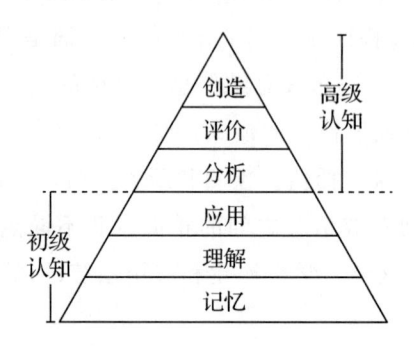

图 3-2　修订版布卢姆教育目标分类学理论认知三角

2."分享·创生"教学中的布卢姆教育目标分类学理论

"分享·创生"课堂重视学生的创生性学习能力,是以鼓励学生积极思考、大胆表达、敢于质疑、乐于创生为重要追求的课堂形态。这一课堂形态以"学""思""创""生"为核心要素:"学"是指课堂上的自主学习、合作学习与探究学习等;"思"是指积极思考,乐于动脑;"创"是指在课堂中不断发现新问题、提出新观点、产生新方法、形成新成果;"生"是将外在的知识符号、师生的"创生"逐步转化为自己的知识、经验、方法与能力等,使自己生成新的知识结构、方法结构与能力结构等。

布卢姆教育目标分类法对认知领域的发展规律和层次划分非常具有典型性,对于制订各种教育教学目标和评价标准有着积极的指导意义。在教学中,前三个层次侧重培养学生的基础知识,后三个层次体现了较高维度的认知水平,运用所学知识进行本质探索、对比分析和发散创造,更有利于培养学生的综合技能和实际应用能力。在传统教学中,受到以教师为课堂主导以及重输入轻输出的思想影响,"识记""理解""运用"一直是课堂学习和课下练习的重点,而赋予学生"分析""评价""创造"的时间与机会都不够多,这也是导致高分低能现象的一个主因。"分享·创生"课堂可以让学生通过小组合作等形式锻炼学生的"分析""评价""创造"能力。任务活动分享和"展讲"成为课堂教学的重要部分。如此不仅使得教师更加科学地了解学生学习进度,促进学生积极学习,也有利于培养学生协作探索、互动交流和语言组织及表达能力。

"分享·创生"课堂重视学生活动和学生体验,从某种意义上说"分享·创生"课堂是一种促进学生深度学习的课堂,学生主动对知识进行探索并与同伴分享交流,能够达成对知识的深度理解,从而优化自身的知识结构。"分享·创生"并不是完全将课堂

---

① [美]安德森.布卢姆教育目标分类学修订版(完整版)[M].蒋小平,等译.北京:外语教学与研究出版社,2009:64—66.

交给学生，而是在教师有目的的组织安排下，以学生交流互讲等方式理解知识，教师的有效组织和点评，针对性讲解使学生学习更加高效、学生理解更加深入。学生在"分享·创生"课堂中体验到更多情感、更加严谨的思维以及参与知识生成的过程。学生是探索知识的主体，在学习中是鲜活的、有思想的个体，我们也正应该这样培养真正的人才。学生真正成为学习的主体，能够在学习中主动分析，进行评价甚至创造，锻炼自己的高阶思维能力。"分享·创生"课堂中学生能随时进行思考，教师也在学生的表达、作答等反馈中知道如何展开引导，在生生交流、师生交流等深度的互动中，学生对知识的理解和认知会提高，思维会得到提升。① 学生在这个过程中，敢于表达，勇于质疑，善于思考，勤于反思。教师也能够在课堂中及时反馈，在深度的学习交流中培养学生的创新思维。"分享·创生"课堂有助于培养学生面临问题的时候勇于探索，有助于培养学生活化知识、积极思考，将知识转化为力量和生产力，转化为改造世界的方式。②

第三节 教育学基础

教育作为教育学的重要领域，与教育学关系非常密切。"分享·创生"教学的提出，深受学习金字塔理论的影响。

一、学习金字塔理论

1. 学习金字塔理论概述

美国的学习论专家爱德加·戴尔于1946年首次提出了学习金字塔理论，学习金字塔理论认为在塔尖的第一种学习方式是"听讲"，这是我们最熟悉、最常用的方式，但学习效率却是最低的，两周以后学习的内容只能留下5%。之所以学习保持率较低的原因是传统的教学中以教师的"教"为中心，学生被动听讲的学习方式，学生的参与度是最低的。学习的效果取决于教师讲授的水平，如果教师思路清楚，语言感染力强，学生学习效果会好些；但如果教师讲授缺乏吸引力和感染力，学生只能机械地记忆，这时的教学效果就最差。第二种学习方式是"阅读"，两周后的知识保持率只有10%。第三种学习方式是"声音、图片"，两周后的知识保持率是20%。第四种学习方式是"示范"，两周后的知识保持率是30%。第五种学习方式是"小组讨论"，两周后可以记住50%的内容。第六种学习方式是"实际演练、做中学"，知识留存率可以达到75%。第七种在金字塔基座位置的学习方式是"教别人、马上应用"，可以记住90%的学习内容。

---

① 高巍. 课堂教学师生言语行为互动分析——基于弗兰德斯教学言语行为互动分析系统的实证研究[D]. 武汉：华中师范大学，2007.

② 郭华. 深度学习及其意义[J]. 课程·教材·教法，2016(11)：25—32.

爱德加·戴尔提出：学习效果在30%及以下的几种传统学习方式，都是个人学习或被动学习；学习效果在50%及以上的学习方式都是团队学习、主动学习和参与式学习。学习金字塔如图3-3所示。

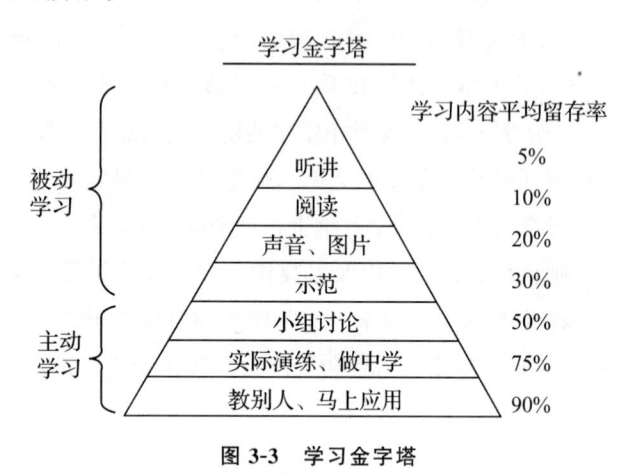

学习金字塔

	学习方式	学习内容平均留存率
被动学习	听讲	5%
	阅读	10%
	声音、图片	20%
	示范	30%
主动学习	小组讨论	50%
	实际演练、做中学	75%
	教别人、马上应用	90%

图3-3 学习金字塔

位于学习金字塔上半部分的"听讲""阅读""声音、图片""示范"四种学习方式，其学习内容的平均留存率均在30%及以下，实质属于传统教学中被动学习方式。课堂教学的开展必须遵循其认知发展规律，把握好学习发生与认知规律的辩证关系才能将教学效率最大化。学生在具备认知能力基础上，依照记忆、理解、应用、分析、评价、创造的顺序，由低级到高级的思维进行"螺旋式上升"的认知过程。[①] 传统教学模式在束缚学生思维、教学方式等方面深受诟病。就传统问题解决课堂教学方式而言，既不能帮助学生对所学知识进行系统整合，也不能培养学生创新思维和问题解决能力。因此，探索一种以调动学生主动性为根本目标，以提升学生问题解决能力为根本出发点的教学方式势在必行。

2."分享·创生"教学中的学习金字塔理论

学习金字塔理论表明，学习方法的不同，可以产生不同的学习效果。学习金字塔理论立足于学生认知发展的心理规律，以"讨论""实践""教授给他人"三种主动学习方式为实践载体，深度思考学生活动与知识建构的内在逻辑。在课堂教学中，学生通过自主探究、实践操作、讨论交流、展示分享、评价反思等教学形式，能进一步体验从"已知"到"未知"的矛盾运动，不断地打破原有知识的平衡状态，进而对知识体系进行系统把握与重新建构。因此，教师应该多思考自己课堂教学的方式方法、策略以及模式的改变，从而真正实现学生从知识到能力的转化，并把所学知识记得更多、更准、更牢，在提高学生学习兴趣的同时也提高了课堂教学的效率。

从学习金字塔理论来看，当学生转教别人时，要对所转教的内容熟悉、理解，通

---

① 王小明. 布卢姆认知目标分类学(修订版)的教学观[J]. 全球教育展望，2016，45(6)：29—39.

过思维内化为自己的知识体系之后再以其他人能懂的语言表达出来，学生由被动听转变为主动讲，由原来个体学习转变为小组集体学习，调动了学生学习的积极性，使学生的多种能力得到锻炼和发展。"分享·创生"教学中教师和学生的角色转变体现得淋漓尽致，而真实地把课堂还给学生，以学生为主体的团队学习、主动学习、参与式学习，最终形成了师生及生生之间的全方位、多层次、多角度的交流。"分享·创生"教学提高了课堂教学效率，在一定程度上解决了"要我学"转变为"我要学"的问题。小组合作，分享交流使教师由"演讲者、表演者"转变为"引导者、管理者"。小组中每个人都有机会发表自己的观点与看法，也乐于倾听他人的意见，由"一言堂"变为"众言堂"，每一位学生都有展现自己、锻炼自己的平台，让学生体验到自主学习、自主管理的乐趣。课堂中自主学习和讨论的时间越长，学生才能有更深的体会和理解。这也符合学习金字塔理论中"实际演练、做中学"的学习方式。而学生像"小老师"一样"展讲"，"兵教兵"的模式则科学运用了金字塔理论中的"教别人、马上应用"的学习方式，可以记住90%的学习内容。

在"分享·创生"教学中，学生除了自主阅读思考、交流讨论、像"小老师"一样来教授别人之外，还有教师、学生对讲解者讲解的内容进行讨论和评析，从而进一步加深对知识意义的理解和掌握。根据学习金字塔理论，获得的知识至少可以记住90%。由此可以看出，学习金字塔理论是"分享·创生"教学最重要的理论基础。

二、主体教育理论

1. 主体教育理论概述

(1)主体教育理论在我国的发展

教育中最热门的话题是"谁是主体"，此理论的称谓还有教育主体理论、主体教育理论、主体性教育理论等等。虽然称谓不同，但有一个共同的话题就是关于教育中的主体问题，我们且将这种理论称为主体教育理论。

1979年，于光远提出教育、教学"三体论"。1981年，顾明远发表了题为《学生既是教育的客体，又是教育的主体》一文。在教育界，人们习惯将教学活动视为一种特殊的认识活动，主体教育理论也是以此为基础提出的。学生既是教育的主体，又是教育的客体。作为教育的主体，学生是教育教学活动中的积极参与者，是其自身发展、自我教育的主体；作为教育的客体，他们是教育的对象，是要培养塑造的对象。但关于对教学活动中的主客体关系的看法也存在一些分歧：有人认为教师是主体，学生是客体，且只存在一个主体；有人认为只有学生才是主体；更多人认为教师、学生都是教学活动中的主体；还有部分人认为师生在教学的不同的时刻两者互为主体、客体，而同一个时刻只存在一对主客体。师生主客体关系的争论形成了"教师唯一主体论""学生唯一主体论""师生双主体论"三种基本观点。

这里需要专门强调，教学活动是师生共同参与的一种活动，而对学生而言，它是一种认知活动,是一种特殊的认知活动。对教师而言,目的是帮助并指导学生掌握知识,教师就需要更加了解学情、熟悉教材。教学是一体两面,它们同时发生,所以应该从整体来认识,因此师生同时发挥主体性,教学活动才能取得更好的效果。

在探讨师生关系的问题上,主体教育思想的理论基础已经在拓宽,随着新问题的不断提出,新的理论也将引入教育学中,理论研究将会更加深入。关于儿童的主体研究也多从价值论角度规范儿童在教学活动中的主体地位,强调儿童自我评价及选择的权利。一些教改实验把确立、发挥学生的主体性作为一项重要原则来实施。为深化"主体性教育与少年儿童主体性发展"的实验研究,建构主体教育理论,实践"教育主体思想",课题组正式组建"主体教育·发展性教学实验室"。它及时总结主体教育实验研究的丰富成果,随着研究的深入和越来越多的学者参与,主体教育理论成果逐渐得到丰富。

(2)主体教育的含义和基本观点

在哲学中,主体教育中的"主体"是相对于"客体"而言,是指对客体有认识和实践能力的人。从教育学的角度,教育关注的对象是人。因此"主体教育理论中的主体是认识论意义上的主体,这种主体是从认识和实践的角度加以界定的,主体是认识者、实践者,与之相对应的客体是被实践和认识的对象"[①]。在教学活动中,学生就是认识客观世界的认识者和实践者,所以教育的主体主要是指学生。在教育中,学生是具有"主体性"的,表现在学生有较强的自主意识,具有自信、自主、自强的人格特征,在学习活动中表现有较强的参与度。主体性还表现在学习的发展层次上,由"主动"向"自主"发展,最高层次为"创新"。[②] 因此,主体教育理论立足学生主体,尊重学生的主体性。

主体教育就是依据主体来培养主体性的教育,把主体性品质作为学生的核心品质,这是主体教育的基本价值立场。在教育活动中,从不同侧面培养学生的主体性,这是主体教育人性论的体现,要培养出主体性强的人,教育者和受教育者都要发挥主体性,这是主体教育的基本策略。主体教育的终极目标就是让学生得到全面、自由、充分、愉快的发展。

关于教育的主体性,学界概括为三个方面:一是教育活动中人的主体性;二是教育活动的主体性;三是教育系统在社会结构中的主体性。[③] 主体教育的目的是受教育者的主体性,主体教育的方式是教育活动的主体性,而教育系统的主体性则是教育培养受教育者主体性的保证。

综合主体教育的研究成果,主体教育有以下基本观点:

学生是课堂学习的主人。主体教育的目的是培养受教育者的主体性。在课堂中,

---

① 孙迎光.主体教育理论的哲学思考[M].南京:南京师范大学出版社,2003:36.
② 高清海.主体呼唤的历史根据和时代内涵[J].中国社会科学,1994(4):90—98.
③ 瞿葆奎,郑金洲.教育基本理论之研究[M].福州:福建教育出版社,1998:451—490.

学生通过与他人的对话交流，利用自己已有的知识经验自主建构知识意义。所以学生才是学习的主人，学生才应该是课堂教学的主体，而非课堂教学的客体。在主体教育理论提出后，人们在理论和实践中强调要发挥学生的主体性，提升学生的主体地位，在教学评价中也增加了学生的主体性体现考核指标，努力让学生真正成为课堂学习的主人。

学生有自身存在的价值。主体教育认为学生是发展中的人，是充满了各种潜能和个性特征的，而教育就是要促进学生个性的发展，激发学生的潜能，要实现这个目的自然也离不开课堂教学中发挥学生的主体性，让学生认识到自己的独特价值，教师也要帮助学生相信自己有能力并努力去实现自己的价值。主体教育理论也提倡教师应该努力让学生了解自身价值，不只以分数来评价学生，激发和鼓励每一位学生的自信心和自尊心。学生认识到自身价值时也会充满自信，学生的主动性和积极性均会增强。这样的学习才会取得更好的效果。

挖掘学生潜能，培育学生个性。主体教育重视学生的个性发展，教师要善于观察学生，对于有潜能的学生要多给予鼓励和督促。每位学生都有不同的个性和特长，教师要善于保护学生个性，积极引导，让学生在充满被尊重的环境中追求更高的需求层次，通过积极投入各种学习中去展现自己的主体性。

2."分享·创生"教学中的主体教育理论

"分享·创生"教学是基于提高学生的主体地位，弘扬学生的个性而提出来的。分享学习课堂蕴含了主体教育理论思想，主要体现在学生观、教师观和课堂教学观方面。

(1) 学生观

传统的教育思想中，学生就是需要教师这个园丁培育修剪的幼苗，教师将学生看作简单的受教育的对象和接受知识的容器，自己则是需要不停灌输知识的课堂主导者。课堂中，学生的兴趣、爱好、情感、个性都被忽视，所有学生需要一致性地被动接受知识，甚至不能质疑。主体教育强调学生是有个性、有潜能的主体意义上的人。在"分享·创生"教学中，也完全同意主体教育理论，提出了要充分尊重学生，甚至把课堂也真正交给学生，把学生看作具有主体意义的人。"分享·创生"要求学生具有主动性、差异性，是充满个性和潜能的、不断发展的人。在课堂中，学生具有主角光芒，教师与学生在人格上平等，真正做到充分尊重学生。"分享·创生"的课堂中，学生能就问题发表自己的观点，能够在同学和教师面前自我展示。当学生在分享的过程中，教师不会随意打断，直到学生完成所有讲解，教师全程认真倾听；学生分享结束后，教师再对学生的"展讲"做出积极评价或建议，对于没讲到位的地方进行补充，始终以一种宽容的心态对待学生，教师要站在学生的思维上多思考，帮助学生进行总结归纳。"分享·创生"课堂让学生都有机会当"小老师"，把学习的自主权还给了学生，让学生真正成为学习的主人。

(2) 教师观

传统教育中，教师是神圣的，是知识的化身，教师主宰课堂，有很大的权威。学生作为汲取知识的"听众"，个性得不到发展。主体教育的理念明确了教师只是教学活动的合作者、引导者和鼓励者，教学中教师需要最大限度地发挥学生的主体性研究学习，让学生能够自我学习、自我教育。[①] 在"分享·创生"的教学中，基于主体教育理论，教师的角色是学生学习的组织者、引导者、参与者和合作者。教师既要"教"也要"学"。"分享·创生"的教学课堂中，教师要组织学生对问题进行阅读和自我思考，然后组织学生小组合作、一起探究，学生在小组合作的过程中能够通过对话交流进一步理解；对于理解的学生而言，讲解能够帮助自己进一步梳理思路，进而深度理解，对于还没有理解的学生而言，倾听他人的思路并积极提问能够突破一些自己的理解障碍。学生代表上台像"小老师"一样自信"展讲"的方式，锻炼了自己的表达能力，教师能够对遇到的问题进行点拨、指导和帮助。若大部分学生遇到难以自我解决或通过交流解决的问题时，教师就要发挥自己的引导作用，引导学生一步一步剖析问题，深入透彻地分析；学生在听这些问题时能够更加专注，更深切地感悟，从而大大提高听课效率。这也真实体现了教师"少讲、精讲""以学定教"的教学要求。总而言之，"分享·创生"让学生的主体地位更加巩固，教师也充分发挥了课堂主导的作用。

(3) 课堂教学观

传统的教学中，教师以讲授为主，难免使课堂缺乏生机，氛围沉闷，学生遇到问题也不敢开口问，学生主体性得不到体现。而"分享·创生"教学契合了主体教育理念，强调学生才是课堂学习的主人，把课堂中的大部分时间还给学生。教师营造氛围，组织教学活动，学生积极参与自主思考，交流讨论，教师也在学生的交流过程中一起参与讨论，正确引导。课堂在师生讨论、生生交流中充满了生机，学生们也在主动参与交流当中生成了知识。通过互动交流、对话以及学生上台"展讲"的方式，学生的主体地位得到了保障，课堂氛围更活跃了，学生的学习热情也会高涨，这样的教学课堂不仅让学生学得愉快，教师教得轻松，还能真正提高教学效果，让学生对所学内容掌握得更加牢固。

三、对话式教育理论

1. 对话式教育理论概述

保罗·弗莱雷是20世纪最具影响力和创造性的教育思想家之一，他主张必须用对话式教育来取代传统的灌输式教育。教育是师生双方以世界为中介相互学习，它应该

---

① 靳玉乐. 对话教学[M]. 成都：四川教育出版社，2006：67.

是平等的、对话式的。[1] 实践证明"只有通过交流，人的生活才具有意义"[2]。

弗莱雷在分析教育内容时发现灌输式教育以讲授为主，教师所教授给学生的往往是一些机械的、僵化的，甚至与学生生活经历相去甚远的内容。这种教育根本就不利于学生批判意识和创新能力的培养，学生在这样的教育生态下缺乏学习积极性，认同自己是无知的。弗莱雷提倡应当实施对话式教育。对话是师生双方共同的行为，双方都是主体，通过对话，师生双方对待改造的世界进行反思并采取行动。弗莱雷认为判断一种教学是否是对话式的，不能仅仅依据表面上是否存在一种你来我往的言谈，关键取决于教育者的教育意向与教育过程互动的实质。[3] 对话的开展并非一件轻而易举之事，它是建立在平等、爱、谦虚、信任、希望以及批判性思维的基础上的。

对话式教育的本质是师生双方合作学习、互教互育的过程，它是师生双方围绕知识共同进行探讨的过程，这一过程鼓励学生对所学内容进行思考和提出问题，且十分注重教师与学生之间的对话和讨论。对话式教育的过程实质上就是教师、学生相互帮助、相互启发、互教互育、共同寻求真理的过程。它的整个教育过程依靠的是师生之间的交流与对话。通过对话，教师与学生互教互育，教师以提问的方式来启发学生的思考，同时也鼓励学生对所学内容进行提问，为学生发挥主动性和创造性提供了充足的空间。对话式教育也大大增强了教师的创新意识，能够在听取学生观点的基础上不断更新自己的观点，与学生一同创造新事物、新思想。

2."分享·创生"教学中的对话式教育

"分享·创生"教学以对话式教育为理论基础，呼吁人文关怀，倡导师生平等交流，鼓励学生独立思考、合作探究、创造创新。"分享·创生"教学改革了单向灌输的教育方法，推动师生之间和生生之间走向对话与交流；"分享·创生"教学尊重了学生的主体地位，培养学生的批判意识与创新精神；"分享·创生"教学加强了师生之间和学生之间的互动合作，构建民主平等的对话型师生关系，培养了学生团结合作、互帮互助的精神。

"分享·创生"教学课堂中，一直倡导要摒弃传统的灌输式教育，把课堂真正交给学生，让学生在课堂中与教师交流对话，使学生从"沉默文化"中解脱出来，真正参与反思和行动，让学生的潜能、个性、意志品质等都能得到充分而全面的发展，从而使学生成为具有更完善人性的人。"分享·创生"教学在充分尊重学生的意愿和需要的情况下，对学生施以人性化的教育。"分享·创生"教学课堂中提倡学生分享交流，在分享交流的对话过程中，与学生一起就知识进行探讨和交流，通过教师提问启发学生的思考，并引导学生就知识提出自己的问题，从而与学生一起解决问题、探寻真理。在

---

[1] 黄志成. 被压迫者的教育学——弗莱雷解放教育理论与实践[M]. 北京：人民教育出版社，2003：82.
[2] [巴西]保罗·弗莱雷. 被压迫者教育学[M]. 顾建新，等译. 上海：华东师范大学出版社，2014：40.
[3] 夏正江. 教育理论哲学基础的反思——关于"人"的问题[M]. 上海：上海教育出版社，2001：308.

"分享·创生"教学中,教师和学生的地位是平等的,教师既不能压抑学生的天性,漠视学生的意愿和想法,也不能凭借自己的知识权威单方面控制学生的学习,剥夺学生的话语权。教师必须充分尊重学生的主体性和创造性,与学生围绕教育内容进行真诚的对话与交流,了解学生的所思所想、所欲所求,并引导学生勇敢表达自我,从而不断培养学生的批判精神和创造能力,最终促进学生的全面发展。

"分享·创生"教学在尊重学生生命的基础上,充分发挥学生的主体性和个性,让他们学会交流、学会学习,从而使每位学生最大限度地实现自我价值,促进个体个性化发展。

"分享·创生"教学不是灌输式教育,教师将知识传授给学生时更需要学生思考和探索,不是只需将知识记忆、存储下来即可。"分享·创生"教学强调课堂需要教师和学生进行真诚的沟通,学生与学生之间进行双向且平等的交流。"分享·创生"教学中提倡学生扮演"小老师"上台"展讲",在学生"展讲"时,教师要做到不随意打断学生的"展讲",即使学生在讲解的过程中出现了错误,他可以在和同学交流中自我反思纠正,或者在学生讲完之后教师再将问题提出,并对学生的"展讲"进行积极的评价,鼓励学生再接再厉。在学生相互交流讨论分享中,教师也要引导学生平等友好地交流。师生之间或学生之间都需要相互合作,共同学习、思考、探索知识,领悟知识的真谛,实现真正的教育对话。"分享·创生"教学中教师多以提问的方式来启发学生对知识进行深入思考和探究,从而既帮助学生理解、掌握知识,又有助于培养并提高学生的批判性思维及创造能力。教师还要鼓励学生自己发现问题,提出问题,再通过小组合作等方式解决问题。提倡学生要敢于质疑,以获得更深层次的理解。

"分享·创生"教学首先要求教师自身必须具备批判意识和能力。在自身具备了批判意识与能力之后,教师必然要担负起培养学生的批判意识与创新精神的重任。"分享·创生"教学中教师没有采用讲授的方式将知识直接灌输给学生,而是将知识以问题的形式与学生开展对话式教育,以对知识的讨论、交流启发学生的思考,引导学生深入探究并理解知识的本质以及知识与现实之间的关联,从而达成培养并发展学生批判性思维和创造力的目的。"分享·创生"的教学模式让学生能够拨开现实的迷雾,透视现实的本质,并能够在改造现实中不断完善自身。

"分享·创生"教学中的分享课堂是指一切有目的的以分享彼此资源的行动方式影响和促进人的身心发展的社会性实践活动。① 分享教育是以"分享"为行动载体并在分享的过程中进行的教育。分享教育观下的学习则可以使学生从只"关心自己"的"独自学习"向"关心他人"的"合作学习"转变,从个体经验的"独占"向与他人"分享"转变,从情感单一、内心的孤独向与他人和谐相处、丰富情感转变。分享教育对促进学生个体心智

---

① 王富英,黄祥勇,张玉华.论分享教育的含义与特征[J].教育科学论坛,2016(9):5—7.

成熟、人格完善有重要的价值和作用。分享教育具有社会性、活动性、双赢性、亲和性和教育性的特征。① 让知识在对话分享中生成，让情感态度价值观在活动中形成，让学生在探究学习中成功，让学生在自主合作中成长，让学生学会学习、学会合作、学会表达、学会习得、学会评价。"分享·创生"教学模式由"问题导学、对话性讲解、评价反思、重构创生"四个教学环节构成。这种模式遵循"四还给"教学原则：把学习的自主权还给学生，把学习时间还给学生，把话语权还给学生，把课堂还给学生。启发学生思考，以教师的启发促进学生自己去深入思考和分析解决问题，从而培养学生分析问题和解决问题的能力。

综上所述，"分享·创生"教学有着深厚的理论基础。对话哲学为"分享·创生"教学提供了师生关系和学习方式重构的理论依据；马斯洛需求层次理论为"分享·创生"教学提供了激发学生内在学习动机的理论依据；建构主义学习理论为"分享·创生"教学提供了转变学习方式，促进知识意义建构的理论依据；教育学中的学习金字塔理论为"分享·创生"的"做中学"和"小老师展讲"提供了理论依据；主体教育理论为"分享·创生"教学的"以学生为主体"提供了理论依据；对话式教育理论为"分享·创生"教学的师生对话性讲解的方式提供了理论依据。由此可见，"分享·创生"教学有着强大的理论支撑，是新课程改革下的一种新型教学模式。

---

① 王富英，黄祥勇，张玉华. 论分享教育的含义与特征[J]. 教育科学论坛，2016(9)：5—7.

第四章 "分享·创生"教学的概述

捷克教育家夸美纽斯认为"教育就是把一切事物教给一切人类的全部艺术"。俄国教育家乌申斯基在其代表作《人是教育的对象》中也说道:"教育不是一门科学,而是一门艺术,是一切艺术中最广泛、最复杂、最崇高和最必要的艺术。"所以教学不单单是一门科学,它还是一门艺术。"分享·创生"教学的理论与实践"既不是纯然思辨的理论学科,也不是完全处方式的应用学科,它要探讨的基本问题既包括做好教学这件事的行事依据,又涉及如何提高教和学的合理性与有效性"[①]。本章所概述的内容更多的是"分享·创生"教学中的理论知识,在后续章节将会进一步阐述"分享·创生"教学中的实践应用部分。"分享·创生"教学这一独特的具有划时代意义的新型教学观、教学理念、教学模式是怎样的?它具有哪些不同于以往教学模式的特征?它会对今后教师的教学、学生的学习产生怎样的影响和意义?这些问题的答案都汇入了本章,接下来将一一揭晓它们。

第一节 "分享·创生"教学的界定

英国教育学家穆尔在其《教育理论的结构》中说道:"教育理论是一种逻辑上复杂的结构,可以用大量不同的方法加以评价。就它包含经验判断而言,它要受有关的经验事实的检查;就它包含价值判断而言,它易受各种哲学论点的责难;就它是一种论点而言,它要受内部的一致性的检验。"对"分享·创生"教学的认识可以是多角度、多层面的。但无论从什么角度出发去认识、去学习、去理解"分享·创生"教学,首先还是应明确"分享·创生"教学的定义、要素、内涵,只有这样才能充分明白"分享·创生"教学运作的内在逻辑,从而在实践"分享·创生"教学时有的放矢。

---

① 杨小微.教学论是一门什么样的学问?——兼论教学论与课程论的关系[J].课程·教材·教法,2002(12):14—19.

一、"分享·创生"教学的定义

1. 何谓"分享"

分享亦共享，是指与他人共同享受。"分享·创生"教学中的"分享"则源于分享教育。分享教育是指"一切有目的的，以分享彼此资源的行动方式，影响和促进人的身心发展的社会实践活动。这里的资源可以是交往者已有的经验、体会，获得的技能与取得的成果等"[①]。每一个个体都有得到他人尊重和认可的需求，同时，每一个个体又都有异于他人的独特经验，在与他人交往、分享彼此经验的过程中重构自己的经验，从而使自己的认知和心理发生变化。因此，人的成长是在与他人分享资源的过程中逐渐完成的，分享教育是促进个人发展的重要途径。分享教育中的学习不再是孤立的、只关心自己的学习，而是与他人共享的小组合作学习；经验建构的方式也不再是自我经验的个体建构，而是在与他人分享经验、对话、质疑、评价的过程中建构的；心理活动与情感交流也不再是个人的、单一的，而是在与他人合作、交流、分享中互动生成的。所以"分享"对于促进学生身心的全面发展与人格心智的多元化建构有着积极意义和重要作用，而"分享·创生"教学正是以"分享"为行动载体，在分享的过程中进行的。

"分享·创生"教学中的"分享"具有以下特征：

第一，"分享"具有社会性。"分享"是在人与人之间通过分享活动进行的，是一种人与人的交往活动，单独一个人不能构成分享。因此，社会性是分享教育的本质特征。

第二，"分享"具有活动性。教育本身就是一种社会活动和认知活动，分享教育是人与人的社会交往活动、彼此经验的分享活动、情感共享的交流活动。分享教育通过分享活动来影响和促进人的身心均衡、和谐发展。因此，活动性是分享教育必不可少的一个属性。

第三，"分享"具有亲和性。根据分享形成的条件，"分享"是在和谐的环境和氛围中进行的。"分享"既能增强交流沟通能力，又能培养友好情感。因此，分享是一种亲和社会的行为。

第四，"分享"具有双赢性。作为一种亲和社会行为的结果，"分享"最终所造成的影响是双方共有，这就是说"分享"活动往往不是单向的，而是在分享己有资源或分享他有资源时，双方的资源、行为、观念的双向输出，从而得到的是相互的分享。因此，分享是双赢的。

第五，"分享"具有教育性。分享教育的教育性体现在自我教育和他我教育两个方面。在分享的过程中分享者深化了自己的经验，使自身获得了教育即"自我教育"。同

---

① 王富英，黄祥勇，张玉华. 论分享教育的含义与特征[J]. 教育科学论坛，2016（9）：5—7.

时，当一个人被分享别人所想到的、感受到的东西时，他自己的态度也会有或多或少的改变，从而在分享彼此经验的过程中获得了教育，这就是分享教育中的"他—我"教育。因此，任何分享活动对于参与者来说都是有教育意义的，都能获得身心的发展。

2. 何谓"创生"

创生亦创造产生，生而成长。"分享·创生"教学中的"创生"更多源于生成教学。课堂教学本就是一个动态的生成过程，教师利用各种资源以达成课堂教学的生成。这一过程中的产物被教师、学生捕获便可创生不同于教案上的课堂，便可创生高于教材的思考，便可创生师生的共同发展与进步。"创生"始于课堂并在"问题—对话—评价—重构"这一动态的过程中循环往复地促进课堂、教师、学生不断发展。"创生"可谓是课堂进程中的偶然也是必然。在学习目标的指引下学生在"我—你"关系之中，通过"问题—对话—评价—重构"的教学活动，必然会出现教师未曾预料的新情况、新问题、新结论，这便是"创生"的偶然结果。而基于教学目标，师生在"你—我"关系之中通过设置问题、引导思考、对话评价等教学活动后，课堂中必然也会出现教师想要学生生成的预设性结果，这便是"创生"的必然结果。可见"创生"给课堂教学提供了另一种灵活的、偶然的、多变的可能性。"创生"是学生源于课堂的一种真切体验的重构，是教学活动中学生给教师生成的一种即时性教学资源，此时教师若能捕捉到这一资源并加以利用，那么课堂便会在动态的生成过程中达到"创生"的高度。"分享·创生"教学正是以"创生"为活动导向，在创造、生成的过程中进行的。

"分享·创生"教学中的"创生"具有以下特征：

第一，"创生"具有不可预设性。传统教学中教师往往会以自己为中心，从"好讲"的角度进行教学设计。在上课时教师也只会按照提前预设好的情境、问题开展固定活动，而学生的思维不仅会被禁锢在这份看似完美的教案上，这份教案的实施还会抹杀学生创造问题的可能性。这样的教育过程显得呆板，学生的思考也僵化，不利于培养学生勇于质疑，敢于创新的精神。因此"创生"就是一个随机产生、稍纵即逝的过程，需要师生在相互尊重、平等对话的过程中实现。同样，苏联教育学家苏霍姆林斯基也认为："教学的技巧并不在于能预见课堂的所有细节，而在于根据当时的具体情况，在不知不觉中巧妙地做出相应的变动。"

第二，"创生"具有差异性。学生是一个个具有独立思考能力和独立人格魅力的个体。他们之间往往具有性别、年龄、智力、心理等差距，他们所"创生"出的问题、结论、观点也就具有差异性。只要是学生认真参与课堂并基于已有知识经验"创生"出的问题就是好问题。"创生"的差异性不仅激发了学生的学习动力，也能成为课堂互动的契机，因此"创生"的过程就是一个有差异化的实现过程。

第三，"创生"具有自发性。美国教育家布鲁巴克说："最精湛的教育艺术，遵循的最高准则，就是学生自己提出问题。"因此"创生"的过程就是一个自主思考、主动交流的过程。只有学生通过自己的归纳、猜想，主动进行质疑、参与对话的过程才是"创生"的过程。

第四,"创生"具有资源性。学生突然间蹦出的想法,师生突然间探讨的问题都是课堂上"创生"的一种教学资源。学生间的想法也是最符合他们认知水平的教学资源,师生间的探讨也是教师与学生心理沟通的一次机会,抓住了这样的机会就是抓住了教学良机。所以"创生"在满足课堂常规教学与学生日常学习的同时,还创造了许多有价值的资源和机会。

3. 何谓"分享·创生"教学

"分享·创生"教学是指以学生的学为出发点,以激发学生的学习内力、改善学生的学习方式、促进学生的学习发展为目的,按照"Q问题—D对话—E评价—R重构"的方式开展的教学活动。即以"问题"为主线来设计学生的教学活动,以学生参与多种视域融合的"对话性讲解"代替教师独霸话语权的单向度的"独白式讲解",以内在的凸显认知发展功能的学习评价代替外在的发挥甄别竞争功能的学业评价,以建立知识内在联系和意义理解的自我性认识代替知识的被动接受的教学过程。

首先,从"分享·创生"教学的定义中可以看出,"分享·创生"教学不同于传统教学中以教师"怎样才能上好一堂课"这种单向的传授式教学为出发点,而是以学生的"学"为出发点,即"怎样通过教学设计去激发、调动学生的内在学习动力""怎样在日常的教学中通过教学活动改善学生的学习方式""怎样才能通过课堂引导促进学生的学习发展"。其次,"分享·创生"教学是以"问题为主线,学习单为载体"来设计学生的教学活动,即学生在教师设计的学习单的引导下,根据学习单中设置的问题、内容、材料进行自主学习和探究。这一步便是基于定义中"Q问题"所展开的。在学生有了初步建构知识的意识后,通过小组内生生间的对话性讲解以实现学生共同参与的多视域融合,通过课堂中师生平等的双向对话从而实现以对话为基础的深度学习。这一步是以"D对话"为基础展开的。在生生、师生的"我—你"关系中,倾听者与讲解者在小组或班级内就学习的内容进行实时的追问、质疑、评价,这一过程不是个体之间的学业评价,而是通过评价质疑内在的凸显认知发展功能的学习评价。这一步便是"E评价"。最后,学生在基于"分享"的"问题—对话—评价"活动中,经历知识生成、思想感悟、方法提炼的过程,进一步丰富和积累知识经验、学习经验,并在融合现有经验与原有经验的基础之上"重构",进而"创生"出知识的内在联系和意义理解的自我新认识,这便是"分享·创生"教学中基于"R重构"的"创生"。

从上面的定义中可以看出"分享·创生"教学强调教学过程是人与人之间的分享对话过程。"分享·创生"教学本质上还是实现一个人的全面发展的人文过程。"分享·创生"的课堂教学是在经验共享中建构知识系统、提升涵养、提高人生境界的教学形态。此外"分享·创生"教学还是教学文化的转型。教学文化是师生共同体在长期的教学活动中形成的,并依然存在于该共同体的关于"教与学"的比较稳固的心理模式与相应的行为方式。教学改革的关键不是技术与方法的变革,而是教学文化的转型。对于当前正在进行教学改革而言，亟须实现从"忠实型教学文化"到"创生型教学文化"的转换。具体而言，可以通过变革教学观念、教学制度和教学行为的方式来促成这一转换。① 在"分享·创生"教学的课堂上不仅要教会学生应该掌握的相关知识，更重要的是通过"分享·创生"让学生能够"像数学家那样思考"。"分享"是学生在课堂上获得发展的必要条件。学生在课堂上的"创生"，既可以体现在"问题探究"自主学习环节，也可以体现在"对话性讲解"分享学习环节，还可以体现在自我的"重构反思"创生环节上。"分享"与"创生"相互依存、彼此融合、互相推进，共同构成了"分享·创生"教学。

二、"分享·创生"教学的内涵

"分享·创生"教学的丰富内涵主要体现在以下几个方面。

1."分享·创生"教学以角色重塑为学习生态基础

新课程理念已经提倡很多年了，但"以学生为主体"的教学理念更多地还停留在教师的"意识"层面，课堂上学生主体性的缺失还比较普遍。在目前的很多课堂中，教师仍旧是知识的传授者，并以长者和权威的身份向学生下达学习任务，提出各种要求，学生只能按照教师铺设的道路行走。课堂教学的开展方式依旧是以"教师独白式讲解"为主要形式，是只见"知识"不见"人"的教学方式。学生在课堂上主体性的体现成为人人知晓的响亮口号，却没有或不知如何在课堂中真正体现。

"分享·创生"教学推崇的是师生和生生多元主体之间相互依存、合作共赢。在教学活动中，师生双方作为两个主体相互尊重，机会平等，不会出现霸权和专制的局面。授课方式也不再是单向的以教材知识为主线的灌输式，取而代之的是在"我—你"关系下的平等、公开、和谐的对话性讲解方式。教师和学生在分享对话的过程中相互接纳对方，理解对方，不仅达到知识层面的理解，也能达到情感上的共鸣。在教学中，教师更多的是引导学生思考问题，提供给学生思考探究问题的具体情境，更像是一个合作者、倾听者；教师真正关注每一位学生，及时辅导学生解决遇到的问题，倾听学生间的对话，体会学生在课堂上作为一个人发展，包括在情感态度价值观上的变化；教师融入学生活动之中，成为其中的一员，把课堂的主动权交还给学生，学习的进度、问题、进程更多由学生在主导。而教师的任务不再是局限于传授知识，而是利用基于学情预先设置的学习单来引导学生思考，调动学生参与课堂的主动性，创建适合学生学习的学习共同体，组织学生参与课堂的对话性讲解，使学生在自由、民主、平等的氛围中，通过评价重构已有经验，完成对知识体系的建构与创生。因此"分享·创生"教学一直处在交往互动、动态生成的批判性学习过程，课堂上不仅有教师和学生的角色，还出现了"教师学生"和"学生教师"的新型角色。师生、生生之间相互学习，"由听讲变为主讲"或"由主讲变为听讲"，即各对象之间互为主体，教师和学生的角色不再具

---

① 罗祖兵.从"忠实"到"创生"——论教学文化的变革[J].教育学术月刊,2008(12):74—77.

有绝对性和不变性，他们之间的角色是相互转换、动态变化的。

2."分享·创生"教学以对话性讲解为学习基本样态

以"教师独白式讲解"为主的教学方式会导致学生学习方式的单一。在传统课堂上教师比较重视和强调知识的接受与掌握情况，而忽视知识的发现与探究过程。"师讲生听"的单一学习方式仍然是课堂教学的主要活动方式。课堂讲解的话语权由教师独享，讲解的任务由教师完成，学生一直处于被动接受的学习状态，新课程改革倡导的自主、合作、探究等学习方式在教学实践中未得到有效实施。

在"分享·创生"教学中，师生、生生之间通过"对话性讲解"进行学习。在这个学习过程中，教师和学生的身份是多重的，教师是"教师学生"，需要认真倾听学生的发言，需要参与学生的讨论；学生是"学生教师"，需要在全班或小组内进行个人学习的讲解，需要对同伴的学习情况进行质疑和评价。课堂上，学生可以是"学生教师"，不仅有机会表达自己的理解与发现，还有机会通过提问、质疑、评价等参与到对知识意义的探究学习中。师生活动由单向的教与学转向多元的互助学习，师生、生生为着共同的学习任务，讲解具有差异性的观点，同时不同学习者对其差异性的展示进行评价，大家的思想自由发展、充分共享，从而实现对知识意义的共同理解。对话性讲解贯穿整个课堂学习的始终。对话性讲解具有以下几方面的内涵：

第一，对话性讲解是一种学习方式。学习有两个要素：一是与外界的相遇和对话；二是通过经验的获得引起行为、能力和心理倾向发生比较持久的变化。相遇和对话是学习的过程，而行为、能力和心理倾向发生的变化是学习的结果。只有两个要素均实现时才算是完成了一次学习活动。在对话性讲解中，首先学习者要认真学习将要讲解的内容，这是与讲解的内容的相遇和对话，其次在学习过程中遇到困惑时便要与同伴或教师进行交流、讨论，这是与同伴和教师的相遇和对话。在经过这些相遇和对话后，学生获得了经验，进一步理解了知识意义，从而学生的行为、能力与心理倾向均会发生相应的变化。对话性讲解是一种学习方式，这里的学习不同于简单的"记忆—模仿—练习"的被动接受式学习，而是在"自主—合作—探究—交流"中进行的主动对话式学习。在对话性讲解过程中，一方面学习者以话语的方式向他人表达自己的理解与发现，这一过程是自身与讲解的内容进行相遇和对话后对知识理解的外显过程。学习者通过外显的表达展示自己对知识意义的理解并同时暴露知识理解中存在的不足，进一步整理自己的隐性思维，从而触发自身的自查自纠，加深对知识意义的理解。另一方面教师或同伴通过倾听、提问、质疑、评价等方式与学习者互动交流，这一过程将促进学习者对自身知识意义建构的再理解。同时在互动交流的对话过程中，由于不同主体间的知识、经验、背景、观点等方面存在差异，这种差异在自由碰撞中就会产生新的问题，而新的问题又会引发新的思考、新的回答。这样循环往复，层层深入，从而推动多元主体间对知识意义理解的更新和创造，实现多种视域动态融合的目的。首先，在对话性讲解过程中，学习者亲身经历了知识生成的过程，知识意义在头脑中的印象就会十分深刻，同时学习者在与他人的交流碰撞中积累了丰富的个人经验，进一步促进了自身的反思与行动，因此对话性讲解是一种有效的学习方式。夸美纽斯在《大教学论》中大力推荐这种学习方式，他指出"假如一位学生想取得进步，他就应该把他正在学习的学科天天去教别人"。

第二，对话性讲解是一个不断诠释的过程。诠释视角下的讲解具有"讲""解"和"翻译"三方面的意义，对话性讲解就是在学习共同体内开展的"讲""解"和"翻译"活动。其中，"讲"就是说或陈述，即口头讲说；"解"就是解释与说明，即分析意义；"翻译"即转换语言。对话性讲解就是发生在学习共同体内的语言翻译即语言转换，是"一种从一个世界到另一个世界的语言转换"，是"一种从陌生的语言世界到我们自己的语言世界的转换"。通过"讲""解"和"翻译"活动，学习者加深和扩大了对知识意义的理解。对话性讲解是在学习共同体内对知识意义不断诠释的过程，它是一个不断循环的过程。自主学习的过程也就是自我解释的过程，是对文本解读的工具性理解过程。在这个过程中，学习者生成对知识意义的初步理解，这便是理解的第一级循环。接下来，学习者以明确的逻辑表征或具体事例将最初的工具性理解在小组内或全班表达出来，此时的表达是以对话的方式进行的，学习者的个体表达便会引起学习共同体内同伴或教师的"共鸣"和"质疑"，进而引发所有参与者的不断解释，在不断解释的过程中，学习者完善对知识意义的理解。正如伽达默尔所指出的"理解总是解释，因为解释是理解的表现形式""理解总是包含被理解的意义的应用"，从而使"分享·创生"教学中的对话性讲解有了坚实的哲学基础。在不断解释的过程中，互动交流的思维碰撞便在多元主体之间不断产生新的火花，学习者获得的知识不再是单个片面的知识而是网络化、结构化的知识，对各知识之间的相互关系理解更加透彻。对话性讲解完成了学习者对知识意义的从工具性理解到关系性理解的不断诠释过程。

第三，对话性讲解实现了多种视域的动态融合。学习者和同伴或教师都有各自的视域。学习者对文本的解读是"原初视域"，它与同伴或教师的视域之间存在较大的差异，两者之间通过师生、生生的对话，不断诠释对知识意义的理解，学习者的视域和同伴或教师的视域不断交融，从而扩大和丰富自己的"原初视域"，最终达成学习共同体共享的意义世界，形成学习者的新视界，也就是学习者"现在的视域"，这种不同视域不断融合的过程就是"视域融合"。对话性讲解完成了学习者对知识意义的从工具性理解到关系性理解的不断诠释过程，这一过程最终实现了多种视域的融合。正如海德格尔所说"理解其实总是这样一些被误认为是独立存在的视域的融合过程"。对话性讲解在对知识意义的诠释过程中实现了多种视域的动态融合。知识意义存在于交叉的"视域融合"中，意义的理解、生成过程是视域融合的过程。在"分享·创生"教学中，知识意义是在对话性讲解中通过多种视域的融合而生成的。在对话性讲解中存在着四种不同的视域：学习者视域、文本视域、同伴视域、教师视域。学习者已有的知识和经验是学习者视域，文本中的静默知识是文本视域，学习者通过解读文本形成自己的"原初视域"，并通过板书、解释、说明、补充等形式展示自己的"原初视域"。同伴已有的知识和经验是同伴视域，教师已有的知识和经验是教师视域，同伴通过对学习者的提问、质疑和争辩展示不同的视域；教师通过点拨、提炼、修正、评价以及对重难点知识的解释与强调等渗透自己的视域，多种视域在交汇中不断被补充、深化与丰富，形成学习者动态的"现在视域"。对话性讲解通过生本、师生、生生之间的交流和讨论，各种视域进行大碰撞、大融合，从而构建起多维度的和多层次的共享的知识意义的世界，最终实现学习者视域与文本视域、同伴视域、教师视域之间多种视域的动态融合。

第四，对话性讲解是师生精神相遇与经验共享的过程。德国文化教育学家斯普朗格认为："教育绝非单纯的文化传递，教育之为教育，正在于它是人格心灵的'唤醒'，这是教育的核心所在。"教育的最终目的不是传授已有的东西，而是把人的创造力量激发出来，将生命感、价值感"唤醒"。首先，在对话性讲解中，师生的交往实际上是教师的精神和学生的精神在对话性讲解中的相遇，师生双方平等交流，相互理解。在学生讲解中，教师通过倾听学生的讲解，知道了学生所思、所想和困惑所在，即使学生有不正确的理解也可发现其有合理的成分而理解学生，从而教师走进了学生的精神世界；在教师讲解中，学生通过倾听教师释疑、点评与重难点的讲解，知道了教师所思、所想，由于教师讲解的这些内容正是学生需要解答而自身不能解决的问题，从而能够被学生完全接纳，学生在这种接纳中走进了教师的精神世界。在这种相互走进对方的精神世界，在精神相遇中达到了相互理解。正是在这种精神相遇中达成的理解才能获得对对方的信任，从而注意倾听并接纳对方的意见和思想。这时教师的言语和教育才能把学生的创造力诱发出来，才能真正把学生人格的心灵"唤醒"，把学生的生命感、价值观"唤醒"。其次，对话性讲解的过程是经验共享的过程。所谓"共享"是指师生作为独立的自我相遇和理解，在两者的平等对话中，共同汲取对方的经验和智慧。在对话性讲解中，讲解者把自己获得的知识、经验和感悟通过讲解表达出来，同伴通过对讲解者的质疑、评析也把自己对同一知识的理解、经验与感悟表达出来，教师通过对话点评把自己的知识、经验、思想等提供出来，从而使每个参与者都能借鉴他人的理解、经验和感悟来修正完善自己的思想、观点，从而使师生、生生在多方的精神相遇中达到经验的共享。

3."分享·创生"教学以多元评价为学习推进手段

在课堂教学中，有很多学生没有真正进入学习状态，采用各种"伪装"方式蒙蔽教师，逃避学习。这种虚假的学习状态下的学生往往会表现出非常遵守纪律，坐姿非常端正，与教师高度配合，不对教师的教学进度造成任何干扰。在以教师讲授为主的课堂上，教师往往只关注于教，而对于学生的学习状态如何，教师往往都是不知情的。教师在上课的过程中会感到非常顺利，对学生的表现也比较满意，于是教学进度越来越快。但是到了"考试"阶段，这种"虚假"学习状态的学生成绩就会暴露出来。在传统教学中，"评价的目的是甄别和选拔，而不是促进学习和改善表现；评价标准是预设的，而非生成的；评价所关注的是学习结果，而非学习过程；评价方法注重纸笔的考试或测验，并常常将学习评价和考试画上等号，似乎只有考试，才能客观、科学、公正，才能甄别学生，才能提供学习调控的信息"。目前的评价关注学生在学习活动中所获得的学习结果与行为表现，发挥了评价的甄别与部分激励功能，而忽略了评价的认知与生成功能，造成了学习与评价相分离、学习者与评价者相对立的局面。

"分享·创生"教学不仅关注学生对知识理解的对错，还关注不同学习者的学习情感、学习态度和学习精神。学什么和学得怎么样不再是教师说了算，不再是预设不变的，而是根据课堂学习内容、学习者的具体表现让大家一起来参与探究、一起来参与评价。"多元评价"成为一种有效促进师生学习的方式。"分享·创生"教学下的课堂教学以质疑为导向对问题的价值认同和思维活动的进一步提升，从知识是什么到知识从哪里来，使新知识能纳入到学生的旧知识体系之中，建立新旧知识的情感联系和逻辑联系。

4."分享·创生"教学以反思重构为学习内在效益

现在的教学中，有大量的教师为追求课堂效率将知识直接"灌"给学生，代替学生作答，代替学生思考，代替学生反思。这些看似高效的教学背后唯一的一个目标就是"做对"。看似在短时间内就能让学生"做对"的课堂效率极高，实则是教师独占的课堂，学生没有参与的意识和意愿，也谈不上什么学习热情了，更不可能获取到参与课堂的情感体验，这势必会让学生的思维停留在浅层。学生没能具备对知识的再运用、再加工的能力，因而学生缺少对知识重构的机会。另外，"流畅"仿佛也成为教师所追求的课堂状态。流畅的教学活动看似理想完美，其实，真实的学习过程应该是有磕碰的，而不是流畅的。学习的过程就是个人经验不断获得、重构的过程，而在这一过程中需要学生将现有经验与已有经验进行甄别筛选进而重构为下一次学习时的已有经验。杜威指出"经验包含一个主动因素和一个被动因素，在主动方面，经验就是尝试"，这个尝试就需要给予学生试错的机会和时间。"在被动方面，经验就是承受结果。我们对事物有所作为，然后它回过来对我们有所影响。"[1]于是经验就在这样的过程中不断更迭创生。"当一个活动继续深入到承受的结果，当行动所造成的变化回过来反映在我们自身所发生的变化中时，这样的变动就有意义，我们就学到了一点东西。"[2]所以，学习就是个人经验的重构。此外，在课堂上不能只追求学生学习的结果。关注学生学习的结果无可厚非，但如果学生学习的结果仅仅停留在机械地记忆结论，然后套用结论去解决问题，这样知其然而不知其所以然的教学过程就违背了教学的基本原则和学习的基本规律。教学不仅要教会学生使用知识，更重要的是育人，要实现这一目标，就需要让学生经历问题的发现，探索解决问题的方式，体验解决问题的过程。唯有这样学生才能将现

---

[1] [美]约翰·杜威.民主主义与教育[M].王承绪，译.北京：人民教育出版社，2001：153.
[2] [美]约翰·杜威.民主主义与教育[M].王承绪，译.北京：人民教育出版社，2001：153.

有体验与原有体验对比，进而重构体验，获取宝贵的学习经验和丰富的情感态度。

"分享·创生"教学不仅关注学习者的独学效果，更关注学习者在"对话性讲解""多元评价"的分享学习活动中，通过共学互助，实现个人对学习内容进行改变或扩充的再认识，实现个人认知从随意到规范、从零散到系统、从浅表到深度的创生过程。"分享·创生"教学中，学生学习时的知识建构首先要经历自主探究，然后再与同伴进行对话性讲解，接着与同伴和教师进行质疑及评价，再通过学生自主的内在反思完成对以后经验的重构，从而获取学科知识，收获学习方法，体会学习过程中的情感态度与价值观。在"分享·创生"教学中，教师在学生自主学习探索后会给予学生反思的时间，在学生与同伴或教师进行对话后同样会获得反思的机会，在进一步评价质疑后还会获得自我反思的余地，而给予学生反思的机会和时间正是为学生的重构留下了创生的空间。在"分享·创生"教学的过程中，学生不仅反思重构学科知识，更多的是反思重构曾经的学习方法，反思重构与他人对话的方式，反思重构对自身的认识。在教师引导学生利用学习单进行自我探索的阶段，学生可以反思现有的探索方式与以往的探索方式有何区别，进而重构探索的想法为下一次自主学习做好准备。同样在与他人的对话性讲解时，除了与他人进行思维的碰撞与经验的互换后反思重构了自主探索的结论，还重构了与他们对话交谈的技巧，如何准确地表达自己的想法，怎样才能让别人更好地理解自己，也是需要学生在重构反思中完成的。在接下来的评价质疑阶段，学生会再次与他人进行经验互换，此时可谓是现有经验与已有经验反思重构的最好时机，学生在直面问题进一步学习学科知识的同时，也潜移默化地加深了对自己的认识，他们对自己的评价不只是知识层面的，还有学习行为、学习方式上的评价，而认清自己也是学习必经的一个过程。在经历了三个阶段的反思重构后，无论是在学科知识层面，还是在情感态度价值观层面，学生都会不由自主地创生出属于自己的独有经验。

从"分享·创生"教学的基本内涵可以看出，"分享·创生"教学是在教师与学生、学生与学生之间进行的经验共享中完成的。整个"分享·创生"教学过程所关注的焦点不再是"怎么教"，还包括以学为出发点的"怎么学"。教学的目的也不再是单一的知识获取，还兼顾了人的发展需求，以及师生的共同发展。在科学理性的支配下，教学关注的焦点在于知识授受的数量、质量、效率、效益，以及与之相应的教学方法、手段、内容等方面的改进和完善。[1] "分享·创生"教学倡导的是通过学生的自主探究，在教师的适当引导后，学生通过对话性讲解向同伴充分展示自己的智慧，或通过与教师平等地对话、质疑、追问来展示自己的观点、个性、情感态度。教师在整个教学活动中也通过不断与学生互换经验，进而将学生引向一个独立探索、追求生命意义与精神文化价值的方向，从而创生出一个个有鲜明个性特征，会学习、会独立思考，追求生命全面发展的人。

---

[1] 张增田. 对话教学研究[D]. 重庆：西南大学，2005.

第二节 "分享·创生"教学的特征

"分享·创生"教学作为一种新兴的教学方式,具有许多不同于以往教学方式的特征。

一、"分享·创生"教学是一种以"为学而教"的教学

"为学而教"的教学就是将"教师中心"的教学变为"学习中心"的教学。"教师中心是指在中小学课堂教学中,教学行为、教学态度、教学价值观、教学方法和教学艺术等都以教师为中心,由教师支配,最终形成了以教师为中心的课堂教学模式。"[1]"教师中心"的教学是以教师为中心而开展的课堂教学,教师独占课堂资源进行"灌输"式的教学,学生则处于被支配的位置。学生主动学习,自主探索,建构知识成为一件边缘化的事。心理学家罗杰斯在人本主义的思想上确立了"以学生为中心"的教学理念。"以学生为中心"的教学理念则强调了学生的主体地位,边缘化了教师引导、管理、组织的功能。随着我国课程改革的兴起,"以学生为中心"而展开的教学被广泛提倡。但在实践的过程中"以学生为中心"的教学方式很容易让教师走向娱乐学生、服务学生、讨好学生的境地,从而无法达到真正的教书育人的目的。"以儿童为中心的教育模式自始至终将儿童的各种各样的需要作为注意的焦点,结果动摇了一切教学权威,使教育工作的文化和政治成分丧失殆尽。"[2]这样一来,"以学生为中心"的教学就与"以教师为中心"的教学站在了对立面,教师在课堂上的主导权消失,不能发挥教师在课堂上主导、管理、组织的功能。随着"核心素养"的到来,在教学过程中培养并发展学生的核心素养成为课堂教学的最强音。学生的"核心素养"不是通过传授所获得的,而是通过让学生主动参与学习活动,在亲身经历与他人对话的过程中,通过评价反思与已有经验"碰撞"后形成的,因此学生的核心素养要得到发展就只能通过学生活动。也就是说,无论教师怎么讲,能传授的也只有单一的学科知识,而不能进入学生自身内部去改造学生的身心结构和情感价值。根据这样一种获取机制,教师想要培养学生的"核心素养"就只能从学生活动上入手。教师的功能就应体现在:围绕学生的学而展开的教学设计、围绕学生的活动而展开的组织管理、围绕学生的参与而展开的调动学生积极性的评价策略上。教师对于学生活动的功能是"引起学生能动地参与学习活动,并促进学生有效完成学习和活动过程"[3]。这样教学的中心便由"教师中心"转向"学生中心",从"学生中心"

---

[1] 冉亚辉. 以学习为中心:中国基础教育课堂的基本教学逻辑[J]. 课程·教材·教法, 2018 (6): 46—52.
[2] [加]史密斯. 全球化与后现代教育学[M]. 郭洋生, 译. 北京: 教育科学出版社, 2000: 150.
[3] 陈佑清. 学习中心课堂中的教师地位与作用——基于对"教师主导作用"的反思理解[J]. 教育研究, 2017(1): 106—113.

进而深化到"学习中心"。

皮亚杰在《发生认识论》中指出："认识既不是起因于自我意识的主体，也不是起因于已形成的、会把自己烙印在主体之上的客体；认识起因于主客体之间的相互作用，这种作用发生在主客体之间的中途。"这里"主客体之间的中途"指的就是学生的学习活动。"分享·创生"教学建立在以学生的学为出发点，以分享性对话为行为载体的教学活动中，关注学生"学什么""怎么学"以及"学得怎样"。这就决定了在"分享·创生"教学中，教师的教学实际、教学内容、教学行为、教学理念都服务于学生的学习活动。在具体教学过程中，学生根据教师事先设计的学习单进行自主探究，然后生生、师生间围绕探究内容进行对话性讲解、质疑、评价，整个教学活动都是围绕学生的学而展开的，因此"分享·创生"教学就完成了从"学生中心"到"学习中心"的升华。

二、"分享·创生"教学是使学生"会学"的教学

"会学"是"授人以鱼，不如授人以渔"的教学。"授人以鱼，不如授人以渔"的意思是送给别人一条鱼，不如教会别人捕鱼的方法来得实在。因为送一条鱼，别人吃完就没了，如果教会了他捕鱼的方法，那么他不仅现在会捕鱼吃，今后也能用此方法捕获到鱼，进而长久有鱼吃。在教学中"鱼"就是指学生掌握的知识，而"渔"便是学生掌握知识的方法与技能。因此爱因斯坦曾说："方法比知识更重要。"同样，教育家卢梭也指出："问题不在于告诉他一个真理，而在于教他怎样去发现真理。"[1]杜威在《明日之学校》中也指出："学校中求知识的真正目的，不在知识本身，而在学得制造知识以应需求的方法。"[2]可见让学生"学会"学习是很重要的，而要使学生"学会"学习就必须让学生学会相应的学习方法和掌握对应的学习策略。"分享·创生"教学就是把主动权给予学生，在以"学"为出发点的基础之上，引导学生自主学习。此时的探究不再是以往"请同学们翻到教材第几页"式的具有散漫性、放养性的自主学习，而是基于教师事先准备好的学习单自主学习。此时，学习单就像一位默默倾听、专注观察每位学生的教师，引领他们进行自主探究。"分享·创生"教学下的教师应巡视学生的学习状态，与学生对话交流并适当给予学生指导。在材料性学习单的引导下，学生逐渐"学会"阅读，数学学科也需要学生具备阅读的能力。阅读是人类社会生活的一项重要活动，是人类汲取知识的主要手段和认识世界的重要途径。一谈到阅读，人们联想的往往是语文阅读，然而，随着社会的发展、科学技术的进步，以及社会的数字化，现代社会中无处不在地包含数字信息的文字，各种场景中的信息走势图都需要阅读这项能力。"数学教师应充分认识到数学阅读的教育功能，将数学阅读纳入到数学课堂教学基本环节中去，数

---

[1] 王天一，夏之莲，朱美玉. 外国教育史（上册）[M]. 北京：北京师范大学出版社，1993：33.
[2] [美]约翰·杜威. 学校与社会·明日之学校[M]. 赵祥麟，任钟印，吴志宏，译. 北京：人民教育出版社，2005：283.

学教师应让学生明白数学阅读的重要性。"①而"分享·创生"教学就给学生学会阅读留下了生长的空间和机会。学生在自主学习后，初步形成了建构知识的意识，此时迫切需要与同伴进行对话性交流，不同于传统教学中教师一讲到底的现象，在"分享·创生"教学中，学生有了开口的机会。而每一次交流对话的机会不仅是彼此间的经验共享机会，也是学生提高表达能力并学会表达的机会。在表达的过程中有"讲解者"也有"倾听者"，学生"学会"倾听的能力也得以实现。"课堂教学是贯穿整个教学过程的关键组成部分，课堂教学中，学生始终是主要角色，培养学生在课堂上的倾听能力与表达能力是我们教师的职责所在，关系到整个教学过程的成败。"②在"分享·创生"教学中，通过对话性讲解，全体学生都参与对话的进程，以此，激发每名学生表达的欲望，使他们在表达的过程中学会交流，学会倾听，与此同时，他们的学科知识也在对话中"创生"。此外在"分享·创生"教学中，教师对于不同的学习内容也应给予学生相应的学习方法、策略的指导。学生在阅读文字材料时，教师应指导学生进行阅读（例如：勾、画、圈、点）；学生在对话性讲解时，教师应给出讲解的标准，甚至包含"开头语""结束语"及其"站姿"等，以此教会学生更好地表达。"初中学生学习的数学知识往往是间接的、抽象的，是依靠前人的实践、探索提炼出来的，仅仅是一个结果，并不能很好地为学生展示探索及思考的过程。因此教师必须要在课堂教学中教会学生形成科学的学习方法，正确理解教材内容，督促学生在听讲的过程中一定要有积极的思考和参与，这样才能够实现最高的学习效率。"③因此，"分享·创生"教学中的教师不仅要教会学生学科知识，还要教会学生学习的方法。而学生不仅能够收获学科知识，更重要的是在"分享·创生"的过程中掌握了学习的经验，成为一个"会学"的人。

三、"分享·创生"教学是学习单导航式的教学

学习单是教学的一种资源，是教师基于基本学情整合学科知识形成的教学合一的方案。在传统教学中，学生的学习资源往往就是翻开教材直接获取的，而编者在编写教材时，并未针对不同学生对教材资源的表述进行优化，不能照顾到全体学生，而学习单是教师从学生的学情出发，整合教材等多方面知识后，重新编排的、生成的符合学生认知规律和学习特点的学习内容。这便将学习内容从教材上的"学术形态"转变为利于学生接受的"学习形态"。此外，"分享·创生"的学习单具有固定的模块，模块的取名、模块之间的衔接都是有固定要求的，它既是学生学习过程的显性承载体，也是在学生学习过程中指引学生、帮助学生梳理学习思路的工具。在传统课堂中，一堂课

---

① 邵光华. 数学阅读——现代数学教育不容忽视的课题[J]. 数学通报，1999（10）：16－18.
② 曹亚红. 初中数学课堂教学中学生倾听与表达能力的培养[J]. 数学教学通讯(初等教育)，2014（11）：48－49.
③ 高雪明. 新课程理念下的初中数学学习方法及对策[J]. 教育教学论坛，2013（3）：107－108.

结束后，学生合上教材的一刹那不仅关上了学习的窗口，也关上了当堂课的知识内容、结构、框架。而"分享·创生"教学中的学习单是独立于教材单独汇编的，在学生合上教材后依旧能从学习单上清晰直观地回顾当堂课学习的知识。学习单更像是教师留下的板书副本，学习单在"分享·创生"教学中，除了承载了学科知识，更重要的是为师生的活动创造了机会和平台。

  学习单是学生自主探究的内容。教师在开课时会根据当天的学习内容设置好情境，这些学习情境已经印刷在了学习单上，当学生拿到学习单后便可以根据学习单的指引进行自主学习，此时的学习单更像是每位学生的陪伴型教师。而课堂中的教师更多地关注学生的学习状态，对个别有学习困难的学生进行辅导。在学生完成自主学习后，根据学习单的指引会涉及教师预先留下的问题，此时学生便有了对话的需求，或是与同伴交流，或是与教师对话，而对话的产物可能解决了学习单上的问题，也可能跳出了学习单的框架，引发新的思考。所以学习单并非传统"学案"式的设计，更多的是给学生提供学习的资源、交流的机会和展示的平台。此时的教师更多的不是讲授，而是组织管理学生参与讨论，进而将自身也融入学生关于学习单的讨论中。在学生自主对话完成后，为了更深入探究学科知识，教师将对学生的对话交流进行追问、质疑、评价。而此时学习单上"经验习得"的板块也会给学生留下记录经验、灵感、想法的空间，因为这些思绪往往是可遇而不可求的，需要及时记录。教师更多的是引导学生的想法，朝着学科知识更深的层面迈入。在有了以上活动后，"分享·创生"教学的课堂便会呈现一人一个想法的局面，每个人在课堂上获取的特有经验与以往认知相结合便会重构出对学科知识的新认识。不难发现，在"分享·创生"教学的课堂中，学习单代替学案、教案成为课堂活动的载体，它改变了学生的学习观、教师的知识观以及课堂学习的活动方式。

  学习单作为学生与教师共同参与的课堂载体，避免了"教"与"学"的分离，使"教"与"学"融为一体，并为学生在学习过程中提供实时"导航"。学生犹如自由驾驶的车手驰骋在学习的道路上，避免了学生被教师"牵着鼻子走"式的被动学习。此外，学习单也在不同层面促进了学生和教师的发展，使他们在"分享·创生"的教学中共同发展。学习单中活动的设置给学生提供了更多展现自己观点、个性的机会，教师利用学习单也能很好地调动学生参与课堂的积极性，学生收获了除学科知识以外的成长。当代的教师更多的不再是传授单一知识，而是在学生成长道路上引领他们，培养他们成为适应未来社会的人。未来社会需要学生具有除了学科知识之外的多方面技能。在"分享·创生"的教学中，需要教师对课堂的管理、学生的组织以及不断"创生"的学习资源进一步整合，这使得传统意义上只会单一传授教材知识的教师被迫提升转型，实现师生的共同发展。"学习单的使用作为新课程改革的一种工具，它的有效使用，可以唤醒学生沉睡的潜能，发展他们独特的个性，开启他们记忆的闸门，放飞他们美好的情愫，使学习能力、研究能力也得到相应的发展，从而为高效课堂的构建奠定了坚实的基础"。[①]

---

 ① 徐瑞斌. 运用学习单构建高效课堂[J]. 小学教学参考（语文版），2011（22）：9—10.

四、"分享·创生"教学是学生"主动建构"知识的教学

杜威认为经验的形成需要学习者主动尝试和承受尝试的结果，唯有当学习者的行为使得一些改变发生，这些改变才能反过来使学习者自身内部发生改变。他还强调教育是建立在已有经验的基础之上的，学习就是经验的生成和重构，也就是"创生"。学生基于已有认知经验产生问题，而问题反过来又可以激发他们运用获取到的新经验来认识新的概念。维果斯基认为，儿童在学习知识概念时，他们的认知是不同于成人对于这个世界的概念认知的。也就是说，如果直接将成人对于这个世界的认知、知识、概念传导给儿童，那么他们的认知记忆也就只会停留在成人有关这些知识、概念的认知。他还强调社会对于学生学习认知发展的作用，他认为学生的学习是在具体历史、文化背景下发生的，并且他也很注重学习过程中个体原有经验与现有知识间的联系。

"分享·创生"教学中经验不再是被动接受的过程，而是学生在教师的引导组织下积极进行活动，参与课堂"对话性讲解"从而彼此互换经验，在相互质疑、评价的影响下对内在原有经验进行重构的过程。部分学者认为知识并不是对这个世界唯一、准确且完美无瑕的表征，更多的是一种解释、假说，并且不是最终的答案，随着人类科学技术水平的不断提升，对于世界认识的不断深入，原有知识体系就会被一次次更新、重构，甚至被推翻。所以，在学科知识之中确实包含真理，但也绝不是唯一正确的终极答案，这些知识在被学生个体接受之前是没有权威性可言的。这就要求我们不能以权威的身份来向学生直接灌输知识经验，学生对于知识的学习接纳过程只能靠他们自身来建构完成。"分享·创生"教学给学生提供了多种"主动"参与的机会和空间：利用学习单学生可以自主探索；利用小组合作学生可以自主对话；利用师生、生生间的评价质疑学生可以自主重构内在经验。这些主动的权利与机会就给学生对于知识的"创生"提供了土壤，使得学生对于知识的获取不再源于外部力量的单线传送，而是通过自身的探索、分析、归纳、猜想、检验、批判与自己内在原有经验发生反应的双向重构。即"学习不是知识由教师向学生的传递，而是学生建构自己知识的过程，学习者不是被动的信息吸收者。相反，他要主动地建构信息的意义，这种建构不可由其他人代替。学习是个体建构自己知识的过程，这意味着学习是主动的，学习者不是被动的接受者。知识或意义也不是简单由外部信息决定的，外部信息本身没有意义，意义是学习者在新旧知识经验间反复的、双向的相互作用过程而建构的"[①]。所以"分享·创生"教学是学生"主动建构"知识的教学。

---

① 温彭年，贾国英．建构主义理论与教学改革——建构主义学习理论综述[J]．教育理论与实践，2002(5)：17—22．

五、"分享·创生"教学是学生参与"教"的教学

"教"在"分享·创生"教学中不再是教师一个人的事，也不再是教师的专属"特权"。"分享·创生"教学给予了学生更多的话语权甚至是组织决策权。他们不仅可以利用学习单进行自主探索，还可以在自主探索后与同伴分享自己的见解。这一分享的过程中要让别人了解自身的想法，要说服别人认同自己的想法，而说服的过程就是"教"。福尔丁斯常说："假如任何事情他只听到或读到一次，它在一个月之内会逃出他的记忆；但是假如他把它教给别人，它便变成他身上的部分，如同他的手指一样，除了死亡以外，他不相信有什么事情会把它夺去。"[①]"分享·创生"教学中的"教"也是多样的。不仅有自主学习后小组内的"教"，还有分享学习后面向全班同学的"教"，还有质疑、评价后个别帮扶的"教"。这众多的"教"反过来也会影响到讲解者自身内在的建构，而此时的建构不仅变得更加深入，还变得更加稳固。教师激发学生的学习积极性，向学生提供充分从事教学活动的机会，帮助他们在自主探索及合作交流的过程中真正理解和掌握基本的知识与技能、思想和方法，获得广泛的活动经验。学生是学习的主人，教师是学习的组织者、引导者与合作者。在"分享·创生"教学的课堂中这样的机会比比皆是。

另外，这种让学生参与"教"的教学方式是交互式的教学。交互式的教学强调主体间的交往，这里的主体包括教师与学生间的交往和学生与学生间的交往。这些主体共同参与教学活动以达到相互认可和尊重的目的；通过多种方式的相互沟通和作用促进学生的全面发展。在"生态学"的视域下，教师和学生是相互依赖、相互作用的两个因素。教师知识经验的建构、教学技能的提升要依赖于对学生的倾听、对话、理解，而学生学科知识的获取，身心的全面发展也离不开教师的悉心指导。交互式教学模式的功能目标是沟通与发展，发展是沟通中的发展，沟通是在发展推动下的沟通，沟通是交互式教学模式的具体性目标，它是指行为者之间通过运用有效语言、合理的协调方式达到理解或形成共识的行为。师生沟通、生生沟通是这一模式中最主要的两种沟通方式，是通过某种途径的全方位交互，包括观念、情绪、思想知识等。同样，"分享·创生"教学也非常注重师生、生生间对话，不论是生生间的对话性讲解，还是师生间的评价、质疑、追问都给这些主题提供了充分的交流对话机会。"分享·创生"教学通过师生间的对话，打破传统教学中师生间只有知识的单向传递而抛弃了师生作为人所需要的情感共鸣的局面。在"分享·创生"教学中，学生不再关闭自己的内心，教师也不再是知识的搬运工，双方在共同发展的同时也更加了解彼此、理解彼此进而接纳彼此，这样的局面不仅有利于及时发现学习过程的问题，还会减少无效的教学行为，教师教

---

① [捷]夸美纽斯.大教学论[M].傅任敢,译.北京:教育科学出版社,1999:117.

学质量得到了提高，学生也得到了全面发展。"分享·创生"教学从培养、发展的角度激发生生间的对话性讲解，使他们从"敢讲"逐步发展到"会讲"最终成为一名"善讲"的人。生生间的对话沟通不同于师生间的沟通，因为他们年龄相近，认知相仿，所以他们交流的成本更低，也更容易理解彼此。这样一来传统教学中生生间的相互竞争，充满火药味的敌对关系，因考试评选造成的充满猜忌、怀疑、嫉妒的关系在沟通的过程中得以消解，彼此间的鸿沟也渐渐消失，对话沟通是开启友谊的桥梁。生生间的关系也逐渐转向相互帮助、相互支持、相互关爱的有益于身心全面发展的关系。

六、"分享·创生"教学是整合"多元"方式的教学

整合"多元"方式的教学，既包括对学习方式的整合，也包括对教学方式的整合，没有哪一种方式是完美无缺的，若能有机整合多种方式取其精华去其糟粕则能接近完美。如"接受学习"就是以听讲或练习为主的学习方式。这种学习方式能够让学习者在单位时间内"接受"较多的知识、结论，看似高效但因为学习者始终处于被动"接受"的状态，缺乏自主发现、探索、归纳、证明、反思的过程，故不能形成有效的经验创生，也不能提高学习者的学习探究能力，留下的对学科知识的记忆也只是短暂的、浅表的、不深入的。"自主学习"的概念可以从这几个层面来理解：第一，学生的学习只能依靠自己来完成。第二，这种能力是学生与生俱来的，只是在长期"灌输"式教育下被抑制了。第三，学生对自己的学习应承担一些责任。第四，学生有根据自身认知情况确定自身学习目标的权利。由此可见，自主学习必然能够从某些方面培养学生的自学能力或自我管理能力。鉴于在自主学习中缺少了同伴的竞争和教师的督促，最终的学习效果不一定会很好。

"合作学习"是20世纪70年代初兴起于美国，并在20世纪70年代中期至80年代中期取得实质性进展的一种教学理论与策略体系。"合作学习"的概念可以从这几个层面来理解：第一，学习者要知道他们不仅要对自己的学习负责，还要对其所在小组其他成员的学习负责，小组成员是休戚与共的整体。第二，学习者之间是相互促进、共同成长的关系，并且这一种促进是基于面对面交流所形成的。第三，每个成员应该有明确的分工，每个成员都应知道自己在组内的职能，需要分工明确，责任到人。第四，合作学习需要学习者具有基本的社交能力和沟通交流的意识，只有这样才能提高合作的效果和质量。第五，要定期对小组合作的情况进行自我评价，检讨小组合作相关功能的发挥程度，以保证小组合作是有效的。可以看出，合作学习能够在不同层面发展学生的合作意识，能够培养学生的交流表达能力，同伴之间能够建立更加深厚的情感，进而从竞争关系转向相互促进的关系。但合作学习不论从形式上还是内容上都对学习内容提出了要求，并不是所有内容都值得开展小组合作学习，只有当遇到自己不能解决的问题或者当小组成员都有合作的愿望和意图时，合作学习才是有效且具有现实意义的。

"探究式学习"是学生在学习过程中自我探索问题的一种学习方式。可以从以下几个方面来理解探究式学习：第一，探究式学习的内容往往是不固定的，大多来源于更具开放性的实践中，而对于解决问题的方式也不再是利用单一的学科知识就能做到，需要跨学科多方位整合现有知识来处理问题。第二，探究式学习的过程充满机会，教师更多的是组织管理者、指导者、协助者，同样也是活动的参与者，更多的是给学生提供发挥其创造力与潜力的机会，从而激发学生主动探索的积极性。第三，探究式学习的成果是具有多样性和创新性的，探究的过程是每个人基于自身对问题的认识所采取的解决问题的策略，这就导致了学习成果必然是多样且创新性十足的。第四，学习评价不再是单一的基于知识对错的评价，此时的评价更多是针对学生参与积极性、参与进程的情况和过程创新的程度来进行的。所以"探究式学习"确实能培养和提高学习者创新的意识及能力，但探究式学习的内容往往需要花费较多的时间且难度也较大，有些内容甚至还需要教师先利用"接受学习"的方式讲解后，学习者才能开始积极探索。

"分享·创生"教学就是多元学习的过程。"多元学习是教师根据学生的具体实际，指导学生选择适合自身发展的学习内容、学习方式和学习环境等要素组成的多元建构过程，通过学生综合素质评价进而达成有效学习目标的学习策略。"[①]"分享·创生"教学既能发挥出不同学习方式的优势又可以通过整合教学资源弥补不同方式间的不足。"分享·创生"教学是整合了自主学习、合作学习、探究式学习和接受学习的有机教学体系。学生首先利用教师根据学习需要编制的学习单进行自主学习，紧接着在自主学习中遇到自身不能解决的问题时便有了与他人合作对话的意识，最后在教师的组织管理下学生以小组为单位进行合作学习和探究式学习。在合作学习和探究式学习的过程中，教师会对学生的对话情况进行评价，在生生、师生的追问质疑下会产生一个或多个具有全班共性的问题。此时教师再采用接受学习的方式为学生解开疑惑。这样的接受学习是在学习者有迫切需求时进行的，因此这样的接受学习是有效的。所以"分享·创生"教学不是单一的，而是在不同的学习环节采取的不同的整合"多元"方式的教学。

---

① 刘学兵，史亮. 迈向多元学习时代[J]. 中小学教师培训，2014 (12)：32—34.

第三节 "分享·创生"教学的意义

"分享·创生"教学的相关理论既是在实践中不断深化提炼出来的，也是在理论推动下不断改进实践而得出的。因此"分享·创生"教学的诞生，既不是单纯理论的概述，也不是脱离理论的实践，而是理论与实践相结合的产物。

一、为"分享·创生"教学这一新型教学提供认识论与方法论

"分享·创生"教学探讨了学生课堂学习形成的条件与过程，揭示了"分享·创生"视角下的课堂教学的机制，构建了基于"分享·创生"视角下的课堂教学的教学论体系，为形成新的学习方式与教学方法提供了一定的基础。"分享·创生"教学中最具特色的对话性讲解就为现代课堂全面育人的教学新形态提供了可参考的理论、意义。"对话"强调的是在教学过程中让学生具有对话的意识和参与对话的机会，提倡在各主体间相互尊重、信任、平等的基础之上进行的关于学科知识、情感态度、思想价值的互动交流。巴赫金认为："对话是一种在各种价值平等、意义平等意识之间相互作用的特殊形式。"[1]同样，戴维·伯姆也认为："对话除了旨在探索我们的日常关系和交流方面的问题之外，还旨在从本质上来理解意识。"[2]师生、生生在对话性讲解的过程中实现了"视域融合""经验重构"和"意义创生"。"分享·创生"教学为对话性讲解提供了教学理论、案例、范式，详细阐述了为什么要在课堂上让学生进行对话性讲解，为怎样在课堂上开展对话性讲解提供可参考的具体课堂教学案例，同时还为如何培养"小老师"，如何让学生从"敢讲"到"会讲"再到"善讲"提供了详细的训练范式。

"分享·创生"教学把师生从"教师独占"的绝对权威转向了"人人参与"的和谐平等的相处模式。"教育是人类一种特殊的交往活动。教学发展的过程是师生交往、积极互动、共同发展的过程，对话教学中的师生关系不再是'人物关系'，而是马丁·布伯提出的'我—你'关系。"[3]这种新型师生关系强调"你中有我，我中有你"，使师生成为两个平等相处且具有独特个性和完整人格的主体。在"我—你"关系中，教师放弃课堂话语的霸占权，从学生作为一个"人"的价值出发，尊重学生，理解学生，信任学生。把学生视为与自己在平等位置上的"人"，是具有自我独立意识的另一个鲜活的主体，即另一个平等的"我"。在"我—你"关系的对话过程中也应当充分信任学生。"相互信任将使对话双方更加感到在讨论问题、创生知识意义中他们是同伴。相信学生能清楚地表达

---

[1] 吴敏. 化学课堂中对话教学的研究[D]. 南京：南京师范大学，2005.
[2] [英]伯姆. 论对话[M]. 王松涛，译. 北京：教育科学出版社，2004：10.
[3] 宋运来. 什么是最有效的教学：教师最需要掌握的问课品课艺术[M]. 南京：江苏人民出版社，2009：3.

自己的想法，相信学生能提出创新性的见解"，相信这些能力并非自己或少数"学优生"才具有。[1] 当然在"我—你"关系中的教师也面临着不同于传统教师的挑战，教师的身份地位也变为了课堂的组织者，学生的引导者、倾听者、合作者。组织者的身份不是要求教师放任学生自由，而是要求教师仍然要组织学生开展教学活动，包括活动前分析学情，制订教学活动目标，预设教学活动内容等。引导者的定位决定教师要用自己的经验引导学生探索问题，引导学生对话交流问题，质疑评价学生的活动表现。教师不能只是课堂的旁观者而是要肩负起对学生的引导和引领作用。倾听者、合作者的身份要求教师不能只关注知识的掌握程度，还要通过与学生间的对话，实现师生的精神相遇与经验共享，从而激发出学生的创造力，进而创生出教学真正的意义。此外在"分享·创生"教学中的"对话"不仅限于人与人之间的对话，还包括"人本对话"也就是学生与文本之间的内部对话。当学生利用学习单进行自主探索学习时，隐性的"人本对话"其实就已经发生了。学习单作为承载课堂进程、活动、内容的一体化教学方案也出现在了"分享·创生"教学中。教师利用学习单将教材上学生难以理解的具有"学术形态"的内容转化为服务于学生"学习形态"的内容。学习单也是基于学生具体学情而汇编的具有"本土化"特色的教学资源。教材上的内容往往都是面向大众化学生的，教材内容是无法根据学生特点，以及学习习惯和教师的教学习惯来优化的。"分享·创生"教学中的学习单也是在具体理论的指导下编制而成的，具有独特而鲜明的板块，各板块各具特点，各板块所负责的学习内容和教学活动也是不同的。这就是在学习"分享·创生"教学的过程中不仅能再次认识学习单的意义和价值，还能通过实际编写学习单来掌握其编写的技巧。

二、为"分享·创生"课堂教学的开展提供新的指导框架

"分享·创生"教学进一步丰富和完善了现代课堂教学模式理论体系。在学生对知识有了更深刻、更为系统的理解后，我们需要抓住教学的变革性特征，重构教学的本质内涵，从而以新的框架去指导教学。"分享·创生"教学并不以学生对于学科知识的掌握情况为唯一目标，而是将学生视为一个可持续发展的全面的人，发展学生的对话、质疑、评价的能力也是教学目标之一。不仅如此，"分享·创生"教学和传统教学的框架还有诸多的不同。

传统教学在开课时往往就是教师独占式的开场白，感兴趣的学生多听教师讲两分钟，不感兴趣的早已望向窗外。造成这一局面的原因是教师没有充分调动每位学生"学"的积极性与自主性，而只是从"教"的出发点设计了整个教学框架。"分享·创生"教学是以学习单为载体，引导学生根据学习单进行自主探索，从而调动了学生的学习积极性与主动探究的兴趣，避免了教师上演"独角戏"的尴尬局面。传统教学框架下，

---

[1] 李小红. 论教师促进教学对话的策略[J]. 当代教育科学，2008(17)：30-33.

教师处理问题的方式也只能是学生举手回答，这样不但会导致知识的来源只是教师与"一名"学生之间的互动过程，而且也不利于调动其余学生参与课堂活动的积极性。"对话性讲解"给每名学生都提供了开口的机会。在课堂上被大面积问题轰击后的学生，不是没有问题提出，而是没有机会和时间来提出问题。传统课堂上虽然教师让大家提问，但不得不说，比起在小组内与同伴进行交流，要突然起身站立，然后面对全班同学与教师，这一行为对学生而言本就很难，并且课堂上的时间也是有限的。怎样才能让每位学生的问题都有被了解和解决的可能呢？"对话性讲解"就很好地解决了这一问题。在学生利用学习单进行自我探索后，或多或少会有一些不懂的地方，或者有新奇的想法想要与他人交流，此时"对话性讲解"便能让每位学生在组内与同伴交流。交流学科知识的同时友谊与情感的纽带也不断在对话中生长。此时的课堂不再是教师一人掌控的课堂，而是人人参与的课堂，教师也成为了其中的一员。教师此时的任务不再是去"教"，而是去"听"。通过倾听获取有价值的教学资源，通过观察学生对话的状态及时发现问题，并辅导有学习困难的学生，通过了解学生活动参与的情况及时调整课堂进度。"分享·创生"的课堂不再是按教案上写好的剧本演绎的课堂，而是由学生的认知水平、认知能力掌控的课堂。学生在组内"对话性讲解"后，对话这个活动并没有结束，组内对话完成后"共性"的问题便浮出水面，此时教师便可以将对话转向"师生"间的对话。这里的"师生"对话不是传统意义上"教师与学生的对话"，而是讲解者与倾听者之间的对话，讲解者可以是学生也可以是教师，倾听者可以是学生也可以是教师。这也是"分享·创生"课堂所提倡的"我—你"关系，师生是两个平等和谐交流的主体。"对话"是贯穿于整个"分享·创生"教学的课堂，利用学习单自主探究时的对话大多属于"人本对话"，在小组合作时的对话大多属于"生生对话"，在教师评价质疑时的对话大多属于"师生对话"，在自己反思重构时的对话大多属于"反省对话"。这些对话的顺序不是固定不变的，而是根据具体教学活动而选取的。因此"分享·创生"教学的课堂的整体框架不再是传统教学下单向传输信息接受式的框架，而是在对话分享中不断创生知识情感的全新课堂框架。

三、为"分享·创生"视域下的课堂教学提供系列资源

在理论资源中，本书充分阐述了"分享·创生"教学的形成过程，理论基础及其概述和理念。在实践资源中，提供了具体的教学范式，学习单的具体设计，不同课型开展的具体流程等。"分享·创生"教学是不同于以往任何一种教学方式的教学体系，因此在研究"分享·创生"的过程中就提出了许多"新鲜"的理念、概念、范式。加强对"分享·创生"教学理论的理解，才能更好地驾驭"分享·创生"教学下的课堂。"分享·创生"教学下的课堂是不同的教学方式和学习方式的有机整体。所以只有对这些教学方式、学习方式理论理解到位，才能够真正感知"分享·创生"课堂的味道。同时"分享·创生"教学的课堂板块也是多样化的，这就要求我们要提前熟知各板块的具体意义、内

容和活动方式，只有明白了这些才能更好地调动课堂资源。因此"分享·创生"教学为课堂的更好开展提供了具有实践价值的理论资源。

除此之外，"分享·创生"教学也提供了许多课堂实践资源。学习单不是传统意义上的"学案"，而是以学生的"学"为出发点，以"问题"串联课堂，以"活动"推动课堂的显性资源。学生不需要明白学习单是怎么编制的，具有哪些板块，板块设计的意义是什么。对于学生而言学习单就是学习工具，是陪伴式的教师。但是对于教师而言，不仅应该知道学习单如何编制，还应知道学习单中各个板块背后的设计意义，只有这样才能利用学习单组织管理课堂，进而调动学生参与课堂的积极性。因此在"分享·创生"教学的视域下为教师提供了学习单相关理论资源和实践资源。此外，为了实现不同课型中"分享·创生"的落地，"分享·创生"教学还给教师提供了在"新授课""复习课""讲评课"下的具体教学课例资源。这些资源将在后续的章节中一一呈现。通过这些资源能让教师更好地理解"分享·创生"教学的内部运作机制，以便在今后面对不同课型时调动各种资源，使"分享·创生"理念能更好地服务于课堂，而不只是一种形式。"分享·创生"教学的视域下为课堂教学提供的系列资源，有助于教师更好地了解、理解、掌握"分享·创生"教学。

四、为"分享·创生"教学的理论研究和实践经验搭建桥梁

在日常教学中，对理论的学习与认识是制约教师专业发展的一大因素。"教师学习是教师专业可持续发展的基础和前提，学会教学、学会反思、学会研究以及学会为师，应该成为教师学习的基本追求。这些追求的实现，可以为教师专业的高质量、可持续发展奠定坚实的基础。"[1]因此在教学实践的过程中，学会反思，学会学习相关理论对于教师的专业发展有着积极的影响。教师在"教"别人的过程中，也要不断通过学习教学理论来提高和丰富自己。对于理论知识的缺乏，不仅制约了教师自身的发展，也在一定程度上制约了学生的发展。按照自己的感觉来教、脱离了理论指导下的"教"可谓是不负责的教，就如药物必须在医生的指导下服用，而不是凭自身的经验来用药。同样教学也是如此，如果只是凭教师自身的"感觉"来教，是很危险的。教师并不明白采取这样的教学方式有怎样的前提，会导致怎样的后果，而教学理论是前人在总结了许多具体实践案例后形成的。对教学理论的学习也是对学生的负责，有了具体理论的指导，教师才能知道该怎么教、为什么要这么教、这么教的好处是什么，以及这么教对学生会产生怎样的影响。盲目地教既是对自身发展的不负责，也是对学生发展的不负责。从另外的角度来看，学习一些教学理论也不会对教学产生坏处，只会产生益处。"分享·创生"教学作为一种新型的教学模式，它本身就包含了诸多的教学理论。因此，在学习、认识和了解"分享·创生"教学的过程中会接触到不同程度的相关教学理论，进而打开

---

[1] 李志厚. 论教师学习的基本追求[J]. 华南师范大学学报(社会科学版)，2006(4)：99—104.

不同的教学世界。"分享教育"理论就是其中一种，当然也包含了许多经典的教学理论，如"建构主义"教学理论。而这些理论都是来源于实践，最终又服务于教学实践。能够将理论与实践相结合的教师一定是优秀的教师。教师在对"分享·创生"教学的认识中便可以间接学习到许多能服务于日常教学的理论，对这些理论的学习不仅可以加强教师自身的专业发展，也使得教师能更好地驾驭课堂，更好地获取学生的认知水平和认知方式。因此，"分享·创生"教学为教师搭起了一座理论与实践之间的桥梁。

第五章 "分享·创生"教学的基本理念

课堂是学校教育的主要阵地,抓住了课堂就抓住了教与学的主体。顾明远认为:"当下,学校内涵式发展和改革创新的关键在于课堂教学"。"分享·创生"教学就是在知识的分享过程中创造产生新的认知结构、价值关系、生命状态。"分享·创生"视角下的课堂教学是基于多主体的对话,以倾听、理解、反思和创新的方式在经验共享中创生知识系统、涵养精神品位、提高人生境界的教学形态。因此,"分享·创生"教学所研究的基本问题是"分享"和"创生"。在"分享·创生"教学实践中要坚持"以生为本"的教学观、"多元构建"的知识观、"深度理解"的教育观和"创新发展"的评价观。

第一节 "以生为本"的教学观

教育部颁发的《国家中长期教育改革和发展规划纲要(2010—2020年)》中指出:"把改革创新作为教育发展的强大动力。教育要发展,根本靠改革。""坚持以人为本、全面实施素质教育是教育改革发展的战略主题,是贯彻党的教育方针的时代要求。""着力提高学生的学习能力、实践能力、创新能力,教育学生学会知识技能,学会动手动脑,学会生存生活,学会做人做事,促进学生主动适应社会,开创美好未来。"我国当今教育改革强调以学生为主体,从学生的终身发展出发,致力培养学生的学习能力、实践能力、创新能力。"以生为本"的教学观是以学生为中心,为学生好学而设计的教育,也是以生命为本的教育,它既是一种方式,更是一种理念。而"分享·创生"教学的教学原则也正是以学生的"学"为中心。

一、一切为了学生

"分享·创生"教学的课堂设计围绕着"怎么让学生想学""怎么让学生会学"展开,活动围绕着"怎样利于学生开展对话"设计,学习单的编制围绕着"怎样引导学生思考"编制。在"分享·创生"教学的课堂中,一切的初衷和目的都是为了学生,即"一切为了学生"。学生是教育的终端,是教育的主体。真正认识并把握住学生这个主体是生本教育的特征之一,也是"分享·创生"教学展开的前提。基于"一切为了学生"的教育原则,在"分享·创生"教学中,教师在课堂中所教授的知识是符合学生实际的,是学生能力所接受的。"分享·创生"教学更强调学生学习知识的过程，而不是教师教得如何、讲得如何；追求的是学生参与课堂的程度，体验知识生成的过程，而不是教师包办一切的直接灌输；看重的是学生学会学习的能力和思维的不断飞跃，而不只是眼下的分数。因为教育是十分复杂的，与教育相关的因素很多，所以对于教师来说，教育的本体并不是很容易把握的。"分享·创生"教育的特征之一便是真正认识和把握学生这个本体，把"一切为了学生"作为教育价值原则。

二、高度尊重学生

"分享·创生"教学对学生的尊重不仅体现在将学生和教师视为两个共同发展的、平等对话交流的主体，还体现在尊重学生的认知发展水平，尊重知识的生成过程。"让我们从人的学习天性和学习潜能，从人的独立的精神生命、独立人格和独特的内部自然规律等诸方面来理解高度尊重学生的必要性。"[1]人是生来的学习者，人类的学习能力是与生俱来的，经历活动、产生创造是人的天性。这样的天性即人类的生存逻辑，也是人类的生物学特性。人的潜能是无限的，克莱恩说过："孩子们所拥有的潜力比目前的教育体制所能启发他们的多得多。你必须要从旁协助他们。"[2]"分享·创生"教学正是从人的发展角度，尊重学生作为独立发展的可创造性，让学生成为课堂节奏的"掌控者"，从而使教师变为课堂的组织者。"自然界有许许多多的矿藏，而人的大脑是最丰富的矿藏。"[3]"分享·创生"教学给予了学生充分的交流空间，可以是小组内的互助交流，也可以是小组内的共学交流，还可以是班级内的全面交流。在这些生生、师生的平等对话和相互质疑中，学生的内部经验得以进一步建构，从而创生出新的知识技能。对于学生的尊重还体现在尊重学生的能力，学生本就拥有各种各样的能力，如创新能力。教师不能低估学生的创新能力，更不能忽视这一能力的存在。"分享·创生"教学秉持尊重学生的态度，在课堂中给予学生大量的交流机会，从而激发他们无限的潜能。教师则站在开发学生能力的角度去设计课堂活动、引导学生思考，以培养他们终身发展的能力。因此"分享·创生"教学"尊重学生"的理念不仅体现在尊重学生作为一个独立发展的个体，更体现在尊重学生的认知发展水平，尊重学生处理问题的能力。

三、全面依靠学生

教育家坦恩鲍姆指出："绝大部分教师在课堂教学中虽然能够包容学生不同见解，但是内心总是想让学生更接受自己的见解。"[4]全面依靠学生不是指要靠学生来展开教

---

① 刘军.教师要尊重学生的独立人格[J].教育文汇，2012(5)：23—24.
② [美]克莱恩.天天·天才重视你与孩子本来的学习乐趣[M].吴运如，吕顺文，译.呼和浩特：远方出版社，1998：11.
③ [美]马斯洛.人的潜能和价值[M].林方，译.北京：华夏出版社，1987：327.
④ [美]艾斯奎斯.第56号教室的奇迹[M].卞娜娜，译.北京：中国城市出版社，2008：72.

学，而是教学手段、教学方式、教学内容要全面基于学生的实际情况。"分享·创生"教学的学习单设计便是基于学生实际学情而编制的。教学过程中，师生间的评价质疑也是基于学生在课堂上的实际情况而展开的。在"分享·创生"教学中，学生的想法、疑问、思考也成为一种教学资源，从而使课堂达到全面依靠学生的状态。学生不仅是教育对象，也是最丰富的教育资源。教师不能仅依靠教材等传统资源，更应依靠学生这个具体生动的教学资源。学生在课堂的行为表现是最原始的，也是教师调整课堂教学的主要依据。所以尽可能发挥和利用学生资源的教育，是教育的新境界。[①]在"分享·创生"教学中，当教师充分挖掘、利用"学生"这一资源，不仅使学生实现了自身价值，感受到了成功，还提高了学生参与课堂的学习积极性。因此"分享·创生"教学是"全面依靠学生"的一种教学方式。

四、全面发展学生

"全面发展"是以"全人发展"为基本宗旨，全面、全程地关注和发展每位学生。"分享·创生"教学在不同环节、不同阶段都促使了学生某一方面或者多方面的技能或素养得以发展。利用学习单不仅发展了学生独立思考、自主探究的能力，还发展了学生处理文字信息的能力。利用"小组合作"不但发展了学生合作交流的能力，也发展了学生组织管理的能力。利用"对话性讲解"在发展学生表达能力的同时，也培养了他们理性思考、学以致用、互帮互助的能力。教学面向的是每位不同的个体，而每位不同的个体又都有发展为"全人"的需要，他们在学习过程中不断地经历"全人"发展的过程，才能成长为德、智、体、美、劳全面发展的"全人"。能为每名学生都提供这样成长过程经历的课程才是真正意义上的"全面发展"。而"全人发展"需要立体的、多维度的积极学习时空，除了从整体上营造学校的时空外，每节课都应有这样的时空要求，体现这样的时空特征。"活体"是"全人"的基本表现，教育要把每名学生当成鲜活的生命来对待和培育，每节课也应体现鲜活生命的发展特征与诉求。关注每位师生，打造"全体优秀"的课堂。"分享·创生"教学关注每名学生的发展，力求学生"全体优秀"。对于每名学生的兴趣爱好、学习能力、学习速度以及未来的发展方向都要加以关注。"全体优秀"的课堂通过各种教育方式全方位地引导学生不断地追寻自己的发展目标，用实际行动促进学生成长，有利于帮助每名学生成长为更好的自己。关注每位教师的发展，以学促教，实现师生的共同发展。不仅仅是学生要发展，教师更要发展，只有教师专业发展得好，才能更好地促进学生的发展。"全面发展"的教学环境中，学生的发展和教师的发展相辅相成。教师通过"集体备课、个体创生，互助共进"等方式，逐步形成展现教师个体风格与特长的优质课堂，在课堂改革和课程建设中实现"全体优秀"的目标。"分享·创生"教学关注学生未来素养的发展。所有教材知识的学习都需要立足于未来

---

① 郭蕾长.利用课内外教育资源，提高学生跨文化交际能力[J].大观周刊，2012(40)：148-149.

的需求，只有基于学生未来发展的课堂教学才具有生命力。"活态优质"的全息课堂要求其课堂教学的内容、组织方式和呈现方式都立足于"未来需求"，能将教学的内容鲜活地呈现与表达，灵活地使用各种多媒体技术和教学手段促进学习目标的达成，具有与时俱进，应对未来的特点。"分享·创生"教学是通过不同资源以实现学生"全面发展"的教学方式。

第二节 "多元构建"的知识观

知识观就是对待知识的态度和观念，是人们对知识本质、来源、范围的认识，是人们对知识的基本见解。随着社会信息化、多样化、国际化的不断加深，在知识的建构上凸显了个性化与多元化的重要特征。"分享·创生"的课堂活动在要求学科知识扎实的同时，还要求教育教学理论和实践性知识不断丰富，视野不断拓展，知识结构逐步多元，从"知识"到"素养"，从"学科"到"学生"，从"静态"到"动态"，从"单一"到"多元"，不断提高本学科知识结构和跨学科知识结构的建构能力，提高学科知识、课程知识、教学实践知识和学生知识等综合发展的能力。

一、重视重点知识、难点知识呈现的旁观者知识观

传统的教学论坚持的是基于理性主义和科学主义的知识观，认为知识具有客观性、确定性、普遍性、真理性、绝对性、可证实性、中立性等特性。[1] 杜威把这种知识观称为"旁观者知识论"，并且指出了这种知识观所存在的两个显著缺陷：一是认知的主体与被认知的对象是分离的，认知者如同"旁观者"或"局外人"一样，以一种"静观"的状态来获取知识；二是认知被理解为一种认识"对象"呈现给认知者的事件，认知者在认知中是被动的。[2] 在旁观者知识观视野中，知识作为对实在的静态把握或关注，成为一种结果、定论、工具、产品、放之四海而皆准的真理；而教师成为传递这种先验知识的专业人员，学生则是先验知识的旁观者，是教师和教材所传递的信息的接受者。由于将知识当作一种客观的、外在的、确定的东西，教师与学生均不参与知识的产生与形成过程，教学的主要任务就是让学生准确地理解和接受它们，这样便自然产生了一种"教什么"先于"怎么教"的认识。因此，重点知识与难点知识的确定就成为教学设计中必须解决的焦点问题。在实际的课堂教学中就只能选择那些最有价值、最具核心作用的知识作为教学重点，把那些学生难以接受的知识作为教学难点。教师通过要求学生多注意、仔细听、认真观察等达到教学的精确性。这些要求的理论基础就是假设学

---

[1] 石中英. 知识转型与教育改革[M]. 北京：教育科学出版社，2001：129—143.
[2] 郭法奇. 探究与创新：杜威教育思想的精髓[J]. 比较教育研究，2004(3)：12—16.

生与知识之间是旁观者的关系。因为这种知识的确定性、公认性满足了考试的基本要求，方便作为考试的基本内容，方便量化为统一的分数与划分等级，学生接受这种知识的好坏程度能通过获得分数的等级来反馈。

二、重视学生参与知识构建与生成的参与者知识观

古罗马教育家奥里利厄斯·奥古斯丁指出："对事物的观察与理解都是需要本人积极地参与其中。"同时他还认为："语言并不能直接传播知识，知识是从语言经验中获得的。"近年来，以王富英为代表的DJP教学（导学、讲解、评价的缩写简称）提倡的是这种参与者知识观。"这种知识观是基于建构主义的一种知识观，认为知识具有主观建构性、境遇性和价值性；人人都是知识的创造者，知识不是被当作为了让教师进行分配和传递而从学术发现者处传递下来的私有财产，知识成为师生合作工作的产物"。[①] 参与者知识观强调的不是结果性知识，而是知识形成建构的过程，在此观点下"怎么学"比"学什么"更重要，它不局限于学习内容，而是强调学习的动机与方法，将学习的任务着眼于生活的全部，更具有拓展性、持续性和发展性。在参与者知识观的视野中，学习者不是外于知识的旁观者，而是知识构建的参与者和建构者；教师也不是知识的传递者，而是学生学习发展的促进者，是学习的组织者、引导者与合作者。

三、重视既有"传承"又有"创生"的全息教学知识观

随着时代的变化，教育成功不再是对内容知识的复制，而是将所学知识应用到新的情境中，建设既有"传承"又有"创生"的全息教学。基于"传承"和"旁观者知识"观点，认为学习知识的活动与过程就是组织和呈现知识的文本，这种文本在学校里通常被称为教材，是学生学习的基本凭借。学习知识就是选择有价值的知识，并通过课堂活动和教材内容以结构化形式呈现给学生的过程与文本。因此，这种典型的学科知识学习大多仅停留在理论层面，而随着学科门类的不断丰富和发展，原有的学科知识无法应对知识的迅速增长，知识的学习由学科走向学习领域，把相近的学科内容打包成学习领域，从学科内容走向核心素养，科学地解决"获取何种知识，以及为什么、在何时、在何地、如何使用这些知识"等关键问题。提出全息教学知识观的学者认为学习知识的过程是师生创造有意义的成长经历的过程，更是师生共同创造的一次有意义的特殊经历。知识在有关学习的任何讨论中都是核心议题，知识本身与创造及再生产知识的文化、社会、环境和体制背景密不可分，可以理解为个人和社会解读经验的方法，因此可以将知识广泛地理解为通过学习获得的信息、理解、技能、价值观和态度。而学习是由环境决定的多方面的存在，可以理解为获得这种知识的过程，学习既是过程，也是这个过程的结果；既是手段，也是目的；既是个人行为，也是集体努力。获取何种知识，以及为什么、在何时、在何地、如何使用这些知识，是个人成长和社会发展的基本问题。

---

① 王富英，王新民，黄祥勇，等．数学导学讲评式教学论[M]．北京：科学出版社，2020：75—77．

第三节 "深度理解"的教育观

"理解"是哲学诠释学的关键概念。从心理学的角度来看,"理解"是个体运用已有知识、经验,以认识事物的联系、关系直至其本质及规律的思维活动;从教育学的角度来看,理解是连接教育与个人精神之间的桥梁,理解强调个人与知识之间的联系,个人通过对知识的理解、对知识进行加工,内化成个人的知识,不断地实现生命意义的升华。如弄清一个科学概念,了解课文的语句、段落大意及全文中心思想,明确公式、定理、发展的内在关系等,都需要思维活动的参与,都称为理解。因此,学习是在理解的基础上进行的,没有理解就谈不上学习。"深度理解"是"分享·创生"教学的重要目标。

一、深度理解的教学活动是一种常态

有人类生活就有人的理解活动发生,理解与教学相伴而生,深度理解的教学是理解性的课堂活动。杜威认为书本知识需要学习者还原与下沉、经验与探究、反思与上浮这样一个过程,知识不是直接传授的,咀嚼过的知识是死的知识,这些知识需要学习者自己加工,体会整个学习的过程。深度理解的教学是基于学生对知识、他人和自我关系理解的基础上,引导学生建构知识意义、丰富自我世界,实现学生自我理解和精神成长的活动。实现深度教学就必须为理解而教,只有理解了才能实现对知识的迁移和运用,才能体现知识的价值。深度理解的教育观是对浅表层理解的超越,对深度理解学习的过程进行分析,能够进一步明确深度理解理念指导下的深度理解的教学的特征。深度理解的教学是理解性的教学,关注学生对知识的深度理解,关注学生通过积极自我反思实现自我发展和意义建构,注重学生的学习过程和学习体验。具体而言,深度理解的教学有以下几个方面的特征:

1. 理解知识的意义及价值

真实的教学在于使学生理解知识的意义、理解生活并将之融入生活实践。深度理解的教学就是要引导学生通过对知识的符号、逻辑、思想的理解,使知识真正走进学生的精神世界,进而引导学生理解知识的意义,引导其人生发展。

2. 理解知识间的关系及规律

在认识和理解知识的过程中,注重人与历史、社会、文化、他人、自我之间的种种理解关系,理解知识产生、形成、变化和发展的规律。

3. 理解知识背后的逻辑及思想

个体对知识的学习,应该理解知识的背后逻辑和学科思想,即知识产生和存在的逻辑依据是什么,在学科知识的背后,还蕴含着丰富的学科思想,如数学知识蕴含的方程的思想、数形结合的思想、化归与转化的思想等。

4. 理解知识所属的事物及其本质

这是深度理解的起点与前提，理解事物及本质是个体将外在的、符号化的客观知识转化为个体的、个性化知识的过程。

二、深度理解的教学是反思性的教学

反思是近代西方哲学的重要概念，康德、黑格尔等都对其进行过论述，如康德将反思分为逻辑的反思和先验的反思，认为反思是获得概念和普遍依据的重要途径，通过反思，个体将获得概念的过程和主体的感性相关联。康德在《纯粹理性批判》中提出"反思是心灵的一种状态，我们在这种状态中首先发现使我们能够到达概念的诸般主观条件""反思不只是指向主体自身，它还要发现达到知识自身的主观条件"。黑格尔认为"本质的否定性即反思""反思是一种从无到无并从而回到自己本身的运动"。深度理解的教学注重引导学生通过符号知识的学习来反观自身，进而充分地认识自我、发展自我、超越自我，实现人生的意义。因此，反思是深度理解的重要品质。

1. 要引导学生反思自身与知识的关系

学生与知识之间的关系是对象占有关系还是双向互动关系，是价值无涉关系还是价值负载关系，是符号认知关系还是意义共生关系，需要学生进行积极的反思。

2. 要引导学生成为反思性实践者

通过引导学生对客观世界、自我世界进行理性反思，让学生的知识学习由符号走向逻辑和意义，由表面转向深入，由肤浅走向深刻。通过反思觉醒自我、提升自我，同时也使得教学具有深度。只有通过反思，知识才能真正进入学生的精神世界、生命世界和意义世界，而这是深度理解的本质追求。

3. 要引导学生积极地反思自我

以反思自我的行为进一步深化对自我的认识，增强对自我的理解，进而促进自我认知的发展，实现自我超越，赋予自身新的规定性。

4. 要引导学生对自身进行审视

在知识学习过程中，是否真正获得学习的自我感、意义感与效能感，是否通过知识学习获得知识对个体生命成长、人生发展的意义，是否体验了积极的情感和思维活动，这都需要积极地反思才能实现。

三、深度理解的教学是体验性的教学

体验即经历，体验即感悟，体验即创造。无论是在自然科学知识的教学过程中，还是在人文科学知识的教学过程中，学习者的体验都是非常重要的，可以说学习者在学习中的过程体验就是个体知识建构的过程，是个体主观感受表达的过程，是个体内心情感流露的过程，也是个体思维发展和意义生成的过程。深度理解的教学要注重学生在教学过程中的切身体会、感受与经验，丰富学生的过程体验，引导学生体验学习过程中的各种关系、体验学习过程中的丰富情感，体验积极的思维活动。重视学生对知识学习过程中存在的各种关系的体验与感受，包括学生与教师的关系、学生与同伴的关系、学生与自我的关系、学生与学习内容的关系、学生与学习情境的关系等。重视学生对自身在知识学习过程中的情绪状态的态度、体验与感受。情感是学生学习知识的一条重要主线，个体在学习过程中需要体验丰富的情感，或热爱、厌恶，或愉悦、忧伤，或接纳、排斥，学生是否有积极的情感体验，直接影响着学生的学习状态和存在状态。重视学生在知识学习过程中对各种思维方式的经历与体悟。学生的学习要经历分析与综合、归纳与演绎、类比与比较、具体化与抽象化等多种思维活动，思维体验直接反映学生在学习活动中进行积极的思维活动的情况和主动思考的情况，其思维活动的广度与深度是反映学生是否深度学习、深度理解的重要标准。

第四节 "创新发展"的评价观

美国学者 N. E. 格朗兰德认为"评价是为了确定学生达到教学目标的程度，收集、分析和解释信息的系统过程；评价包括对学生的定量描述和定性描述两个方面"[①]。霍力岩曾给出对于"评价"的两种表述"assessment"和"evaluation"，他认为 assessment 的字面意思为"在旁边就座"，更侧重于多方参与共同构建的平等评价，而 evaluation 更侧重于"引出"，强调自上而下的评价。[②]

一、"创新发展"的评价观更加关注学生自身的发展

对于学生学习的评价不是目的而是手段。国内学者对教育评价较为一致的看法是"教育评价是指从特定的教育目的出发，根据一定的标准，通过特定的程序对已经完成或正在从事的教育活动进行检测，找出反映活动进程的质量或成果水平的资料及数据，从而对特定的教育活动的质量或成果的水平作出合理判断的活动"[③]。"创新发展"评价观理念下，对学生学习的评价不仅仅限于一系列的量化数字，还体现在各式各样的质性评价和量化评价中，这使得评价的过程及结果更加地真实、公平和多元，这也就决定了评价要更加关注学生自身的发展，关注如何使学生的学习过程与结果使得通过评价手段促进学生学习的效益最大化。"创新发展"的评价不仅要将评价与教和学结合起来，将评价作为促进学生学习的改进手段，还要重视反映学习过程的评价结果，重视

---

① [美]格朗兰德. 教学测量与评价[M]. 郑军，郭玉英，译. 石家庄：河北教育出版社，1991：4.
② 霍力岩，赵清梅. 多元智力评价的理论与实践[M]. 北京：教育科学出版社，2010：5.
③ 刘志军. 教育评价的反思和构建[J]. 教育研究，2004(2)：59—64.

评价的发展性功能。

二、"创新发展"的评价观引导学生创新发展的学习

在学生学习的评价中，对学生所作的价值判断是依据评价目标进行的，这种评价能反映当前的学习效果，从而激发学生的学习兴趣，影响学习动机。"创新发展"评价着重关注理解、思想，加大了对学生学习过程中理解能力和思想方法的评价力度。这种基于"创新发展"的评价不仅是评价学生在多大程度上掌握了多少知识，更重要的是能反馈、诊断和解释学生理解障碍产生的原因及问题所在，它可以给学生精神上的鼓舞，可以激发学生向更高的目标努力，起到推动、督促和改进的作用，促进他们不断地进步，也有利于教师指引学生向创新、创造的方向发展。

三、"创新发展"的评价观是多元共存的评价观

对于学生学习的评价方法和理论纷繁多样，只要是有相应的理论基础并经过实践检验的评价方法都有其价值和意义。"创新发展"评价观是兼容并包的评价观，在不同形式、方式的评价多元共存的同时，凸显"创新发展"有利于鼓励学生与同伴交流，有利于激发和鼓励学生积极参与、积极探索发现，有利于评价学生在实际情境中发现问题和解决问题的能力。要灵活地运用多种评价方式动态地评价学生的学习过程，通过大量的信息，从多方面、多角度地进行评价，鼓励学生多角度、多层次地发展自己的创新思维，为客观、全面地评价学生的"创新发展"提供有力的保障。

第六章 "分享·创生"教学范式

一个完整教学理论要发挥其价值和作用，就需要将其转化为教师的教学行为，有效地运用到教师的教学实践中。这就需要教师在了解核心概念、基本理念和扎实的理论基础之外，还必须学习将理论转化为实践的课堂操作体系。这个操作体系包括教学模式、教学原则、教学策略以及教学评价。前面我们已经介绍了"分享·创生"教学理论基础和基本概念，本章的主要内容是根据"分享·创生"教学的理论结构来确定可供教师实践操作的课堂教学范式。这样，教师就可以通过"分享·创生"教学的实施过程，对"分享·创生"教学的内涵、基本理念有更加深刻的理解和认识，并在实践的过程中总结和提炼更多"分享·创生"教学的策略以及方法，进一步丰富"分享·创生"教学。

第一节 "分享·创生"教学范式的概念界定

一、什么是范式

范式，它源于语言学，是指语法中的词形变化表，原指词形的变化规则，后被引申出范例、模式、模型等含义。① 早期对范式进行深入研究的主要有库恩、马斯特曼、默顿和瑞泽尔等人。

国内外的学者对范式进行概念界定时大多使用了这些词语：信念、价值、技术、方法、模式、图式、思维方式、研究方式……因此，范式从本质上来说就是一种理论体系。范式的特点主要有以下几个方面：首先，范式在一定程度内具有公认性；其次，范式是一个由基本定律、理论、应用以及相关的仪器设备等构成的一个整体，它的存在能给科学家提供一个研究纲领；最后，范式可以为科学研究提供可模仿的成功的例子。

二、什么是教学范式

教学范式(teaching paradigm)是 2013 年公布的教育学名词。相比"范式"，教学范

---

① 霍秉坤，黄显华. 课程范式：意涵、应用和争议[M]. 香港：香港中文大学出版社，2004：76.

式是一个更为具体的概念，具体指把"范式"放在教育学这门学科领域下来理解。它是指对教学所作的最基本的界定或基本的解释。教学范式与教学模式有异曲同工之处，但也存在一定的不同。它们都是指课堂上为完成一定的教学任务而采用的一种教学手段。从定义上来说，教学模式是指在一定的理论指导下形成的一种相对稳定的教学方式。教学范式的概念则更小一点，它是指为了完成一定的教学任务而采用的一种更加具体的手段，如讲授、交流、讨论、合作等。从范围上来看，教学模式涵盖的范围更大，包括了课前、课中、以及课后。教学范式则主要指课堂教学时呈现知识的方法手段。

通过查阅大量的文献资料可以发现，国内外众多学者对教学范式定义的核心基本一致，普遍都认为教学范式是信念、理念、方法等，强调它对行为主体的指导作用。这些观点无疑都从一定的角度反映了教学范式的本质及特征。同时，我们发现课堂教学范式的构成要素包括教学研究共同体、教学研究的问题、教学研究的方法论和教学研究的工具及手段。教学研究共同体是教学范式形成的必要条件。教学研究共同体指的是由遵守相同科学规范的科学家所组成的群体。在教学研究共同体中，这个群体指的是信仰和支持同一种教学研究范式的研究者，他们是教学研究的主体。教学研究共同体的形成就是具有相同或类似的研究兴趣的成员，他们在相同科学规范的约束下，根据自我相同的认知，一致的目标，掌握和接受相同的文献和理论，作为自己行为的准则从事教学研究。教学范式的存在和发展离不开教学问题。它是研究者在研究相对一致的教学问题时形成的共识，从而形成对应的某种教学范式。教学范式也离不开方法论的指导，教学研究共同体在解决问题时需要所使用的方法、所认同的价值和理论基础的指导。方法论是教学范式的核心，是教学研究共同体能够形成共同信念的关键因素，可以为教学研究共同体提供研究的基本思路。教学范式还需要研究工具和研究手段。研究工具包括观察表、观察单、观察提纲、纸、笔等。一种教学范式的研究通常会选用几种常用的研究工具和手段，并且某种工具和手段也不只服务于一种教学范式。[①]

关于教学范式的研究还有很多，特别是近几年，以素质教育为内容的教学改革，使我国的课堂教学正在发生深刻而持久的变化。在教学改革中，出现了许多新的教学模式、教学方法。但目前仍有一些问题未从根本上得到解决，教师的教育观念还没有完全彻底地转变，也还没有探索到一个较为理想的教学范式。因此，研究还需要持续进行，需要广大学者和一线教师积极尝试和探索。

总之，我们认为教学范式是指在一定的理论指导下，为达成特定的教学目标，将"教"与"学"等诸多要素融为一体而形成的稳定的以教学程序为外在表征的教学活动结构体系。由教学范式的定义可知，教学范式不是一个单一的操作程序，它是由理论基

---

① 李鑫. 中小学"课堂教学研究范式"研究[D]. 开封：河南大学，2018.

础、教学目标、基本理念、操作程序、实施条件、教学原则和教学评价等基本要素及相互关系构成的结构系统。

三、什么是"分享·创生"教学范式

基于上述对教学范式的讨论，我们对"分享·创生"教学范式的概念界定如下："分享·创生"教学范式是指在学习金字塔理论和马斯洛需求层次理论的指导下以培育学生"会学习、会合作、会表达、会评价、会习得"的"五会"能力为目的，将教师的教学活动"听—看—做—讲"和学生的学习活动"讲—做—看—听"有机结合为一体而形成的稳定的教学程序为表征，达到促进学生逐步形成适应个人终身发展和社会发展需要的新型课堂教学结构体系。① 由此可以看出，"分享·创生"教学范式的理论依据是学习金字塔理论和马斯洛需求层次理论，想要达成的目标是培育学生"五会"能力，以及促进学生的终身发展和适应社会发展需要，实施的途径是将教师的教学活动"听—看—做—讲"和学生的学习活动"讲—做—看—听"有机结合起来。

第二节 "分享·创生"教学范式的结构特征

"分享·创生"教学范式是基于"Q问题—D对话—E评价—R重构"这四个环节来进行的。本节我们将具体阐述其内涵结构、基本理念、操作程序、教学原则。

一、内涵结构

"分享·创生"教学范式是由"问题导学""对话性讲解""评价反思""重构创生"4个环节组成。每个环节对应学生的两个学习步骤。对应4个环节，教师有"示范指导""组织精讲""点评引申""归纳提炼"4个阶段。在每个阶段，教师对学生学习的指导都渗透到学生的每个学习步骤中。因此，"分享·创生"教学范式有4个环节，学生的学习有8个步骤，教师教学有4个阶段，如图6-1所示。

二、基本理念

"分享·创生"教学范式主张课堂教学把课堂话语权还给学生，讲解的主体由单一的教师转换为多元的师生主体，即各对象之间互为主体，师生、生生之间可以"由听讲变为主讲"或"由主讲变为听讲"，讲解的多元主体之间是以对话的方式开展活动的，不是单向的灌输过程而是多向的互动过程，不是既定不变的"静止"传授过程而是瞬息变化的"动态"交流过程。同时，"分享·创生"教学范式突出学习者的讲解和多元评价，

---

① 张玉华.基于核心素养的分享学习型课堂教学范式[J].教育科学论坛，2021(4)：46－48.

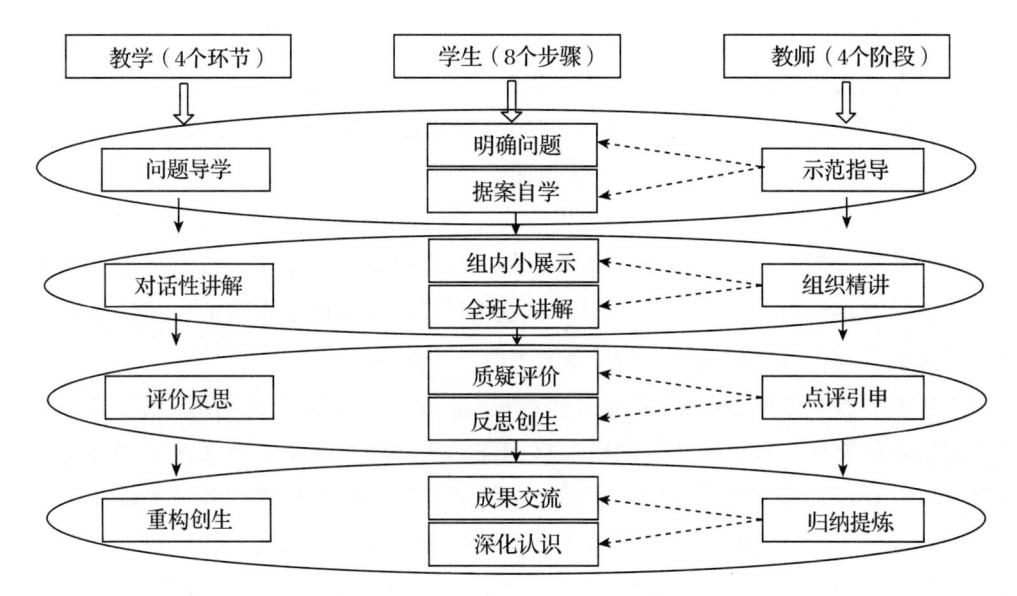

```
教学（4个环节）        学生（8个步骤）        教师（4个阶段）
     ↓                    ↓                    ↓
  问题导学              明确问题              示范指导
                       据案自学

  对话性讲解            组内小展示            组织精讲
                       全班大讲解

  评价反思              质疑评价              点评引申
                       反思创生

  重构创生              成果交流              归纳提炼
                       深化认识
```

图 6-1 "分享·创生"教学范式结构图

"对话"贯穿整个课堂学习的始终。按照学习金字塔理论，"马上教别人"学习保持率最高，因此在"听—看—做—讲—评"5 种学习方式中，"分享·创生"教学范式非常突出学习者的讲解和评价，提供学生讲解和评价的机会，给够学生讲解和评价的时间，其学习者的讲解和评价就是最好最有效的学习方式。正如夸美纽斯在《大教学论》中大力推荐这种学习方式，他指出："假如一位学生想取得进步，他就应该把他正在学习的学科天天去教别人。"不仅如此，当学习者在小组内或全班表达自己的理解与发现时，其他的学习者认真倾听，同时还要带着问题进行质疑，并从不同角度给予学习者多元评价。课堂上不仅有教师和学生的角色，还出现了"教师学生"和"学生教师"的新型角色，师生、生生之间相互学习，学习共同体内不仅关注知识的理解，还关注不同学习者的学习情感、学习态度、学习精神，最终实现教师和学生作为人的全面发展，学生不仅收获了知识，还在参与学习的过程中，逐步学会学习、合作、表达、评价、习得。因此，"分享·创生"教学范式把"以对话为主线，突出学生讲评，培育核心素养"作为其核心教学理念。

三、操作程序

"分享·创生"教学范式主要有 4 个教学环节，分别是"问题导学""对话性讲解""评价反思""重构创生"。

1. 问题导学

问题导学环节，是本节课的起始环节。都说良好的开端是成功的一半，导入作为课堂的起始环节，直接影响着教学的效率。恰当的课堂导入，可以激发学生的兴趣，帮助学生生动有序地吸收教学内容。问题导学这个环节，就是以问题的方式导入课堂，通过问题的牵引引入课堂，帮助学生在学习单的引导下开展自学活动。本环节通过由点及面的方式展开，以一个核心问题为中心，由此发散出其他分支问题。在设置问题时，教师需要注意问题情境的创新性，问题与问题之间的关联性，激发学生学习兴趣，促进思维的层层深入，让学生自主地参与课堂学习。① "分享·创生"教学范式要求该环节要秉持"学生先教师后"的原则，学生先自学教师再讲解，学生先尝试教师再指导，先独立思考再合作分享，知识点的讲解要先分析过程再梳理结论，练习题要以学生先训练、教师再讲评的方式推进。因此，"问题导学"充分体现了学生的主体地位，也发挥了教师的主导作用，是教师的"教"与学生的"学"的统一。

本环节的教师任务是"示范指导"。"示范"是指学生开展自学活动之前，教师对学生要提出自学要求，对于一些特别的要求和注意事项进行示范，或者对于问题进行简单的剖析，让学生知道具体如何去开展自学活动。"指导"是指这一环节要求学生在学习单的引导下进行自学的同时，教师进行现场指导。教师可以通过课堂巡视适时了解学生情况，对于自学遇到困难的学生，适当启发，开拓思维；对于学有余力的学生，适当延伸，拓展知识的深度和广度。在这一环节，教师要充分发挥课堂教学的"主导"作用，既要给学生足够的时间自学探究，又要因材施教，给予不同的帮助，提高学生自学的效率。

本环节的学生任务是学生根据教师的要求，结合学习单，在呈现的问题的牵引下，对问题进行独立思考和探究。学生通过充分的自学活动，才能明白哪些内容已经懂了，哪些内容不是完全清楚，又衍生出哪些新的问题。通过这样的学习方式，才能让学生在听课时，专注度更高，针对性更强；在分享交流时，思维更有深度，质疑更有质量，评价更加及时。学生主动参与课堂，并成为学习的主人。

总之，这一环节教师要给学生足够的思考时间完成自学活动，教师要积极地参与指导学生的自学活动，收集学生自学过程中反馈的问题。

2. 对话性讲解

这是"分享·创生"教学范式的第二个环节，也是"分享·创生"教学范式的中心环节。学生开展自学活动之后，需要检验自己自学的结果是否正确，从而进入对话性讲解环节。通过在学习单的引导下进行自学活动，学生已经有了和文本的对话交流。接下来，需要通过共学组的交流、展示，互助组的对话、帮扶，进行学生与学生间的对话交流。实现对自学内容的理解和再次认识，从而形成共学组成员对学习单上问题的统一认识。对话性讲解活动具有四个功能：第一，学生在讲解的过程中，向同伴和教师呈现了学生自身对知识理解的结果，这是一种结果性的呈现。同时，讲解的表达形式也向同伴呈现了自身对知识的理解过程，以及自己的思维方式，这是一种过程性的呈现。第二，在对话性讲解的过程中，由于同伴已经开展了自学活动，对于知识有了

---

① 蒋维．初中数学课堂中运用分享学习模式的实践研究[D]．南充：西华师范大学，2017．

自身的理解。这时的讲解不是单向的输出，而是有交流、有互动、有质疑的双向活动。此外，在这样双向的对话交流反馈过程中，又可以实现知识的再理解，衍生更多新信息。第三，在对话性讲解的过程中，学生不仅仅实现了对问题探究结果的呈现，更重要的是领悟到不同角度的思维方式与表达方式。第四，在对话性讲解的过程中，通过生生、师生之间的对话交流，讲解者获得了同伴、教师的认可，也多层面、多角度理解了同伴和教师，满足了人际交往中被认可和尊重的需要。同时在这种有目的性和创造性的活动中，发挥自己的能力或潜能。

本环节教师的任务是"组织精讲"。在这一环节，教师的任务具体体现在以下四个方面。第一，教师是学生讲解任务的分配者。教师在课堂巡视时，要及时发现学生未能解决或存在疑惑的问题，并将其中学生能够通过对话交流解决的问题进行归纳整理，再对各共学组进行任务分配。第二，教师是学生开展对话性讲解活动的指导者，教师要给学生提出讲解的要求，并且深入共学组中，参与学生的对话性讲解活动，使讲解更加具有针对性。第三，教师也是对话性讲解活动的倾听者，教师要认真倾听学生的讲解，在巡视参与共学组活动时，注意倾听，在学生进行全班讲解时也要注意倾听，通过倾听收集学生存在的问题和捕捉学生解决问题的闪光点，为后续学生的及时点评和教师的精讲做好准备。第四，教师是学生开展对话性讲解活动的精讲者，通过前期教师巡视和倾听，收集到的学生合力都不能解决的问题，或者学生讲解得不够清晰的问题，教师要对这些问题进行精讲，帮助学生理清这些难点知识的脉络，深化学生对知识的理解和再认识。

本环节学生的任务是"组内小展示，全班大讲解"。这一环节，学生的对话交流分为三个层次。第一个层次，学生根据教师分配的任务，在共学组小组长的组织下先进行问题结果的呈现，接着在组长的组织下对于教师分配的任务轮流发言，通过组内的交流质疑形成组内统一的问题结果认识。最后由记录员汇总结果，并确定在全班大讲解的汇报人员，由该汇报员在组内进行一次小展示，共学组全体成员对讲解的过程、表达方式、板书辅写的内容进行梳理，对于汇报员在全班展示时讲解的内容、流程、方式等呈现组内成果的方式形成共学组统一的认识，为共学组全班的汇报展示做好准备。第二个层次，就是全班的大讲解，各共学组的汇报员在全班讲解共学组对教师分配问题的集体意见以及自己对于问题的理解，教师及其他学生可以进行适当提问和补充。第三个层次，在全班汇报展示完毕之后，互助组二人再次对话交流，解决自己仍然不懂的问题或者一些重点和难点知识，通过同伴间的互助帮扶，对知识点进行二次过关，再次深化对知识的理解，形成自我认识。

总之，在对话性讲解的过程中，教师一定要把"话语权还给学生"，给学生表达、展示的平台和机会。学生独立思考之后有很多新的问题和思考，教师要组织好学生的共学组活动，在组内进行表达交流，满足学生表达的欲望。最后，教师一定要关注学生讲解的内容和方式，及时发现学生的问题，对于学生无法突破的问题进行精讲。在这一环节，先通过"生生对话"解决能够通过共学互助解决的问题，再通过"师生对话"解决学生无法突破的问题。学生的参与更加积极主动，教师的讲解更加精练。

3. 评价反思

这是"分享·创生"教学范式的第三个环节。这里的评价是指教师和学生对讲解内容的分析、比较、质疑和评判。共学组内部的交流，组内成员可以进行质疑评价，以此形成对问题解决方案的共识。共学组代表面向全班学生的讲解，生生之间可以进行质疑评价，形成对知识不同角度的理解和认识。互助组二人之间的对话活动，双方可以互相进行质疑评价，形成知识的再认识。所有的讲解者，在收到教师和同伴之间的评价之后，可以固化自身对知识的正确认识，纠正错误的认识，从而建构知识的正确意义，获得知识的深化理解。同时，学生对于自身已有的知识经验再次反思，诱发新的思考，对于建构知识的原有意义进行调整，进一步拓展自身的学习经验，完成知识创生。

本环节教师的任务是"点评引申"。在这一环节，教师具有两个作用。第一个作用就是"组织"。学生完成讲解之后，教师要组织学生对讲解者的内容、表达方式、思维方式进行质疑、评价、补充。评价讲解者所讲内容的正确性，以此形成正确的认识，对于不正确的内容，要引导其他学生进行质疑。评价讲解者的思维方式，对比思考的角度和解决问题的切入点等，从而优化思维方式。另外，教师要鼓励学生补充新颖、简便的方法，引导学生先发散思维，再聚合思维，深入透彻地理解知识。第二个作用就是"拓展引申"。教师通过组织学生进行质疑评价，对讲解者所讲内容、方式进行分析。对于其他学生评价解析不透彻的地方和内容，教师要及时进行点评总结，对于一些典型的问题，教师还要进一步地拓展讲解，从而把学生的思维引领至更深的层次，使学生的思维得以升华。

本环节学生的任务是"质疑评价，反思创生"。这里的"质疑评价，反思创生"是针对讲解者和其他学生双方进行的。其他学生对讲解者的内容、表达方式要进行质疑评价，讲解者对于其他学生的评价内容也要进行评价质疑，这是一个双向进行的活动。讲解者根据他人的评价，对于自身的讲解内容进行反思调整。其他学生在听到讲解者分享的内容之后，也要对自身内容进行反思调整。通过不断地反思、比较，修正自己的认识，及时调整自己的学习策略和方法。在质疑评价时，同伴可以针对讲解者讲解后不清楚的内容进行提问质疑，也可以对讲解者的讲解方式进行点评。讲解者在回答同伴与教师的质疑和问题时可以反思自己的内容、讲解方式。通过对话交流之后的质疑评价，反思创生，生生、师生之间思维的多次碰撞，帮助学生建构知识新的意义，拓展自己的思维。

本环节的评价方式包括学生的自评、互评以及教师的点评。学生在倾听他人讲解时，头脑中不断地在比较自己的理解和他人理解的差异，不断纠正、完善自己的认识，形成新的认识。讲解者在讲解完成之后，及时对自己讲解的内容和方式进行自我点评，其他学生进行质疑补充。学生之间通过互评，不断地对学习内容和解决问题的方法与自身进行比较、分析，从不同角度充分感受知识和方法的多样性，认识到所学知识的价值和重要性。讲解者完成讲解及同伴进行补充之后，教师进行点评。通过教师的点评，学生自己的正确理解或者学习成果得到肯定，满足了学生在人际交往中被尊重和肯定的需要。通过教师的点评，也帮助学生固化了正确的知识理解，完善了不足的知识理解，错误的知识认知在对话中得到消除，从而促进知识的内化。通过生生自评、互评以及教师点评，在对话性讲解中，可以激活学生的思维，将学生的思维引向更深层次，进而诱发创新意识。因此，评价反思可以不断地丰富学生活动经验，改进调整自己的学习行为，从而促进学生学科核心素养的形成。

4. 重构创生

这是"分享·创生"教学范式的第四个环节。通过前面的问题导学、对话性讲解和评价反思，学生已经有自学的经验，经历了学习活动的开展，通过生生之间的评价有了自己的思考，最后一个环节就是经历再创造的过程，而不是对知识纯粹的模仿和记忆。学生通过已有的学习经验，积极主动地思考，亲身体验的学习活动，通过对知识的重构和再创造，可以促进学生的认知发展、情感发展和师生的共同发展。

本环节教师的任务是"归纳提炼"。教师的作用就是要帮助学生把解决具体问题的方法归纳提炼为解决一类问题的方法。但是值得注意的是，该环节学生仍然是课堂的主体，方法技巧的提炼仍然以学生掌握为前提，提炼的内容是学生活动中生成的而非预设的。通过学生活动的开展，教师要善于吸纳、整合学生反馈的信息，以新的视角来传承知识。教师的另一个作用就是要给学生留白，通过教学方式的引导，在课堂上帮助学生保持自主发展、互动共生、持续创造等的理念与能力，在课堂上促进学生创生新知识、新经验、新体验。

本环节学生的任务是"成果交流，深化认识"。学生在经历自主学习、对话性讲解和评价反思之后，对于问题的解决已经形成了固化的正确的认识。这时，教师在课堂上给学生留白的时间，学生利用这些时间再次进行知识的梳理重构，然后与互助组的同伴进行成果交流，完成知识的深化认识和理解。该环节的处理直接影响学生对知识的掌握和学科核心素养的培养及提升。

"重构创生"环节不是单纯由教师或者学生进行知识点的归纳或解决问题方法的概括，而是由学生先独立思考，完成知识的梳理与解题方法技巧的整理，可用思维导图的形式呈现，也可用知识树的方式呈现。然后，学生在互助组内部与同伴进行交流，尽量做到一个知识点或一个问题或一个练习归纳一个习得，从解决具体问题的方法归纳解决一类问题的方法，建立起知识间的联系，提升思维能力。最后，教师在学生归纳总结的基础上再次提炼，梳理出一节课的主线，进行强化和理解，通过一些开放的问题让学生通过已学知识来解决，加深学生对内容的认识、理解、掌握和运用。长期坚持下来，就可以让学生从知识的表征学习走向深度学习，也养成及时反思总结的习惯，实现思维能力的提升，满足自我终身发展的需要。

四、教学原则

"分享·创生"教学秉持过程性原则、发展导向原则和主体性原则展开教学。

1. 过程性原则

"分享·创生"教学更多地关注学生的过程性活动，遵循过程性原则。在教学中我们强调知识的发展过程，在关注学生获得知识的同时，关注学生探索和获得新知识的经验。"分享·创生"教学注重过程与结论的统一，注重教学过程与方法的统一。在学生开展活动的过程中，教师要尽量少告知结论，通过教师的启发和引导，丰富学生过程性体验，促进学生深入思考，让学生自己去分析问题和解决问题。"分享·创生"教学的目的是让学生最终学会学习。学生学会学习不是为了记住多少知识，掌握多少技巧，而是要学会如何思考，如何分析问题和解决问题。学生分析问题、解决问题的能力就是在学习活动开展的过程中获得的。在教学时，我们要更加关注学生参与学习活动的过程，关注学生的过程性体验。在学生遇到困难时，教师要及时引导，帮助学生克服困难，经历探究的过程，丰富学生解决问题的经验，从而让学生学会学习。

2. 发展导向原则

教育的最终目的是实现学生的发展。"分享·创生"教学的目标就是要尽一切可能促进学生的发展，包括学生的知识、技能、情感态度与价值观等的全面发展。教育的过程是学生认知和情感互动的过程，也是整个生命活动的过程。"分享·创生"教学把学生的发展看作整个生命的成长和发展，这种发展既有内在的和谐又有外在能力多样性，也有身心发展的统一性。

在"分享·创生"教学时，教师要用长远的眼光来看待学生，在学生学习活动开展的过程中，教师要采用少讲多评的方式。对于学生在对话性讲解过程中存在的问题，教师要通过评价分析的方式，让学生进行自我反思，帮助学生构建正确的知识意义和提高学生的评价能力，达成对知识的深度理解。

3. 主体性原则

学生是学习的主体。"分享·创生"教学，学生拥有充分的时间开展自学活动，体现了自主性。这里的自主性是指学生自我认知的不断完善和发展。在教学时，教师要尊重学生的主体性，对于学生学习的内容，教师要尽量少直接讲授，多让学生进行自我学习和自我探究。教师要把学习的主动权还给学生，要把学习的时间还给学生，要把课堂的话语权还给学生。

"分享·创生"教学时，由学生自主学习探究的内容要多于教师讲授的内容，凡是学生通过自己努力或者和同伴交流讨论能够懂的内容，教师就应放手让学生自己去学习。学生讲解完成之后的质疑评价，反思调整，可以集中体现学生自尊、自立、自我完善等自我意识。现实的自我评价、积极的自我认知和主动的自我调节都是主体性原则的体现。长期遵循主体性原则并坚持学生活动的开展，可以促进学生的发展，使学生具有强烈的竞争意识、对学习的浓厚兴趣、积极的参与态度和强烈的社会适应力。

总之，"分享·创生"教学时，教师要充分信任学生，相信学生有独立学习和解决问题的能力，相信学生有分析和判断问题的能力。教师要把学生学习的时间还给学生，要让学生有足够的时间思考和进行对话交流，给学生梳理重构知识的时间。同时，教师也要把握启发引导学生的时机，促进学生思维的发展。在教学时充分运用过程性原则、发展导向原则和主体性原则，用长效的眼光来看待学生，通过分享学习活动的开展，促进学生逐步形成适应个人终身发展和社会发展的必备品质与能力。

第三节 "分享·创生"教学范式的活动开展

教学活动中教师与学生是有机统一体。在具体教学活动中，教师的"教"与学生的"学"该如何体现？学习活动的开展为教师和学生搭建了桥梁。因此，每个教师在教学时，都应针对不同的学习目标来设计不同的学习活动。学习活动是唤起学习经验的必要途径，这些学习活动的开展，可以让学生借助已有的经验，在学习活动中，主动体验探究过程，激发学习的兴趣，强化科学探究的意识，促进学习方式的转变，培养创新精神和实践能力。"分享·创生"教学范式的活动主要包括三个，即共学组活动、互助组活动和"小老师"展示活动。每个学习活动的开展，需要涉及具体的文本规范、培养方式以及具体操作程序。

一、共学组活动

当学生不能依靠自身独立思考来解决问题时，就需要开展共学组活动。在班级建立的初期，需要组建共学组，并就共学组活动的内容、方式、步骤对学生进行培养，为课堂教学进行共学组活动做好铺垫。

1. 组建共学组

(1) 组建原则

组建基于"分享·创生"教学的共学组，需要教师深思熟虑，综合考量。这不是一个随意组合的群体，不是简单地把几名学生组合在一起。"分享·创生"教学下共学组的组建是基于"组间同质、组内异质、同质结对、异质帮扶"的原则来进行的。组间同质是指在对全班进行分组时，要使每一个共学组总体实力水平相当；组内异质是指在每个共学组内部，都分配有不同层次的学生，每名学生在实力水平上是可以存在差异的；同质结对是指在共学组内部，同一层次的学生可以"组对"，以实现"对子帮扶"；异质帮扶是指共学组内部层次高的学生要帮助层次稍微落后一点的学生，通过"兵教兵"的方式，实现共学组内所有学生的共同进步。

分组时，教师应综合学生平时的课堂表现及考试成绩。具体应这样操作，教师先将全班学生根据学业成绩和综合素质分为 A，B，C 三个层次。A 层次为学习成绩好、综合能力强的学生；B 层次为学习基础一般、综合能力中等的学生；C 层次为学习基础较差、综合能力较弱的学生，然后再对每个小组内相同层次的学生进行数字编号，使小组内的成员都拥有自己的编号。如 A1 与 A2，B1 与 B2，C1 与 C2 分别就是同一层次的学生，最后我们将分别从 A，B，C 三个层次中各选择两人组成共学组。将全班分成六个共学组，先以学生的成绩排序为最初标准，将 1~6 名依次分到第一组到第六组，然后再将第 7~12 名依次从第六组分到第一组，以此类推，分完以后，再根据性别、班干部的分布、性格、特长等因素进行调整。在分组过程中，除了上述因素外，教师还应该考虑个别学生的特殊要求，根据不同的学习内容对组内人员进行调整。总而言之，分组后应确保每组学生在成绩水平、能力水平、学习态度、个性等方面都有自己的特点，使组员之间能够互补。[①]

(2) 组建规模

目前，大部分学校采用的都是大班制教学，学校的班级人数都在 40 人以上，大部分集中在 50 人左右。我们通过大量的实践，发现每个共学组人数控制在 6 人左右是比较合适的。从学习积极性来看，6 人共学组参与讨论的积极性是普遍较高的。当分组规模人数较少时，会缺少共学讨论的氛围，小组人数过多时，又不能达到人人参与的目的。从学习效果来看，6 人共学组的学习效果都是优于其他分组规模的，因为人数太少会导致学生没有更多的思路、想法去解决难度系数较高的问题，达不到预定的共学效果，人数太多又会导致一部分学生被忽略，参与度不高，甚至因无所事事而扰乱课堂。

(3) 角色分工

在组建了共学组后，就从形式上把小组成员给固化下来了。但是为了让共学活动的效率更高，研究更深入，还需要对小组进行内部构建，也就是角色分工。只有共学组的每位成员都明确了各自的角色分工，才能在共学活动中有条不紊，形成积极互赖关系，确保共学组成员间的高效合作。而在共学组中，最重要的角色当数"小组长"了，小组长是一个共学组的"灵魂人物"，是团队的"领头人"，是教师的"好帮手"。因此，选好"小组长"至关重要，一般情况下，要选择成绩比较好、组织能力强、富有责任心、乐于助人的学生来担任。可以先让共学组内部推荐符合基本条件的候选人，然后教师再根据实际情况确定"小组长"，这样选出的"小组长"更有威望，更能引领整个共学组。除了小组长之外，其他角色还包括监督员、记录员、汇报员等。秉持"人人有事做，事事有人管"的原则，我们可以选择以下方式对角色进行分工，如表 6-1 所示。

[①] 彭婧妮. 小组合作促进初中数学深度学习的研究[D]. 长沙：湖南师范大学，2019.

表 6-1 "分享·创生"教学下共学组角色分工

编号/人员分配	要求	职责
A1 小组长	成绩优异，做事认真负责，有组织能力，有团队意识。	配合教师组织共学组活动的开展，小组成员进行讨论交流、动手操作以及探究活动的完成。按教师要求带领共学组成员活动，分配活动任务。负责组内成员的学习，承担总结、辅导、拓展、纠正等多重角色。在共学活动开展时，认真倾听，及时纠正组员在讲解过程中的错误、补充遗漏的细节、总结方法。收集共学组成员每日课堂习题的改错情况，及时反馈组内成员的知识掌握情况等。
B1 记录员	书写工整，概括能力较强，行动迅速。	认真倾听组内成员的发言，记录组员的思路、方法并进行汇总。
A2，C1 汇报员	能力较强和能力稍弱的被帮扶学生，语言表达能力、逻辑思维能力较强。	认真听讲，努力锻炼自己的语言表达能力，尽可能地表达共学活动开展后的学习成果。两位汇报员相互搭配，互助成长。
B2，C2 监督员	有良好的纪律意识，并且敢于监督和对组员提出要求。	监督共学组学习活动的进行，协助组长完成学习任务的检查。监督组内其他成员参与学习活动，记录组内成员每天的学习活动的参与情况等。督促学生积极学习，避免有人在课堂上游离学习之外。同时也要充当调解员，督促组员轻声细语，维持好秩序，确保小组成员在完成学习任务时做到井然有序。

为了在共学组内营造民主和谐的学习氛围，要让每位成员都参与团队的管理之中，在共学组内角色划分建立后，它不应该是静态的，可根据具体情况交换团队成员角色，以便每名学生都能得到充分的锻炼和发展。

2. 培养共学组

共学组的培养包括两个阶段。第一阶段，对共学组成员进行操作上的培训；第二阶段，对共学组成员能力的培养。让学生对共学活动的开展从外显的表征状态逐步走向自我能力的提升。

(1)共学组的培训

小组成员的培训对共学组的运行尤为关键。只有培训到位了，成员们才会认真履行自己的职责，保证共学活动的顺利开展。由于小组长在共学组内的关键作用，教师先对班级构建好的共学组的小组长进行培训。培训内容主要是如何去组织协调管理共学组，具体方法就是"勤反馈、多沟通、常调整"。共学组小组长可以采用每日小总结、每周大总结的方式来管理共学组。通过共学组小组长每日的总结，促使共学组成员及时完善做得不足的地方，继续发扬做得好的地方。共学组小组长还可以在组内构建属于自己共学组的评价考核方案，促进共学组成员的良性发展。教师要赋予共学组小组长权力，教会他通过评价机制来促进小组内部成员的发展。比如积分的方式，累积到一定的量，共学组小组长可以向教师申请，帮助小组成员获得奖励。然后，共学组小组长再对组内成员进行培训。对比教师给出的角色分工职责表，解读每一项职责具体的做法，完成共学组成员的培训。一般情况下，共学组构建的初始阶段，教师尽量每天都要跟踪反馈，留出固定的时间，参与共学组每日的总结，及时给出建议和指导。后期阶段，教师可以通过每周召开共学组小组长会议，每月全班开展共学组学习月总结的方式来管控各共学组的情况。平时，除了这些定期的交流总结，教师还可以采用随机与共学组成员交流谈心的方式，来了解各共学组的情况。

(2) 共学组的能力培养

尽管我们在组建共学组时，尽量保证了"组间同质"，但在经过一段时间的实践之后，我们发现各共学组仍然出现了分化，能力水平产生了较大的差异，具体表现在学生的倾听、表达、质疑、互助等能力水平高低的不同。甚至个别共学组在活动开展时仍然还停留在"浅显"阶段。因此，共学组构建之后，教师还需要进一步培养学生的共学活动技能，以促进学生主动学习。

教师对共学组成员培养的第一个能力是"倾听"。倾听是人与人交流的一项基本礼仪，也是一项基本技能。"听"不光要听得清楚，更要听得明白。"听清"是指能够瞬时记忆发言人语言信息，而"听明白"是能够准确地理解发言人所描述的解题思路等。由于每名学生的个体差异以及能力层次不同，对语言的敏感程度也不同，有的学生能快速准确地理解所听到的内容，而有些学生思维能力相对缓慢一些。教师和共学组的成员应一起制订一些倾听规则帮助层次弱一点的同学学会倾听，总体原则就是"听"要专心，听时不轻易打断，记住要点，落在笔头。具体操作：别人发言时，不插嘴、不打断、不做其他事情；对别人发表的观点有疑问时，应等待对方说完再提问；适当记录下讨论过程中自己的疑惑以及重要知识点；当有人不理解自己的表述内容时，要通过复述帮助对方准确理解；别人说话时，应积极思考，全面思索，理解对方的分析过程，找出问题，加强补充等。[①]

教师对共学组成员培养的第二个能力是"表达"。语言表达是人与人交流最常用的方式，也是一个人综合能力的体现。在开展共学组活动时，每位成员都要学会完整地表达自己的观点，这样才能更好地发现问题、解决问题。因此，教师要鼓励学生"主动表达""准确表达"。教师可以采取一些方法和措施，来培养共学组成员的表达能力。例如，在共学组活动时，每位成员都必须发表一个自己的观点或者疑问。在汇报环节时，每个人都要轮流上台展示，不能固定一位学生上台展示。对于不善于表达的学生，我们也要为其创造机会表达。在汇报表达环节，要集全组的力量，整理出准确简洁、符合逻辑的语言来表达自己的观点。

---

① 彭婧妮. 小组合作促进初中数学深度学习的研究[D]. 长沙：湖南师范大学，2019.

教师对共学组成员培养的第三个能力是"质疑"。因为只有带着疑问的学习才会从"浅显"走向"深度"。因此，教师应鼓励学生在肯定他人意见的同时还要学会勇敢质疑。为了提高学生的质疑能力，开展共学组活动之前，给学生足够的时间完成学习任务，在头脑里形成自己的思考，在有疑问或是难懂的地方做好相关标记。当学生有了独立的思考之后，在共学组活动开展之时，学生才能积极主动地参与，并且有意识地去倾听，利用有效的时间解决重难点问题。另外，教师应激励学生勇敢质疑。只要有疑问，就须追问为什么；只要有不同观点或新颖想法，勇敢表达，乐于分享，并且在学生提出疑问或分享后，教师要给予肯定和鼓励。长期坚持下去，学生的质疑能力就会提高。

教师对共学组成员培养的第四个能力是"互助"。虽然构建了共学组，但是部分组内还缺乏凝聚力，成员间并没有形成积极互助的关系。于是，对共学组成员的"互助意识"的培养就很重要。为了增强学生的互助意识，首先，教师应大力开展集体主义教育和团队精神教育，强化"帮别人就是提高自己"的学习理念；其次，组内可以开展"一帮一"的学习活动，可以是成绩好的学生帮助基础薄弱的学生，也可以是两个实力相当的学生之间相互监督。教师不再对个体做考核，教师的考核均是针对共学组整体。共学组成员的表现不再是针对个体的评价，而是把对个体的评价转移到共学组上，这样共学组成员才能进行组内互帮，实现共同进步。

3. 共学组活动的开展

构建共学组之后，共学组活动的开展又该怎么做呢？共学组活动一般用于知识的生成环节，也可用于较难问题的解决。若某个环节需要学生交流、讨论、探究时，就可以用共学组活动。活动流程包括组长召集、学生围学、思路收集、思路整理以及举手待展五个步骤。当教师发出"请共学组活动"的指令时，每名学生对学习任务进行独立思考。当学生有了自己的思路之后，小组长发出"请大家围过来"的指令，大家就可以在小组长的召集下开始围学。围学的方式可以是围站也可以是围坐。总之，共学组活动可以以小组长为中心，坐在一起，或者站在一起进行。思路收集环节，共学组成员在小组长的组织下轮流发言、质疑，表达自己的想法，共学组记录员记录大家的思路。然后在共学组内进行一次陈述，最后监督员反馈整个共学组活动的开展过程中各成员的参与情况，全组成员高举左手，准备汇报展示。共学组活动开展流程如表6-2所示。

表6-2 "分享·创生"教学下共学组活动开展流程

共学组活动	
内容	具体要求。
存在环节	知识形成过程。
活动流程	组长召集—学生围学—思路收集—思路整理—举手待展。
活动规范	发言规范：不打断发言学生；遇质疑，待学生发言完毕再提问。 动手规范：利用组内活动本记录讨论、交流的结果；组内发言要举手。

二、互助组活动

在"分享·创生"教学中,当涉及"落到笔头"的问题时,我们常采用互助组活动。互助组活动适用的范围为两人之间的"做—讲"活动。下面对互助组活动的构建、具体操作方式进行阐述。

1. 组建互助组

(1)组建原则

互助组的组建是在共学组内部进行的,便于课堂上知识反馈练习时,内容的检查和帮助辅导。一般来说,座位较近的同学组成互助组,这样利于观察和监督也便于小组评价。一对一的互助,更有针对性,效率也更高。因此,我们一般根据"位置就近,实力体现差异"的原则进行互助组的构建。具体构建方式如下。

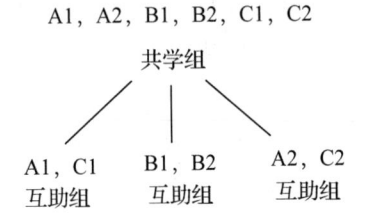

```
          A1,A2,B1,B2,C1,C2
                共学组
         ┌────────┼────────┐
      A1,C1     B1,B2     A2,C2
      互助组    互助组     互助组
```

互助组之所以采用A1—C1,B1—B2,A2—C2这样的搭配方式,是因为A1和A2这两位同学的能力相对较强,在完成练习时花费的时间较少,可以在自身完成练习之后,留出多余的时间帮助C1和C2两位同学。B1和B2这两位同学,在共学组内能力中等,各有优势,因此他们进行搭配,可以结合自身的情况,通过对话性讲解,寻求到解决问题的方法。

(2)明确职责

互助组完成构建之后,就要让互助组成员明确自己的职责,以此保证互助活动顺利进行。一般情况下,师父的职责就是在完成自身的学习任务之后,帮助徒弟完成学习任务。徒弟的职责就是在师父的带领下,不断提高自身的能力,争取取得进步。表6-3具体介绍一种师父与徒弟的职责要求。

表6-3 "分享·创生"教学下互助组成员职责

成员	职责
师父	1. 要有乐于助人的精神,能够细心地给徒弟讲解知识。 2. 具有较强的管理能力,挤出时间帮助徒弟练习。 3. 对于牵扯以前不懂的知识,师父要耐心帮助徒弟弄明白,并给予变式练习检验徒弟是否掌握了知识。 4. 练习完成之后,检查徒弟的练习做得是否正确。徒弟完成改错之后,师父需要进行二次检查。 5. 每天要对徒弟的行为表现进行记录。

续表

成员	职责
徒弟	1. 课堂开展互助组活动时，需要对话性讲解的内容要力求学会。 2. 如果课堂上仍然没有弄懂的知识，要抽出时间再次请教师父。 3. 注意礼貌用语，每次受到师父帮助，都要真心地说一声谢谢，并认真完成师父布置的任务。 4. 练习题完成之后、改错之后，主动交给师父检查。 5. 遇到问题，及时与师父沟通，听取师父的安排，每天对师父的帮扶情况进行记录、评价。

2. 培养互助组

互助组完成构建之后，就要对互助组进行培养。互助组的培养包括三个阶段。第一阶段，是对互助组成员进行培训；第二阶段，是对互助组成员能力的培养；第三阶段，是对互助组活动进行开展。

(1)互助组培训

为了互助组活动的开展更加务实，构建互助组之后，我们对互助组培训的第一步就是要营造氛围。利用班会课在班级向互助组成员们宣讲互助的好处，激励他们互相帮助。我们也可以让互助组成员双方签订师徒协议，为师父颁发聘书。通过这样的仪式感，在外力上促进互助组双方成员认真对待这件事情。接下来，通过对照互助组成员职责表，对成员进行点对点的分析，讲解落实各项要求。在互助活动开展过程中，我们及时反馈被帮扶对象的各种表现，表扬先进，指出不足，激励后进。在互助组活动开展一段时间后，我们采用互助组成员捆绑考核的方式，表扬表现突出的师父和积极进步的徒弟。每两周颁发一次小奖品，奖励"好师父""好徒弟"。通过这样"以奖促培"的方式，互助组将逐步树立主动互助帮扶意识。

(2)互助组能力的培养

通过实践，我们发现互助组活动开展一段时间之后，各互助组开始出现分化，能力水平产生了较大的差异。仔细观察各互助组，我们发现各互助组在活动开展时，有的只有"互助"的外显形式，不知道如何具体有效地开展互助学习活动。究其原因是互助组成员的对话性讲解能力没有得到培养。接下来，将具体阐述互助组各成员如何开展对话性讲解活动。

对学生对话性讲解能力的培养，可以通过"解读、解析、解答、解习"这四个步骤来展开。在学生完成反馈练习之后，互助组开始进行对话性讲解。第一步就是对题目进行"解读"，在解读过程中，笔尖随题走，逐字逐句读，遇到关键词停留勾画。在解读题目的过程中，注意文字语言、符号语言和图形语言的相互转化。总体上，解读就是笔尖跟着文字走，遇到关键停笔勾。符号文字标图上，数形结合不要忘。第二步就是"解析"，在师父引导下进行解析，紧密结合解读，对关键词进行解析，结合关键词提炼总结。总结的内容可以是一句话、一个词、一个结论。第三步就是"解答"，即让徒弟在师父讲解之后，将完整的解答过程书写下来，进一步地进行知识内化。在这个过程中，徒弟先独立书写解答过程，遇到疑惑的地方，可再次向师父请教。第四步就是"解习"，互助组成员再次进行对话性讲解，主要是对于一般方法和一般思路进行总结。

按照以上四个步骤开展对话性讲解活动，可以让"互助活动"更加有实效，让学生的语言表达能力、逻辑思维能力、归纳总结能力均得到提升。

(3) 互助组活动的开展

构建互助组之后，互助组活动该怎么开展呢？当教师发出"请互助活动"的指令时，学生就可以开展互助组活动。互助组活动一般用于知识的反馈环节。也就是学生需要动笔练习时，我们就可以开展互助组活动。活动流程包括独思独做、思维点拨、互助讲解、督查反馈以及举手待展。在完成的过程中，如果能够独立完成就自己独立完成。如果在进行独立思考、独立完成的过程中，遇到了困难就可以请教师父。徒弟把不懂的地方弄懂之后，继续完善解答步骤。互助组成员二人完成之后，就可以根据"解读、解析、解答、解习"这四个步骤开展对话性讲解活动。最后，互助组成员间再次互相检查，确保完成之后就举手待展。互助组活动开展流程如表 6-4 所示。

表 6-4 "分享·创生"教学下互助组活动开展流程

互助组活动	
内容	具体要求。
存在环节	知识反馈过程。
活动流程	独思独做—思维点拨—互助讲解—督查反馈—举手待展。
活动规范	讲解规范：师父思维点拨；师父按流程细致讲解；师父抽查，徒弟讲解。 动手规范：学习单的勾、圈、标、备；红笔批改，改错反馈。

三、"小老师"展示活动

美国学者 M. 希尔伯曼曾这样说：我们所能学到的东西是——所读东西的 10%，所听到东西的 20%，所看到东西的 30%，视听结合能理解 50%，与人探讨有 70% 的效果，亲身体验有 80% 的收获，给别人讲授后 90% 的东西是真正属于自己了。由此可见"小老师"展示的重要性。在"分享·创生"教学中，不管是共学组活动还是互助组活动，最后一个环节都是举手待展。那又该如何展示呢？这就需要开展"小老师"展示活动。"分享·创生"教学下的"小老师"展示是指学生在独立思考并在共学组中分享碰撞交流，或在互助组中开展对话性讲解活动之后，采取共学组、互助组代表上台"展讲"的方式，实现学生对知识的理解与重组从而达到知识的迁移的教学活动。"小老师"的养成不是一蹴而就的，需要一个过程，"小老师"的成长需要经历"敢讲—会讲—善讲"三个阶段。

1."小老师"展示的标准

"小老师"要展示,如何进行展示?有了标准之后,才能有"模"可依,有"迹"可循。下面将具体阐述"分享·创生"教学下"小老师"展示"敢讲—会讲—善讲"三个阶段的标准,如表6-5、表6-6、表6-7所示。

表6-5 "分享·创生"教学下"小老师"展示"敢讲"标准

项目		要求	"敢讲"具体参考内容
师形	开头语	有规范的开头语,便于引导学生集中注意力。	请同学们看这里……
	站	快步上台,站姿标准,有风范有气势。	1. 快步上台。 2. 侧身45°站立。 3. 眼睛扫视全体学生。
	讲	声音洪亮。	声音洪亮。
	结束语	有规范的结束语,便于评价激励学生。	我的讲解到此结束,请问大家还有疑问吗?谢谢大家。

为了鼓励学生敢于上台,在前期的"小老师"展示过程中,只需要学生有"师形"就可以了。在学生"敢讲"阶段,主要关注的是"展讲"的开头语、站姿、声音、结束语。

表6-6 "分享·创生"教学下"小老师"展示"会讲"标准

项目		要求	"会讲"具体参考内容
师范	开头语	有规范的开头语,便于引导学生注意力的集中。	请同学们看这里……
	站	快步上台,站姿标准,有风范有气势。	1. 快步上台。 2. 侧身45°站立。 3. 眼睛扫视全体学生。
	讲	声音洪亮,思路清晰,表述准确,有适当互动,有激励评价。	1. 声音洪亮。 2. 抛出1~2个关键问题进行互动。 3. 给予评价。
	写	板书工整,既有思路要点,也有过程呈现。	有适当的"勾画、圈点、备注"。
	结束语	有规范的结束语,便于评价激励学生。	我的讲解到此结束,请问大家还有疑问吗?谢谢大家。

"小老师"展示活动开展一段时间之后,当人人达到"敢讲"标准后,就要开始向"会讲"阶段迈进。"会讲"阶段,学生开始呈现出"师范"。在"小老师"展示时,不仅仅要求

"展讲"形式符合要求,更要重点关注"小老师"讲解的语言是否流畅,是否精练,是否做到了对关键字词的勾画和分析。在培养学生"师范"标准时,可以引导学生通过问题的驱动来辅助讲解。

表 6-7 "分享·创生"教学下"小老师"展示"善讲"标准

项目		要求	"善讲"具体参考内容	
师效	开头语	有规范的开头语,便于引导学生注意力的集中。	请同学们看这里……	
	站	快步上台,站姿标准,有风范有气势。	1. 快步上台。 2. 侧身45°站立。 3. 眼睛扫视全体学生。	
	讲	声音洪亮,思路清晰,表述准确,有适当互动,有激励评价。	1. 声音洪亮。 2. 思路清晰。 3. 抛出1~2个核心问题进行互动。 3. 给予评价。	一读:关键字词圈点或勾画。 二联:抓住核心问题驱动学生联系或联想相关知识、思想方法、思路步骤、技巧经验等,适当备注。 三解:逻辑清晰、简洁明了地讲解并同步板书思路要点①②③。 四悟:引导学生解后习得。
	写	板书工整,既有思路要点,也有过程呈现。	有适当的"勾画、圈点、备注"。	
	结束语	有规范的结束语,便于评价激励学生。	我的讲解到此结束,请问大家还有疑问吗?谢谢大家。	
	效果	"小老师"的"师范"十足,完全担当了教师的职责,充分发挥了教师应有的作用,学生"听懂""做对"情况良好。	师范	有信心、有气场、有气势。
			核心	能抓住问题的2~4个关键节点,逻辑清晰、简洁明了地讲解思路或过程。
			方法	"小老师"通过"勾画、圈点、备注"的方式讲写同步,学生听看结合,思路步骤或过程简要规范。
			氛围	"小老师"围绕思路要点,问题驱动学生参与,学生"动口"良好。
			启迪	有1~3点解题感悟(习得解题经验、新结论、新模型等)。

"小老师""善讲"阶段，我们除了关注"小老师展讲"的形式标准，讲解流畅，还要关注的是"小老师"讲解时，是否进行了适当的板书，是否引导了其他学生参与活动，在本阶段，主要是"讲"与"写"这两部分的提升。讲解时，"小老师"需要声音洪亮，思路清晰，有核心问题的有效抛问，有对其他同学的及时评价。更重要的是，在题目解读时有关键字词圈点或勾画，题目解析时抓住核心问题驱动同学们联系或联想相关知识、思想方法、思路步骤、技巧经验等。在"写"的过程中，有题目解析时的适当备注，有题目解答过程的关键思路的书写。在完成题目解答之后，有解题感悟。比如习得解题经验、新结论、新模型等的提炼的书写。总之，"小老师""善讲"阶段，就是要关注"小老师"在讲解时有互动、有板书、有习得。

　　长期的坚持可以在各班形成"以讲促学"的良好学风，学生在"讲解评价"的过程中，会主动分享自己的解题经验、学习方法、思维方式、情感体验等。

　　2."小老师"展示的培养

　　通过查阅文献，我们发现，已有很多一线教师和学者对"小老师"展示开展了研究。这里的"小老师"展示就是指"小老师展讲"。张静在《小组合作模式下学生展讲技能的培养》一文中认为，学生的"展讲"甚至比教师更适合学生自身的学习与思维，学生的"展讲"更有针对性。因此，要对"展讲"逐步培养，从独讲、对讲、组内讲、全班讲层层推进；教师要明确要求做好示范，对于起始语、陈述语、发问语、结束语都有图片或视频规范；"展讲"的形式多样化，有责任"展讲"、推荐"展讲"、整体"展讲"，更要完善多元评价机制以此对学生的能力进行培养。[①] 邱清华认为，对于学生"展讲"能力的培养需要明确以下几点：首先要明确学生的主导地位，创造表达机会；其次要在课堂上反复试探对话，激发学生的表达欲望；再次要让学生出声思考，将思考过程说出来，可以有效锻炼表达能力；最后通过小组合作的模式提高个人的学习参与度，营造民主氛围，学生有机会畅所欲言。[②] 在《让学生"展讲"成为课堂最美的风景》一文中，陈道霞认为让初中生实现学生由被动听讲者到主动参与课堂"展讲"者的华丽转身，实现课堂高效"展讲"，就要以学生充分自主学习为基础，小组合作交流机制为保障，加上及时点评引导。[③]

　　因此，学生"展讲"能力是表达能力的一部分，学生"展讲"能力的培养能够提升学生的思维能力，表达能力，自主解决问题的能力，最终实现学生多方面能力协调发展。夸美纽斯也曾指出，无论什么事情，除非已经把它的性质向学生彻底讲清了，又把进行的规则交给了他们，否则不可叫他们做那件事情。所以，在"小老师"进行展示前，我们要对"小老师"进行培养。下面将具体阐述"分享·创生"教学下"小老师"展示培养

---

　　① 张静.小组合作模式下学生展讲技能的培养[J].当代家庭教育，2018(7)：114.
　　② 邱清华.数学高效课堂，"有声"胜"无声"——初中数学课堂提升数学表达力的策略分析[J].数学教学通讯，2020(20)：36—37，59.
　　③ 陈道霞.让学生"展讲"成为课堂最美的风景[J].山东教育，2015(12)：49.

的具体过程：

(1)氛围营造

"小老师"展示培养的初期要充分营造"展讲"的氛围。教师可以利用班级宣传栏、文化墙，张贴许多激励学生参与课堂、展示自我的标语、海报，如"我展示、我精彩""我参与，我快乐""给我一次机会还你一份惊喜""争当课堂的小主人"等。教室的文化墙也可以将"小老师"标准张贴出来，营造"展讲"的氛围。教师还要尽可能地为学生展示创造条件，为学生提供"展讲"练习的小黑板。如给每一个共学组提供一个黑板放在教室四周，供学生们练习。总之，在外显形式上，教师可以在教室布置中用标语等方式激励学生展示，为学生悉心营造一个尊重、民主、和谐、活泼的绿色课堂氛围。

接下来，要培养学生树立"人人参与展讲"的意识。通过主题班会等形式让学生明确"展讲"的重要性。教师首先要向学生传递一种理念：在你展示的时间里，你就成了教师的替身，其他同学能否听懂你展示的内容，就看你的展示效果了。精彩源于精心，要展示精彩，你肯定要精心准备。而你经过精心准备并且精彩展示的内容，必将长时间留存于你的脑海之中。长期坚持下去，你的语言表达能力和知识水平肯定会有大幅度的提升，那时的你俨然就是一位"小老师"了。通过这样的方式，就可以让学生敢于展示，乐于展示。

总之，教师尽量多地走入学生中间，参与学生的学习，给学生悉心营造轻松愉悦的展示氛围，并不断地鼓励学生勇于展示。

(2)明确要求

教师将拟出的文本也就是"小老师"标准，打印出来发给学生，学生可以将文本张贴在桌子上，便于随时可以看到"小老师"的标准。接下来，学生在教师的示范引领下，全员参与文本的学习。

在"小老师"展示时，其他同学必须认真倾听，并及时点评和质疑。那么，如何进行点评和质疑呢？教师可以带领学生来梳理点评和质疑的标准。教师和学生们要秉持"有展示，有点评，才有提升"这样的理念去点评和质疑。接下来就是要敢于质疑，教师要告诉学生"尽信书不如无书"的道理，让学生大胆质疑。当有不同意见时，学生要敢于在公众面前提出异议，说出自己的想法。

总之，教师带领学生学文本时，在讲解的过程中要加上动作来示范，让学生深刻理解和体会课堂展示的标准。还可以通过抛问，学生分享自己理解的标准，最后教师根据学生自己对文本的理解进行总结，通过师生共同参与的方式，学生对文本的理解将会更加深刻。

(3)正面示范

"小老师"展示培养的第三步就是"正面示范"。正面示范就是先学后"教"。在实际操作时，可以采用教师示范，加以标兵示范的方式进行。教师结合"小老师"标准先为学生示范如何"展讲"，学生上台模仿，其他同学对照文本评价，教师进行方法指导。

由于学生个体自身能力的差异性,有的学生学习得较快,"展讲"较好。教师可以把这一部分"先行者"作为标兵来示范。一开始,教师可以挑选口齿清楚、表达能力强的学生来示范"展讲",让学生体会"展讲"的愉悦感,而后带动全班,实现人人能讲。通过学生带动,实现学生自身能力差异的资源共享,达到"兵教兵""兵练兵""兵带兵""兵强兵"的目的,最终实现"展讲"的全员参与。

(4)积极肯定

要让学生能够把"展讲"坚持下去,最重要的就是培养学生的自信,激发学生"展讲"的兴趣。这就是"小老师"展示培养的第四步"积极肯定"。在学生"展讲"时,教师要及时给学生积极肯定的评价,让学生乐于"展讲"。自尊与自信是学生发展的力量源泉。师生之间民主、愉悦、激励的氛围,以及生生之间合作、融洽与平等的关系是"展讲"有效开展的重要前提。在"展讲"过程中,让学生都积极参与教学,有亲历成功和表现自己才能的机会;学生在"展讲"交流中,既可以看到自己的长处,又可以发现自己的潜力,学生的自我效能感便会增强,从而会更加努力、更有信心地投入学习。在这个过程中,教师要不断地给予积极的鼓励和肯定,给予价值取向的指导,使学生从教师的信任和赞赏的评价中看到自己的潜力,产生学习的自信,从而敢于大胆地表达自己在学习中的思考、发现、疑问,充分地激发用语言进行交流的兴趣。

教师还要允许学生出错,让学生敢于"展讲"。"让每一名站起来发言的学生都能够体面地坐下来"应作为课堂教学原则来恪守。课堂应是允许学生出错的场所。当学生出错时,教师不要急于评判、急于给一个标准答案。教师要做的是给学生"二次成功"的机会,教师要学会"示弱",给学生中的弱势群体充分思考的时间,要充分关注学生的情感体验,多给学生一些类似于"你能够发言已经迈出成功的第一步了""你再深入地想一想,一定会找到答案"的鼓励性语言,让每名学生在我们的课堂上都能找到自信,从而产生"要展讲"的兴趣,"敢展讲"的自信,达到"会展讲"的效果。

总之,通过对"展讲"学生不断的激励,学生展示的质量就会越来越高。学生展示时,教师可以以手势的形式对学生进行指导,可以以微笑的方式肯定,可以让其他学生随时小声提醒,也可以事先把展示时的注意点让展示的学生详细写在记录本上,让他随时进行自我监控,自我调整。当学生展示不到位,或讲解错误未被指出,或重点规律未总结出时,教师可以指导学生前后联系,采用追问的方式来帮助他。

(5)以赛促培

课堂上,学生们展示的机会并不是人人都有的。因此,教师可以通过举行比赛的方式,让更多的学生有机会展示,从而达到培训的目的。教师可以采用"组内小展示"进行比赛成员的预选,再"全班大讲解"进行决赛的方式,给予人人展示的机会。通过这样的方式,学生都会有"展讲"的积极性,并积极训练自己的"展讲"能力。学生训练时可以先给同伴讲,在讲完之后要记得问同伴听明白了没有,还有没有其他的疑问,并请同伴提出更好的讲解建议,从而互相学习,共同提高;有了一定的"展讲"能力之后就在组内"展讲"。在组内"展讲"时,共学组小组长要组织全组成员认真听讲,并及时质疑、补充、记录。若在全班"展讲",就要先组织同学们看黑板,结合题目具体分析时,还可以和同学产生互动,"展讲"完成后要问同学们是否明白,还有没有补充,有必要的话,还要给同学留下整理的时间,在学生讲完之后教师及时给予评价。有了这样的要求,想参与"展讲"的学生在课前就必须积极地做准备,也就会更加努力地预习、查资料、记录、做习题、总结方法规律,从而提高学生各方面的能力。

3. "小老师"展示活动的开展

在课堂教学时,当教师发出"请小组代表上台展示"的指令时,就要开展"小老师"展示活动。被邀请到的"小老师"按照前期的培养,结合"小老师"展示的标准进行展示。在展示时,教师要对展示的内容进行评估,要求学生选取具有普遍性的问题、代表性的问题、出错率高的问题、能归纳方法规律的问题重点进行展示。"小老师"展示完成之后,教师要让"小老师"进行自我评价:哪些环节很精彩,哪些环节还有待提高。然后让全班所有学生对照文本进行评价。最后教师再做总结性指导评价,同时给"小老师"制订下一次展示的目标,并要求他比这一次表现得更好。

总之,教师要坚持把"小老师"展示当成一种文化来培植和构建,把展示当成一种能力去培养,把展示当成自己打造新课堂的核心理念之一。在"小老师"展示时,有意识地教给学生一些展示的技巧。在学生"展讲"过程中,根据教学的目标与"展讲"的实际,教师或学生适时地加以追问或补问,不仅可以提高学生"展讲"的能力,也有利于提高学生"展讲"的有效性。另外,教师也要善于倾听学生的发言,提出的问题由易到难、层层推进,激活学生的思维,并针对某一具体问题进行多角度、多层面的分析与研究,提高学生"展讲"的宽度和深度,发展学生深层次思维的能力,提高学生的思维水平。同时,教师也要合理安排学生展示的时间,精心选择展示的内容。教师要努力把"展示"做成一种顺势而为的活动,而不是节外生枝的刻意安排。

一次精彩的"讲解评价"对于学生自信心的建立,荣誉感的提升,学习兴趣的激发,乃至学习态度的改变都有着无法言说的益处。我们应不断培养学生清晰地讲、简洁地讲、互动地讲、精彩地讲!最终实现学生真正参与课堂,成为课堂的主人,让学生乐学、会学、学会。

"分享·创生"教学主要包含三个方面的基本要素:一是"自主",即调动学生的学习兴趣、强化学生的学习责任、引导学生独立主动地自我学习,其核心是学生个体在课堂上的"乐于学习、独立学习和个体提升";二是"互助",即通过生生、师生对话性讲解,促进学习过程中的彼此交流、智慧分享,其核心是学生群体在课堂上的"主动学习、互动学习和群体提升";三是"创生",即通过自主、互助学习,学生个体和群体在课堂上积累新知识、产生新经验、收获新体验、萌发新思想、产生新想法等,并以此不断丰富、完善和改变自己的知识结构、能力结构、思维结构和情感体验等。"创生"的核心是"创造学习、智慧生成和成功体验"。在"自主""互助""创生"三个要素中,"自主"是基础，没有学生快乐主动地学习，就没有学生的个体收获，没有学生的个体收获，就难以进入"互助"环节；"互助"是手段，即在自主学习的基础上，通过教师与学生及学生与学生的相互交流、彼此启发、共同收获，进一步提升学生自我学习的水平、发展学生自我学习的成果；"创生"是目的与核心，是高效学习和高效课堂的基本保证，是学生在课堂上获得发展的必要条件。学生在课堂上的"创生"，既可以体现在"自主"学习环节，也可以体现在"互助"学习环节，还可以体现在单独的"创生"环节上。"自主""互助""创生"三个环节相互依存、彼此融合、互动推进，共同构成了"分享·创生"教学的特色课堂。

要真正实现以上教学价值和作用，需要我们在教学过程中对"如何建设共学组和互助组，如何开展共学活动和互助活动""如何进行多元评价"进行更加细致深入的研讨。同时，任何研究过程都需要持续的坚持方显效果，不可能一蹴而就。但不管怎样，研究的过程是让我们自省的过程，研究的过程是推动我们前行的过程！

第七章 "分享·创生"教学的学习单设计

设计一份好的学习单是有效实施"分享·创生"教学的前提。合理使用学习单能让不同层次的学生得到不同程度的发展。"分享·创生"教学致力落实新课程所倡导的"人人都能获得良好的数学教育,不同的人在数学上得到不同的发展"的理念。本章将系统地介绍学习单的概念、特征及其设计的理论和方法。

第一节 "分享·创生"教学的学习单概念

一、学习单的含义

1. 学习单的定义

从学习单起源来看,最早是应用于建筑工程行业,被称为工程任务单。随着信息社会的到来,学习单也开始应用于其他行业,在教育系统则被称为学习任务单,也叫导学单、学案等。

什么是教育系统中的学习单?简言之,学习单是新课程理念下,为达成一定的学习目标,由教师根据课时或课题的主要内容,通过教师集体或者个人的研究设计并由学生的参与,引导和帮助学生自主学习、合作分享、探究生成学习的设计方案。[1] 王光明曾指出:"数学教学效率的高低不取决于教师打算教给学生什么,而取决于学生实际获得了什么。"[2] 学习单正是以学生的学为出发点,把学习内容、目标、方法以及教师指导等要素有机地融入学习过程中而编写的一种引导和帮助学生自主学习、探究知识、主动发展的任务单。[3] 而"分享·创生"教学是通过师生、生生之间的共学学习方式,促进学生对学习内容进行深度重构,建立起自己的知识结构,从而更好地进行问题解决和创新活动的教学方式。那么,学习单就是引导和帮助学生进行共学活动以及知识重构的载体。

---

[1] 张海晨,李炳亭. 高效课堂导学案设计[M]. 济南:山东文艺出版社,2010:31.
[2] 王光明. 数学教学效率论(理论篇)[M]. 天津:新蕾出版社,2006:15.
[3] 王新民,王富英,谭竹. 数学学案及其设计[M]. 北京:科学出版社,2011:10.

2. 学习单在"分享·创生"教学中的进一步诠释

当前,关于学习单的内涵定义有很多种,学术界尚未形成统一的说法,而"分享·创生"学习单也是如此。这说明其含义是丰富的、多层面的。如果从课程论、教学论与学习论3个维度来思考,"分享·创生"学习单还有以下3个层面的含义。[①]

(1)学习单是课程论中"学"的课程资源

从课程论的角度定义学习单,学习单是从学生的角度开发的学习材料或课程资源。学习单是根据《标准(2022年版)》或教材以及学习资源、学生实际(知识基础、能力水平、学法特点和心理特征等)编制的,培养学生的创新精神,训练和发展学生学习能力的校本课程[②],在共学过程中生成的课程资源。"所谓'数学学习单'是教师在教案的基础上,为开发学生智力设计的一系列问题探索、要点强化等情境形成纲要式的学习任务单,印发给学生,供学习使用,并由学生完成的一种主动求知的特殊案例"。[③] "学习单是师生共用的一种课程资源,它是教师面对具体学情,在整合教材和其他各种教辅资源的基础上,以课时为单位编制的具有教学功能的学习设计方案"。[④]

从而可知,学习单并不是教材的简单复制、教学内容的重复粘贴,也不是教师对知识点的"题单式"罗列,而是教师运用教育智慧,整合知识点、能力点、学习方法等多种元素编制而成的课程资源。它一方面符合学生学习的逻辑顺序与心理顺序,帮助学生将所学知识与已有知识建立逻辑性联结,满足知识的逻辑体系,存在共学活动中,让新知识的学习有了附着点。按照学生心理发展的特点,对教材内容进行了整合、重组、加工及拓展,帮助学生尽快进入"最近发展区",促进和帮助学生对新知识的理解与升华。另一方面,学习单是学习预设与生成的结合,教师根据具体学情设定学习目标和学习重点,所呈现的学习内容及问题理应达到的水平和标准在学习单中已有整体安排。在学习单中还埋下了各种活动的认知性"空白",学生在互动中可对同伴的学习情况进行质疑与评价。学生活动中师生、生生之间的对话没有预设固定程式,而是开放的、动态的。课堂上学生可以是"学生教师",不仅有机会表达自己的理解与发现,还有机会通过提问、质疑、评价等参与到对知识意义的探究学习中,并由此生成个性的知识意义以及相伴随的情感和意志信息。因此,学习单是各种课程的整合。

(2)学习单是"分享·创生"教、学、做合一的载体

"教、学、做合一"是著名教育家陶行知"生活教育理论"的关键部分之一。"教"与"学"是双边活动,同时强调"教"与"学"都要以"做"为中心,在"做"上"教",在"做"上"学",从而"做""教""学"三者不能分开看待。教师"教"需要有一个"做上教"的载体(教案),那么学生"学"也应有一个"做上学"的载体(学习单),两者相辅相成、相互融合且

[①] 王富英,王新民,黄祥勇,等.数学导学讲评式教学论[M].北京:科学出版社,2020:89—90.
[②] 赵加琛,张成菊.学案教学设计[M].北京:中国轻工业出版社,2009:2.
[③] 丁邦勇.高中数学学案的设计和运用[J].中学数学,2000(6):10—12.
[④] 步进.学案教学:内涵、程序与成效[J].教育发展研究,2013(2):64—67.

不可偏倚。从而"讲学稿""导学稿""学习单"等概念就应运而生，其意义都在于将"教""学"融合为一体。如"讲学稿"创始人，江苏省东庐中学陈康金校长把"讲学稿"定位为："讲学稿是集教案、学案、作业、测试和复习资料于一体的师生共用的教学文本。"①

"分享·创生"教学的学习单是根据教学知识结构体系，以学生"学什么"为出发点，根据学生的认知规律，以学生"如何学"为归宿。使用学习单时，体现了师生、生生对话的分享过程，是教与学的最佳结合。学习单中所涉及的学习活动包括了知识复习与联系、概念生成与应用、结论发现与证明、方法探究与总结、知识反思与评价、体系形成与重构等。按照学生的认知水平顺序逐一呈现，既有学生的独学、共学、互助的活动过程，也有教师对学生学习的对话性讲解指导，特别是将原有教师的独白对话性讲解以"有形的文字"渗透到学生的学习过程中。因此，学习单是学生的"学"与教师的"教"相互融合的产物，是引导和帮助学生有效学习的工具和手段。

(3) 学习单是引导学生"分享·创生"的任务单

在学习单的设计中，既有学习目标、内容、问题的呈现，同时也将"分享·创生"教学的基本要求，如"问题上的诱导、思维上的指引、探究上的引导、知识上的生成、互动中的评价、构架上的创建"等有机地融入学习单中。当学生依照学习单进行学习时，能在各个学习阶段看到清晰的互动要点，能真正感受到"无声胜有声"的引导和启迪。因为这些分享互动要点在启发学生进行认知交流思考的同时，也传递着教师与同伴的激励、关心等情感，使学生更加真切地感受到"学生教师"的身份。如在"勾股定理复习"一课中的"当堂反馈、学以致用"环节，设计了"独思独做、共学组活动、争当'小老师'"等活动，这样的学习单设计既可以让学生自主学习，还可以使学生在共学组内感受到存在感，使"小老师"进行作业批阅时获得成就感，使学生在整个交流互动过程中明确自己的学习情况达到何种认知水平，从而能够对自己的学习做到心中有数。正如学生反馈的那样："学习单的活动提示语让我明确了该如何交流，在交流中懂得了学习的方向，知道了如何学习。"

由此可见，"分享·创生"学习单是承载教师与学生、学生与学生间学习的桥梁，也是装载教材内容与学习方法的船舶，更是培养学生语言表达能力、沟通能力、探究能力、建构知识能力的一种重要工具和媒介。

3. 学习单与教案的区别

学习单与教案之间既有一定的区别，也有一定的联系。首先不管是教案还是学习单均是教师为达到教学目标所编写的方案。其次学习单的设计是在教案的基础上完成的，学习单其实就是在师生互动、生生互讲的活动指引下，由学生直接参与并完成的一系列的问题探索、要点强化等全程学习活动的任务单。但是，两者的目的、侧重点、性质、表达均不相同。

---

① 吴琦."讲学稿"是创新教学过程的有效载体[J]. 新课程研究(教师教育)，2007(9)：48—49.

教案是教师在新授课之前的教学规划与实施方案，其设计是单向性的，是以教师与教材为中心，注重的是知识的传授，更多考虑的是如何将知识传授得完美无缺，准确无误。教案的重点在于如何激发学生的学习兴趣；如何在学生的"最近发展区"发展学生的思维；如何引导学生去探究新知，掌握基础知识、基本技能与基本学科的思想方法；如何在教学难点处进行点拨、引导。另外，教案的设计也是封闭性的，学生在上课前对教师的上课意图无从了解，学生上课只是一种被动接受。其次教案中设计的提问，学生参与面不是很广，尽管教师的提问是面向全班的，可学生往往齐问齐答、齐问个答居多，自己思考、同伴交流碰撞出的火花较少。

而学习单的核心是指导学生怎么学，其本质是突出以学生为主体，其主旨是培养学生的自主学习能力。通过学习单可以降低学生在疑难问题上的学习难度，为学生的学习铺垫台阶。因此，在设计学习单时需要体现知识形成、发展和应用的过程，还要有教师的授课目标、意图，这样才能让学生的学习有备而来，给学生以知情权、参与权，才能引导和指导学生通过课前自学扫除认知障碍，并在课上导学环节突破难点，在课后知识梳理环节进一步反思和巩固。

二、学习单在"分享·创生"教学中的意义

教师要改变传统的讲授式教学模式，采用以学习单为载体的注重知识生成的教学方式，这样才能唤起学生对知识学习的愿望。例如，数学教师可以在学习单中将重点教学内容放在对数学定理的推导过程之中，使学生能够系统地认识和理解数学定理的生成过程。

1. 有利于学生明确学习目标

学习单包括一节课的主要知识点。教师要紧紧围绕"一切为了学生发展"的新课程改革理念，依据《标准（2022年版）》，制订符合学生学情的学习目标。首先由于使用学习单的对象是学生，学习单的"学习目标"中不能用"了解、理解、掌握"等模糊语言，或使用"使学生……""培养学生……"等语句，而应该用"能说出……""会运用……解决……问题"等明确的行为动词。给出学习目标，让学生成为学习活动的直接行为人，力求做到简洁、准确、清晰、全面，以知识目标、能力目标为主。其次学习目标是在学习过程中所能达到的目标，根据不同的知识内容及《标准（2022年版）》中的"目标"而定。学习目标可采取课前投放式、分段投放式、总结投放式三种投放方式。"学习目标"应该设定在学生的"最近发展区"内，确保学生学习的有序性与方向性。尤其在"分享·创生"教学的共学组的活动学习中，学习目标直接出现在学习单上，对学生的学习有关键的作用，学习目标是整个学习单的灵魂，它的制订应充分考虑到学情、师情和校情，指引着学生"要到哪里去""如何到达目的地"。"学习目标"是学生学习的方向。有了方向，学生的探究合作才有针对性，从而激发他们的探究热情，同时也能激发学生的学习热情，让学生有源源不断的学习动力与活力。

2. 知识基于活动，活动基于问题

知识是学习单的核心。"运用"是教学的目的，"灵活运用"是教学的最终目标。为帮助学生更好地将课上学习的知识"灵活运用"于实践之中，学习单应当基于问题设计活动，基于活动生成知识，因此，学习单主要包括背景知识、活动开展、问题预设这三部分。

（1）发挥"背景知识"的辅助作用，提升学习兴趣

苏霍姆林斯基指出："领着孩子到思维源地去旅行是具有重大意义的……这些地方，形象地说，就有滋养渴望知识的细根，这些地方就会使孩子萌发出一种愿望……"[1]心理学研究表明，儿童不仅对神秘现象感兴趣，还对现象形成的背景及其因素抽象的过程同样感兴趣，甚至表现出更为强烈的神秘感，故而学习单中蕴含知识的背景材料或情境问题——让学生面对事实本身，使他们看到知识产生的源头。背景知识主要包括问题的提出、有关概念产生的背景材料和思想意义、知识的逻辑顺序、知识的展开与安排的途径等。[2] 然而在实际教学中，我们常常把重心放在教学内容上，虽然教材上有介绍部分知识的背景材料，但由于教学时间紧张，教学即时效果不明显，教师便忽略背景知识材料的使用，觉得"可有可无"，从而弃之不用。实际上有效发挥"背景知识"的辅助作用，能使学生系统地认识和理解数学定理的形成过程，有效提升学生的数学学习兴趣。总体上，"背景知识"包含以下三种情况。

一是客观自然背景知识。人类原本就对天体苍穹有仰慕之情。就如"黄金分割"课例中，有这些背景知识，如人们在探求美的规律的过程中，有这样的发现，著名的维纳斯女神像，以及太阳神阿波罗的塑像，从肚脐到脚底的高度与全身高度比值为 0.618。在达·芬奇、提香等众多著名艺术家的作品中，有许多比例关系也都是 0.618。希腊古城雅典有一座大理石砌成的神庙，其中有一尊雅典娜女神像，由象牙黄金雕制而成，姿态十分优美。专家研究后发现，她的腰长（即从肚脐到脚底的距离）与身高的比值，恰好等于 0.618。据专家调查，芭蕾演员虽身材修长，但其腰长与身高之比平均约为 0.58，只有在翩翩起舞时踮起脚尖，方能展现 0.618 的魅力。德国一位名叫费希纳的心理学家，曾经专门召开过一个"矩形展览会"，每件展品的边长均在 35 厘米以下。他邀请了 592 位朋友到会参观，要求每位参观者在看完之后投票选出自己心中认为最美的矩形，结果下面四种矩形得票最多：$5×8,8×13,13×21,21×34$。这组矩形的短边与长边之比均接近 0.618。为什么人们对 0.618 如此钟爱？它是怎样的数？这恐怕还得从古希腊毕达哥拉斯的一句名言谈起："凡是美的东西都具有共同的特征，就是部分与部分及部分与整体之间的协调一致性。"这样的客观自然背景知识，大大激发了学生对知识的好奇，对知识的渴望。

---

[1] ［苏联］苏霍姆林斯基. 怎样培养真正的人［M］. 蔡汀，译. 北京：教育科学出版社，1992：113.
[2] 王富英，朱远平."导学讲评式教学"的理论与实践［M］. 北京：北京师范大学出版社，2019：206.

二是历史文化背景。知识本身就是人类探究的产物，因此，把知识放在历史文化背景中，从而引入学习中，能使所学知识具有故事性，并给知识赋予了人文情怀。如北师大版八年级下册第一章"勾股定理"的章前就描述了这样的背景：公元前11世纪，周朝数学家商高就提出"勾三、股四、弦五"。《周髀算经》中记录着商高同周公的一段对话。远在公元前约三千年的古巴比伦人就知道和应用勾股定理，他们还知道许多勾股数组。美国哥伦比亚大学图书馆内收藏着一块编号为"普林顿322"的古巴比伦泥板，上面就记载了很多勾股数。古埃及人在建筑宏伟的金字塔和测量尼罗河泛滥后的土地时，也应用过勾股定理。所以勾股定理是一个古老的定理，是用代数思想解决几何问题的最重要的工具之一，也是数形结合的纽带之一。

三是个人生活背景。知识既来源于生活又服务于生活，把知识与学生的现实生活相联系，能拉近与生活之间的距离，产生一种亲切感，使学生对所学知识萌发一种愿望。如在北师大版七年级上册第五章第四节"应用一元一次方程——打折销售"一课中，可以在学习单中设计这样的问题："甲、乙两家商场销售同一种服装，甲商场售价80元。乙商场售价120元，但打出特价酬宾，7折优惠的广告。①若你是顾客，你会选择哪家商场购买？②若你是商场经理，你会选择哪种销售方式，说说你的想法。"这类基于学生个人生活背景的问题能让学生积极参与其中，提高学生的学习兴趣，引导学生从不同角度思考问题。

(2) 多元化"活动开展"，促使思维发展

《标准（2022年版）》指出，学生学习内容的呈现应采用不同的表达方式，以满足学生多样化的学习需求。"教师应激发学生的学习积极性，向学生提供充分从事活动的机会"。"学生的学习活动应当是一个生动活泼的、主动的和富有个性的过程"。因此，教学过程中，应通过多元化的活动，让学生融入课堂，参与学习。

"分享·创生"教学中，面对不同的教学内容，应当匹配对应的学习任务，开展恰当的学习活动。其一是知识逻辑理解过程，对学生而言是挑战性学习任务，需要学生自我发现，将事实知识模式化，学生在独思后进行的分享行为就是对新知识的认识、见解，从而创造出新的认知结构：将公共知识个人化，缄默知识显性化，零散知识系统化，客观知识情境化。其二是知识生成过程，学习单往往以情境性问题呈现，这是一种与现实对峙，是概念知识图式化，故而在共学组活动的分享行为就是对问题产生疑惑，此处创生出新的人际关系：建构学习组织关系；形成相互关注——情感连带的机制；定向诊断——指导机制；形成积极的自我评价——调控机制。其三是知识应用情境，学习单以论辩式问题让学生与他人对质，从而实现方法知识可视化，个体心智成熟，人格完善，核心素养提升。通过不同的活动方式，让学生自愿行为参与、活跃认知参与和积极情感参与，促进深层次思维发展。

(3) 合理预设"问题",带来可贵"生成"

美国当代数学家哈尔莫斯指出:"问题是数学的心脏。"好问题不仅要揭示数学学习内容的本质,激活思维、激发求知欲,使学生保持积极、适度的求知倾向,还要给学生以提问的示范,培养问题意识,孕育创新精神。学习单正是由大大小小的各种类型的问题组成的。常规学习单中的问题主要有以下五种类型。[①]

一是"由何"问题(Where):问题是从哪里来的?针对"由何"的设计往往产生的并不是真正的问题,而是任务的布置或情境的导入。教师可以为学生模拟一个情境,也可以回到问题产生的初始情境。

二是"是何"问题(What):学生要回答这类问题,需要完成事实性知识的回忆与再现,或者通过说明、解说、转述、推断来阐明某种意义,意在强化已有的知识与技能。

三是"为何"问题(Why):要回答这类问题,需要弄清事物之间,以及事物各部分之间的相互关系及其构成方式,以便对事件、行为和观点等进行恰当准确的解释及推理,即能够解释清楚问题或结果所产生的条件与缘由,意在明确因果关系。

四是"如何"问题(How):回答这类问题,必须具备将知识应用于具体情境的经验和能力,或者了解有利于应用能力培养的概念、原理和思想方法,目的是通过操作、组合自己的知识、经验,经历分析问题与解决问题的过程。

五是"若何"问题(If…then):要求学生推断或想象如果事物或情境的某种属性发生变化,结果会怎样。此类问题是创新和发现问题的启动机。学生要回答这类问题,必须善于对事物的多种属性进行判断,充分发挥自己的洞察力,发挥想象力和创造力。

对于"分享·创生"教学而言,问题是分享的载体,杜威指出,在分享中"当一个传达的接受者,就获得了扩大的和改变的经验。一个人分享别人所想到的和所感受到的东西,他自己的态度也就或多或少有所改变"。所以"分享·创生"教学的学习单中呈现的问题,除了提前预设的、言明的问题外,还有很多是分享对话交流过程中衍生而出的问题,从而学生带着问题走进课堂,又带着思考走出课堂。通常"分享·创生"学习单的问题设置可以有以下几种类型:第一,基于教学内容着力点的引导问题。基于教学内容处理的着力点的这类问题,能引发学生的深度思考,增强学生的探究意识,使学生经历观察、猜想和推理等理性思维的基本过程,获得对知识的正确理解,切实改进学生的学习方式。第二,基于学生学习心理状态的引导问题。学习单的问题设置的实质是一种没有痕迹的学,把学生需要掌握的知识转化为问题,变学生的"直接得到"为"探索得到"。因此,学习单在某种程度上应成为一个书面的"教师",当学生遇到困难时,根据学习单的问题进行交流;通过对学生学习心理状态的分析,在学习单中嵌入一些引导性的问题,可以代替教师实现"面对面"的帮助,从而转到学生的独思独做和分享交流上。第三,基于教学进程具体情况预设的引导问题。学习单问题的设计应

---

① 王光生. 问题设计与数学教学[J]. 数学教育学报,2006,15(2):29—31.

重视"预设",只有合理的"预设",才能带来可贵的"生成"。通过预设教学进程中基于学生认知水平的答案、错误、疑惑、需求、感悟……让他们在"先学"的过程中充分体验并获得足够的感性和理性认识,真正参与"后教"过程中的思辨与推理,更好地进行归纳、总结,把"先学"过程中的猜想与结论内化为知识和能力[①]。

3. 培养学生运用学法指导

一般地,学法指导主要是关于学习策略的指导。关于学习策略内涵的界定,众说纷纭,至今在学术界还未形成一个统一的定义。在国内引用比较多的是由刘电芝提出的定义:"学习策略是指学习者在学习活动中有效学习的程序、规则、方法、技巧与调控方式。"[②]公认的学习策略主要分为"认知策略""元认知调控策略"。其中认知策略主要包括三个方面[③]:一是复述策略,指一遍一遍重复朗读自我回忆的词语或术语。对于学习和理解的深度加工来说,这类策略并非特别有效。二是精加工策略,包括各种记忆术和写概要、释义、选择课文的主要观点等技术。三是组织策略,包括列提纲、画认知结构图或概念关系图、做笔记,将一种材料转换成另一种材料等。元认知调控策略包括四个方面[④]:一是学习者在面临学习任务之前和实际的学习活动展开期间,激活和维持注意与情绪状态。二是分析学习情境,提出与学习有关的问题并制订学习计划。三是在具体的学习活动开展期间,监控学习的过程、维持或修正学习的行为。四是在学习活动结束以后,总结性地评价学习的效果,其中包括对学习方法的评价。

《标准(2022年版)》中明确提出教学方法应遵循学生的身心发展规律,使用生动、活泼和个性化的学法指导,引导学生经历知识模型的构建过程,从而解决各种问题。"分享·创生"教学中的学法指导是指教师在一定的条件下,对学生进行学习方法的渗透、训练、指导等,让学生掌握科学的学习方法,形成一定的学习能力的教育行为。"分享·创生"教学中的学法指导包含读、听、写、讲的指导。

(1)读法指导

"阅读"是我们了解基础知识与获取基本信息的重要途径。而教材是承载着知识与技能的本源,是学习的主要依据。所谓读法指导就是教师开启"读"的篇章,引导学生掌握预读、细读与精读的基本技能。要读好,需做到以下三步:①逐字逐句读,笔尖随读题走;②在关键词处需停留并做好勾画;③做好数学三种语言——文字语言、符号语言、图形语言——互换,将题干的文字信息标注在图形,把题干文字语言翻译为数学符号语言,批注在题干旁边。概括地讲就是笔尖跟着文字走,遇到关键停笔勾;符号文字标图上,数形结合不要忘。所以读法的指导看似简单,但对夯实学生的学习

---

① 于浩,魏晓东,于海波."学案导学"教学模式的反思与重构[J].教学与管理,2018(3):98-100.
② 刘电芝.学习策略的实质[J].宁波大学学报(教育科学版),2000,22(1):18-20,42.
③ [美]安德森,克拉斯沃,艾雷辛,等.学习、教学和评估的分类学——布卢姆教育目标分类学修订版[M].皮连生,译.上海:华东师范大学出版社,2008:50.
④ 刘电芝.学习策略的实质[J].宁波大学学报(教育科学版),2000,22(1):18-20,42.

基础具有至关重要的作用。

(2) 听法指导

听作为知识获取的重要途径，一直以来都受到教育者的重视。培养学生听和有序互动交流的习惯是永恒的话题。怎样引导学生调动各个感觉器官，做到看、听、想与写同时最大化地发挥作用，是训练学生学会聆听所达到的最高境界。为了训练学生的聆听能力，教师可在教学中创设一些与学习内容相关的情境，以吸引学生的兴趣，学生在好奇心的推动下，会不知不觉地跟着教师的节奏进行聆听、观察与思考。"分享•创生"教学中的听，是师讲生听、生讲生听的过程。这个过程需要学生认真聆听教师所提出的问题，同学提出的质疑，然后根据其问题、质疑展开思路，进行分析、思考与总结，最后得出相应的结论。整个过程流畅、紧凑，学生在寓教于乐中集中精神聆听每个问题，根据思考及对话的发展过程展开学习与思考。这种方式既锻炼了学生的聆听能力，又激发了学生的竞争意识。

(3) 写法指导

规范地使用数学语言是学习数学最基本的内容之一。教师一定要注重培养学生规范、严谨、工整的书写习惯。在"分享•创生"教学中，对学生写的要求较高。主要分为以下两条线：一是黑笔的运用，做到同步书写，教师讲到哪里，学生同步书写到哪里；学习单上养成勾、圈、备、标的习惯；导学单上的例题、即学即练、当堂检测的快速完成。二是红笔的运用，做到批阅备注。对于知识形成内容，可用红笔勾画；对于知识反馈内容，一定有红笔批阅痕迹，并且旁边设置批注框，备注重点内容。其中改错包括一级改错：圈出错误点，改错中的错误点是核心点。比如，计算中的符号错误，一定圈出错误点的符号，再在旁边进行红笔改错，而不仅仅是重新将此题做一遍。二级改错：修正错误点。比如，公式错误。用波浪线勾出整句错误，勾出后打个箭头，改在旁边。三级改错：解题思路错误。若完全错误，则在旁边完整改错，若是部分错误，则圈出错误部分并改错。总而言之，改错一定是先弄明白错在哪里，找出错误再改错。为了帮助不规范书写的学生纠正不严谨的书写习惯，教师可引导这部分学生再次回到阅读教材的环节。先观察教材上的书写格式，再到黑板上展示正确的书写方法，让其他学生评判书写是否规范。

(4) 讲解法指导

讲解具有"讲""解""翻译"三方面的意义，对话性讲解就是在学习共同体内开展的"讲""解""翻译"活动。其中："讲"就是说或陈述，即口头讲说。"解"就是解释与说明，即分析意义。"所谓分析，事实上就是解释活动"。"翻译"即转换语言。"翻译"先要完全理解被表达内容的本来含义，再把这些本来含义重新用语言表达出来。对话性讲解就是发生在学习共同体内的语言翻译即语言转换。"一种从一个世界到另一个世界的语言转换""一种从陌生的语言世界到我们自己的语言世界的转换。"通过"讲""解""翻译"活动，学习者加深和扩大了对知识意义的理解。

所以在基于学习单的学习中，更确切地说，在"分享·创生"教学实践中，对知识的理解即"讲解性理解"。它是指在教学中以师生讲解对话的方式，通过视域融合实现知识意义的生成、生命意义的建构和意义分享的过程。"讲解性理解"使学生知识意义的生成经历了三个递进的理解阶段[①]：一是"一度消化"阶段。学生通过文本知识的学习，建立新旧知识之间的联系，形成个性化的知识意义，初步生成知识理解中的表征成分、联系成分与认知成分等。二是"二度消化"阶段。对"一度消化"中所形成的知识意义进行讲解性加工，将理解中生成的内部语言转化为外部语言，需要学生对所生成的理解进行反思，从整体上进行把握，以生成对理解的理解。三是"三度消化"阶段。通过讲述、倾听、质疑、评价等对话过程，不断矫正和完善已形成的理解，在各种"视域融合"下形成层次更高的价值性理解，从而扩充、丰富、升华学生的知识意义世界。

在"分享·创生"教学中，学习者首先根据学习单完成自主学习，而自主学习的过程也就是自我解释的过程，是对文本解读的工具性理解过程。在这个过程中，学习者生成对知识意义的初步理解，这便是理解的第一级循环。接下来，学习者以明确的逻辑表征或具体事例将最初的工具性理解在小组内或全班"讲解"出来，此时的表达是以对话的方式进行的，学习者的个体表达便会引起学习共同体内同伴或教师的"共鸣"和"质疑"。

总之，教师需要以多元学法对学生进行教学引导，从而有效提高学生的学习能力。也就是说教师需要重视"学法"的指导，进而对学生的学习兴趣进行激发，增强学生学习的主体意识。面对青春期的初中生，一线教师需要更加重视学生的身心特征进行学法指导，培养学生的创新意识与思维能力。

4. 激发学生具有评价意识

《标准（2022年版）》提出，义务教育阶段的数学课程应突出体现基础性、普及性和发展性，使数学教育面向全体学生，实现人人学有价值的数学、人人都能获得必需的数学、不同的人在数学上得到不同的发展。评价的主要目的是全面了解学生的数学学习过程，激励学生的学习和改进教师的教学，建立评价目标多元、评价方法多样的评价体系。洛克指出："一切知识离不开分辨——在人心中我们还注意到有另一种能力，那就是分辨力，辨别各个关键的能力。"[②]对数学学习的评价要关注学生学习的结果，更要关注他们学习的过程；要关注学生数学学习的水平，更要关注他们在数学活动中表现出来的情感与态度，帮助学生认识自我，建立信心。在"分享·创生"教学中的学习评价就是为了突破这些不足，充分发挥评价的导向功能和激励功能，使学生通过评价能真正地了解自己的学习状况和水平，激发学习的热情和积极性；使教师进一步了解自己的教学过程，不断地调整自己的教学；让评价真正成为促进学生学习和教师教学

---

① 王新民，王富英，谭竹. 数学学案及其设计[M]. 北京：科学出版社，2011：20.
② [英]洛克. 人类理解论[M]. 关文运，译. 北京：商务印书馆，1981：123.

的有力工具。

学习单中的学习评价有多种形式，我们将其分为 3 种类型：对学习的评价、为学习的评价和学习内评价。其中学习内评价是基于学习单的教学实践中提炼出来的一种新的评价方法。[①]

(1)对学习的评价

对学习的评价就是对学习成效做出价值判断的一项活动。评价的目的既重视学生在一段学习活动中所获得的学习结果与行为表现，也重视学生的情感与态度、价值观的变化。评价内容主要关注学习的起点和终点，评价效果主要是一段学习过程的"平均效果"。对学习的评价主要体现在学习单中"当堂检测"环节，学生独思独做后，参与争当"小老师"活动。在检测当堂课学习效果的同时，还让学生获得学习的成就感，增强学生学习的积极性和自信心。

(2)为学习的评价[②]

为学习的评价是指为了支持与改进学生的学习而进行的评价，是对学生的学习行为或学习表现有所肯定或否定的评价活动。为学习的评价发挥的是评价的激励功能与发展功能，是为了寻求与解释证据，并让学生及教师以此确定他们当前的学习水平，其目的是"下一步"的教与学，是一种"延伸性评价"和指向"未来"的学习评价。为学习的评价强调的是"教与学一体化"和学生的参与。为学习的评价的目的是更好、更快到达预设的标准或目标，学习享受着实现目标的过程，并且分享着目标。学习单的"学习目标"与设置的各种激励性的语言发挥着"为学习的评价"的功能。

(3)学习内评价

"学习内评价"的界定：学习内评价是相对于学习外评价而言的。学习内评价是指学习本身所固有的、内在于学习活动之中的、满足学习自身需要的认识性实践活动。它不是镶嵌在学习之中的，也不是对学习过程和学习结果的评价，而是在学习过程中产生，和学习融为一体的，体现在学习的每一个点上，是连续不断的。是"即时效果"的一种评价，具有知识和生成学习的价值。学习内评价具有以下三个方面的具体含义：

一方面，学习的对象——知识、经验、技能、态度、情感等是评价的产物，知识的意义是在比较中产生的，经验是在评判效果、说服自己的过程中形成的。

另一方面，学习本身就具有评价的性质与要求。皮亚杰曾指出，"学习是一种通过反复思考招致错误的缘由、逐渐消除错误的过程"，加涅也强调说，"学习的每一个动作，如果要完成，就需要反馈"，这里的"反复思考"与"反馈"就是一种评价活动；而瑞典学者马顿说得更加直接："学习即鉴别。"评价是学习的一个内在性质，是成功学习的

---

① 王新民，王富英，谭竹. 数学学案及其设计[M]. 北京：科学出版社，2011：17.
② 王新民，王富英，谭竹. 数学学案及其设计[M]. 北京：科学出版社，2011：17.

必然需要和必然要求。

此外，学习内评价的标准不是外在的，而是由学习自身提供和生成的，即由知识的性质、学生认知发展的特点以及学习本身的特点来决定的，是在学习过程中由于学习自身的需要而产生的，并且在评价的过程中生长着，是与判断一起改善的；好奇心的满足、知识意义的成功构建、学习的乐趣本身就是学习的报酬和奖励。

由于学习内评价是学习活动本身所固有的评价，它伴随学习活动过程而产生和进行。因此，它是在学习活动之中的评价。例如，在"分享·创生"教学中，学生在学习单的引导下，通过自主学习之后，在班上讲解自己对所学知识的认识与见解，针对班上同学的讲解，各自发表自己的见解，教师在学生评说的同时也参与这种评说并进行相应的点评。通过师生的评析过程，使讲解者原先正确的认识得以固化，错误的认识得以矫正，从而获得知识意义的正确认识。在学习内评价中，强调评价与学习的相互融合，评价者与学习者的相互融合。可以说，学习活动就是评价活动，而评价活动也是学习活动。学习内评价不是完成某种任务，而是一种持续的过程；它是学习活动主要的、本质的、综合的一个组成部分，贯穿于学习活动的每一个环节。

学习内评价的目的是认识学习及其学习对象的价值，不是拿价值去判断，而是通过判断去认识、发现、生成、感悟价值。就如美国《国家科学教育标准》所指出的那样："评价和学习是一枚硬币的正反两面……当学生参与评价时，他们应能从这些评价中学到新东西。"学习内评价是和学习活动同步进行的，评价的作用不但体现在学习的各个方面，而且体现在学习的每一个环节中。通过学习内评价，"撩开遮住视线的面纱"，使学习者看到或感悟到学习对象的特质；通过评价性的对话来表达、理解和解释学习对象的这种特质，进而使学习者的认识达到精致化并且具有某种预见性，最终达到评出意义、评出理解、评出价值、评出情感、评出自信、评出生命活动的状态等学习目的。学习内评价不是为了"证明"与"改进"，更不是为了甄别与选拔，而是为了明了和认识，它具有很强的认知功能和生成功能。

在学习过程中，学生既是学习的主体，又是评价的主体。通过学习单中3种类型的评价，可以激发和培养学生的评价意识，使学生具有"圈圈勾勾、批批注注"的评价本领，让学生在评价学习中评出兴趣、评出信心、评出意义、评出价值、评出认识。

5. 为学生提供学习对话预案

知识意义存在于不同"视域"相交叉的"视域融合"中，意义的理解、生成过程是视域融合的过程。在"分享·创生"教学中，知识意义是在对话中通过多种视域的融合而生成的。学习单使得对话过程中实现了多种视域的动态融合并形成了一个意义世界。围绕着学生知识意义世界的生成，在学生、同伴、文本与教师四种视域之间构建了多向度的对话关系，包括：学习者视域、文本视域、同伴视域、教师视域。

学习者已有的知识和经验是学习者视域，文本中的静默知识是文本视域，学习者通过解读文本形成自己的"原初视域"，并通过板书、解释、说明、补充等形式展示自己的"原初视域"。同伴已有的知识和经验是同伴视域,教师已有的知识和经验是教师视域,同伴通过对学习者的提问、质疑和争辩展示不同的视域;教师通过点拨、提炼、修正、评价以及对重难点知识的解释与强调等渗透自己的视域,多种视域在交汇中不断被补充、深入与丰富,形成学习者动态的"现在视域"。对话关系通过生本、师生、生生之间的交流和讨论,各种视域进行大碰撞、大融合,从而构建起多维度的和多层次的共享的知识意义的世界,最终实现学习者视域与文本视域、同伴视域、教师视域之间多种视域的动态融合。

在学习单中虽然看不到"对话",也听不到"对话",却蕴含着丰富的对话关系。首先,编制学习单的过程实质上是一个"对话"过程,在设计学习单的过程中,既考虑教师视域,也考虑文本视域、学生视域,所以学习单就是这三种视域的融合产物,是一种"无声"对话。其次,学习单不是学生独思独做的任务单,而是一个交流对话的学习任务单,所以在设计学习单时必须要有对话的意识和理念,要把对话关系设计在学习单之中,为学生提供学习对话的预案。

第二节 "分享·创生"教学的学习单特征

"分享·创生"教学的学习单作为"分享·创生"教学学习设计的一种有形的产品,自然要体现出"分享·创生"教学学习设计的基本特点。为了使大家对学习单有一个整体性的理解和把握,下面我们来讨论学习单的基本特征。

根据学习单的基本含义,学习单具有整合性、主体性、开放性、导学性特征。

一、整合性[①]

学习单作为学生学习的材料,作为课程论中"学"的课程资源,整合了各个层面、各种类型的课程资源,主要体现在以下三个方面。

1. 教材内容与各种教辅资料的整合

教师在常规教学中,要备一堂课手里必不可少的是教材及教师用书;学生在平常学习过程中,要学好一节课手里必不可少的除了教材以外,还有各种"练习册"之类的教辅资料。对于教辅资料,需要检验学生的学习情况,故而学生更加看重。但过多的教辅资料往往事倍功半,重复题多,大大增加学生负担的同时,也达不到学习效果。应运而生的学习单便解决了以上问题。在学习单中,教师根据学习目标和学生学习的需要,将教材、教师用书、教辅资料等学习资源有效地组合在一起,为学生提供了一份高标准、高质量的学习材料,消除了各种学习资源之间的互相分离的弊端,大大提

---

① 王新民,王富英,谭竹.数学学案及其设计[M].北京:科学出版社,2011:23-28.

高了学生的学习有效性。

2. 教师"教"的方案和学生"学"的方案的整合

首先，在传统教学中，一般只需要提前设计好教师"教"的方案。对于学生而言，一切都是未知。其次，在学习过程中，学生的"学"无真实存在的"方案"，往往显得被动。学习单则是提前将一节课的学习目标、学习内容、学习环节、活动方式、学法指导等都在上课前提前展示给学生，让学生做到心中有"数"。学习单真正连接了"教"与"学"，让"学习卫星"在有序的轨道上运行。

3. 课堂学习笔记与课堂练习的整合

在传统教学中，教师一般会要求学生准备两个本子：一个用于记录课堂笔记，将教师上课所讲的重点知识及典型例题记录在本子上，以备复习和考试用；另一个是课堂练习本，用于巩固课堂上所学知识，完成随堂练习。整理习惯好的学生笔记工整，可整理习惯不好的学生在需要复习时，总是看不出自己所记的是什么，并且笔记本和作业本是两个完全无关的东西，不能相互支持、配合、协同地发挥学习作用，导致学习效果不好。学习单则是将笔记本和作业本合二为一，通过教师培养记录笔记的习惯，学生可在学习单上进行勾画、批注，并记录下课堂中有用的东西，同时巩固练习的重点题型也在学习单中，从而考前复习就是学习单的集合。此外，学习单也要充分发挥集体智慧。先由主备人"个备"，再返回学科组"群备"。主备人根据大家的建议进行完善、修订。任课教师拿到学习单后再根据本班具体学情进行"复备"，这样，学习单方可进入课堂使用。所以学习单是"个人—集体—个人"的产物。

二、主体性

教育是一种培育人的活动。教学过程中的学习主体性是指学生在主体意识指导下，主动参与教学活动的能动性，学生的学习主体性主要是作为认知主体而存在的。《标准（2022年版）》提出了"人人都能获得良好的数学教育，不同的人在数学上得到不同的发展"的基本理念，它不仅强调学生是学习的主人，同时也指出自主探索和合作交流是学生学习数学的重要方式。而传统教学中，教师具有完全的主导性，控制整个课堂，学生主要在教师的指引下进行学习。虽然也强调学生的独立思考，但仅仅局限在教师讲授范围内的消化理解，是在死记硬背知识基础上的苦思冥想。学生常常是思考无门，思路不畅，百思不得其解。在这种教学观念指导下，学生只是充当了知识的储存器，不能灵活、变通地运用知识，最终导致思想僵化。要使学生成为主动的学习者，教师必须实现从记忆型教学观向思维型、创造型教学观转变，注重培养学生主动探究、独立思考的能力。

在"分享·创生"教学实践中，学生学习的主体性主要表现为学习的自主性、创造性和协作性。自主性学习是学生在明确学习任务的基础上，自觉、主动地进行学习，并努力完成学习任务的一种学习模式，从而获得新知识、新文化、新理念；创造性是指学生在获得知识的同时，利用知识去解决实际问题；协作性则是教师与学生、学生与学习单之间的协作关系。因此学习单的设计应注重发挥学生的主观能动性；信任学生，留给学生充足的探究时间，让学生自主发展，做学习的主人。

学习单是学生独学、生生互学的学习载体。学生拿到学习单后，先主动独思独做，此时的学习单是学生的指导教师，通过学习单学生可以明确了解学习目标，掌握学习的要点，并自觉地进入学习状态中。同时学习单设计生动有趣，适合学生水平的现实情境，引导学生从数量和空间关系去观察、比较、分析、提出问题，进行猜想及实验、推理和判断等数学活动，使学生认识到数学原本就来自我们身边的现实世界。同时也培养学生进行数学探究和获得探究成功的切身体验。

三、开放性[①]

学习单是相对于教案而提出的一个新概念。比较而言，教案具有显著的规定性、单向性与封闭性，教学目标是确定的，教学内容与教学环节均是按时间设定好的，必须要在规定时间内，把相同的内容，以相同的方式传授给每一位学生。实际上，真实的学习进程是不能设定的，也是无法设定的，而且学习方式也会因人而异。因此，学习具有很强的开放性。而学习单比较好地体现了学习的这种开放性，具体表现在以下三个方面。

1. 内容上的开放性

首先，学习单中的学习内容是分层设计的，可以满足不同学生的学习需求。其次，学习单中所要学习的新内容常常是以"材料＋问题"的形式给出的，知识的形成过程以及知识的意义构建均是在实际的学习过程中生成的。这一点是学习单教学中最难把握的，却是最为精彩的。在教学中，几乎每节课都会延伸出一些"意料之外"的知识或问题。

2. 学习方式上的开放性

基于学习单的学习并没有设定统一的学习方式，学生可以根据自己的学习习惯与风格，选择适合自己的学习方法。可以采用接受学习，也可以采用自主学习、探究学习、合作学习，还可以采用对话性讲解的学习方法。

3. 时间上的开放性

学习单没有明确设定每一学习环节所需的时间，学生可以根据本身的主观条件自主确定。可以在课前完成，可以在课中的任何一个环节完成，也可以在课后完成。基于学习单的学习，给了学生在现象与问题面前停留的时间、思考的时间、对话的时间、反思的时间，能够使学生自主地建构比较丰富、完整、规范的知识意义。

学习单的开放性，为学生的学习提供了多种可能的发展，学生可以按照自己的实践与需要，自主地选择学习的方向与路径，而不是像教案那样，把所有的学生都安排在一列火车上，沿着一条轨道，一起到达目的地。

---

① 王新民，王富英，谭竹. 数学学案及其设计[M]. 北京：科学出版社，2011：25.

四、导学性

"导学"主要是引导学生学习。此处的引导学生学习不是一味做练习，而是要通过阶梯式的学习内容，引导、鼓励学生由浅入深、循序渐进地进行独思独做、共学互助，伴随着学习目标、内容、问题的呈现，将教师在"动机上的诱导、知识上的疏导、思想上的引导、探究上的辅导以及学法上的指导"等融入学习的各个环节之中，培养学生的创新精神以及对教材分析、归纳、演绎的能力。导学要体现生本理念，转变教师角色，形成平等、和谐、民主的师生关系，策划共学组活动，凸显师生对话、生生对话，妙在师生之间、生生之间有效问答、有效合作、有效探究、有效展示。教学中低层目标自达，中层目标导达，高层目标助达，使所上新课重点落实、难点突破、生成亮点，切实组织到位、知识到位、教法到位、点拨到位、精讲到位、效果到位。所以，当学生依据学习单进行学习时，各个学习环节、阶段均能感受到"无声胜有声"的引导和启迪。导学主要包含导趣、导法、导思、导行[①]。

1. 导趣

导趣，即激发和培养学生学习的兴趣，教师能根据教学的内容设计不同类型的导语，创设学习情境，调动学生学习积极性和主动性。

2. 导法

导法，即教师引导和指导学生有效地学习，使学生自主地参与到学习过程中去。指导学生掌握数学学习的方法，实际上是交给学生开启人类知识宝库的钥匙，指导学生掌握数学学习方法的过程，实际上是培养学生自我学习、创新学习能力的过程。利用学习单进行的课堂教学，可指导学生联系、比较、想象和质疑。将知识与方法综合渗透，实现理论与过程方法的综合，创立数学课堂综合化的方法体系。

3. 导思

导思，即引导学生积极参与课堂数学思考，建立新旧知识之间的"脚手架"。一是重视梯度，促进师生、生生互动，突破难点。在学习的过程中，认知是由简单到复杂、由浅入深、从现象到本质的循序渐进、螺旋上升的过程。因此，为了让更多的学生参与课堂活动，自觉地获取知识，教师需要注意教学活动设计的梯度性与层次性，引导学生逐层深入，在师生、生生的交流活动中主动建构知识、突破难点，有效地完成教学任务。二是巧妙设问，形成认知冲突，提高学生课堂参与度。课堂提问的设计要考虑到学生的"最近发展区"，要让学生跳一跳把果子摘下来。如果问题简单，不能引起学生思考，那就等于无效问题；如果问题太难，超出了学生心理认识的发展水平，则会挫伤学生的学习积极性。在新旧知识结合的地方设计问题、在教学难点处设计问题最能激发学生的认知冲突，最具有启发性，从而使学生有目的地积极探索。同时要注

---

① 张燕飞. 导学案在初中数学教学中的实践探究[J]. 知识文库，2016(19)：49—50.

意，学生是有差异的个体，他们的最近发展区也不同，同样的问题对于不同的学生来说心理距离也是不同的，这就要求在提问时要留有一定的空间，让不同学生都学有所得。三是找准知识的生长点，促进学生数学知识的迁移。数学知识的教学，要注重知识的"生长点"与"延伸点"，把每堂课教学的知识置于整体知识的体系中，处理好局部知识与整体知识的关系，引导学生感受数学的整体性。前面知识是后面知识的基础，后面知识是前面知识的发展，组成一个互相联系的整体，学生掌握了知识的基本结构，才便于迁移。教师要从教学知识的整体出发，指导学生会用"联系"的观点解决数学问题，这样才能把知识结构有效地转化为认知结构。

4. 导行

学习就是为了应用数学知识解决实际问题。心理学研究表明学习内容和学生的生活背景越贴近，学生自觉接纳知识的程度就越高。因此，在课堂教学中，要尽可能地将教学内容与学生的生活背景结合起来，从贴近学生生活的实际问题引入新课，调动学生的学习兴趣。

第三节 "分享·创生"教学的学习单设计

要设计一份好的学习单，就要弄明白学习单的基本内容、学习单设计的基本原则、学习单的设计方法。

一、学习单的基本内容

学习单的基本内容构成了学习单的整体框架，为设计学习单提供了具体的环节和要求。根据学习单的含义和特征，学习单主要包括学习目标、学习重难点、学习过程和学习评价，其中，学法指导渗透在学习过程的各个环节之中，故不单独列出一栏。

1. 学习目标

关于学习目标的明确界定，学术界还不多见。目前所见到的只有赵加琛、张成菊给出的定义："学习目标是指具体的学习活动中由学生遵循的所要达到的结果或标准。"[①]但此处的界定，主要针对结果性取向目标，而过程性取向没有体现。学习目标主要从三个方面来讲：一是行为取向性目标，是期待学生的学习结果，它具有导向功能、控制功能、激励功能与评价功能。行为目标具体、明确，便于操作、评价，对学习以训练知识、技能为主的课程内容较为适合。二是生成性目标，它不是由外部事先规定的目标，而是在教育情境之中随着教育过程的展开而自然生成的目标，它关注的是学习活动的过程，而不是像行为目标那样重视结果。考虑学生的兴趣、能力差异，强调

---

① 赵加琛，张成菊. 学案教学设计[M]. 北京：中国轻工业出版社，2009：38.

目标的适应性、生成性。三是表现性目标,是指在教育情境中每一位学生个性化的创造性表现。关注学生的创造精神、批判思维,适合以学生活动为主的课程安排。

首先,学习目标作为学习时学生预期的学习行为和任务要求,是整个学习活动的出发点和落脚点,对学生"学"的活动起着"指示方向、引航导向、规定结果的作用"[①]。故而学习目标对学生的学习活动具有导向功能。其次,学习目标对学习活动的设计有检测和调控作用。目标越明确、越切合学生自己的实际情况,其学习行动越能够获得成功。在成功中体验学习的喜悦,人生从此充满了活力、激情和意义,这是学习目标的激励功能。

由此可见,确立具体明确的学习目标是每位学生的首要学习任务,是教师下达给学生学习的任务单,是指引学生自主学习的导航仪,是规范学生学习行为、自我检测学习效果的评价依据与标准。

2. 学习重难点

(1)学习重点

一般情况下,教学重点是指教学内容中最基本的、最主要的知识技能,是必须掌握的基础知识与基本技能,是基本概念、基本规律及由内容所反映的思想方法,也可以称之为学科教学的核心知识。通常,教学重点多集中在基本概念、基本理论和基本方法上,综合地考虑学习目标和学习内容。但学习重点是指在教学重点设置的基础上,结合教学目标所定下的知识重点、育人重点和问题重点,是学生学习过程中需要解决的主要矛盾,是学习的重心所在。其重心包含三个方面[②]:一是知识重点从学科知识系统而言。重点是指那些与前面知识联系紧密,对后续学习具有重要地位和作用的学科知识、技能;二是育人重点从文化教育功能而言。重点是指那些对学生有深远教育意义和功能的内容,主要是指让学生终身受益的学科思想、精神和方法;三是问题重点从学生的学习需要而言。重点是指学生在学习中遇到的、需要及时得到帮助解决的疑难问题。由此可知,"学习重点"对学生进一步学习及核心素养的形成起着主导和关键作用。

(2)学习难点

学习难点是教学内容中学生较难理解和掌握的部分,是学生学习中感到阻力较大或难度较高的知识、技能与思想方法。难点的形成主要有以下四个方面的原则[③]:一是该知识远离学生的生活实际,学生缺乏相应的感性知识;二是该知识较为抽象,学生难于理解;三是该知识包含多个知识点,知识点过于集中;四是该知识与旧知识联系不大或旧知识掌握不牢。

---

① 靳玉乐. 现代课程论[M]. 重庆:西南师范大学出版社,1995:158.
② 王富英. 怎样确定教学的重、难点[J]. 中国数学教育(高中版),2010(1):17-18,38.
③ 张大均. 教学心理学[M]. 重庆:西南师范大学出版社,1997:119.

所以学习难点是指学生不易理解的知识，或不易掌握的技能技巧。难点不一定是重点，重点也不一定是难点。难点有时又要根据学生的实际水平来定，同样一个问题在不同班级里不同学生中，就不一定都是难点。而且，并不是每一节课都有难点。在一般情况下，使大多数学生感到困难的内容，即本节课的难点。教师要着力想出各种有效办法加以突破，否则不但这部分内容学生听不懂学不会，还会给学生理解以后的新知识和掌握新技能造成困难。

3. 学习过程

学习过程是阶段性学习的一个过程。对学生而言，学习是一个很复杂的过程。正是由于它的复杂性，历来人们尝试从不同的角度对它进行分析，分析学习是如何发生的，如何进行的，结构是什么。学习过程是学习单的核心部分，包括学习准备、知识生成、学习反馈三部分。其中，学法指导结合学习内容有机地融入学习过程的各个环节之中。

(1) 学习准备

在教育心理学中，学习准备是指学生在从事新的学习时原有的知识水平或原有的心理发展水平对学习的适合性。[①] 我们知道，学习的关键在于对知识的理解，而理解的本质是建立新旧知识的内在联系，将新知纳入原有的认知结构之中。[②] 所以，要顺利地进入学习中，建构知识，必须使新旧知识有联系，为学生学习新知识扫清知识障碍，为学生在学习新知识前组建好的基础，建构心理基础，做好知识与情绪的准备和铺垫，这就是学习准备。具体讲，学习准备有两方面的含义[③]：一是为学习本节内容做好知识、方法、情感和工具上的准备，为学生顺利进入新课学习做好铺垫，扫清知识、方法的障碍，并激发学生学习的求知欲。二是学会学习准备，即通过学习单的引导，使学生树立学习准备的意识，掌握学习准备的方法。

数学学习单中的学习准备包括：知识准备、方法准备、情感准备和工具准备四个方面的内容。[④] 一是知识准备。主要是学习新内容应具有的知识储备，即学习新知识前相应的基础。它是为学习新知识做好知识铺垫，起到"先行组织者"的作用，是学习准备的核心内容。二是方法准备。是指把学习新知识所需的数学思想方法或数学思维方式，在学习准备中加以明确和强化。三是情感准备。就是创设学习情境，激发学生的学习兴趣，使学生产生学习的欲望和心向，为学习新知识做好情绪状态上的准备。学习的欲望和心向是属于学习的动力部分，情感准备的作用就是激发学生的求知欲，以增强学习的内驱力，使学生尽快进入学习状态。四是工具准备。主要指提示学生把学习过程中需要用到的学习材料、学习用具等进行事先准备。

---

① 邵瑞珍. 教育心理学——学与教的原理[M]. 上海：上海教育出版社，1983：158.
② 李士锜. PME：数学教育心理[M]. 上海：华东师范大学出版社，2001：65.
③ 王富英，王新民，黄祥勇，等. 数学导学讲评式教学论[M]. 北京：科学出版社，2020：97.
④ 王新民，王富英，谭竹. 数学学案及其设计[M]. 北京：科学出版社，2011：89.

(2)知识生成

生成的意思是生长和建构，是根据课堂教学本身的进行状态而产生的活动过程。新课程的最高宗旨和核心理念是"一切为了每一位学生的发展"。而知识生成过程就是一个动态的生成过程，这个过程中的因素和情境无法预见，也就产生出许多的生成性问题。生成可分为两种，一类是我们预设下的现象，另一类是我们不曾预设到的现象。"动态生成"是新课程理念下课堂教学的主要特征，它强调课堂教学要改变传统课堂教学固定不变、按部就班、机械僵化的教学模式，主张课堂教学必须构建生成性的探究性活动过程。

知识生成过程是学习过程的核心部分之一，主要是指对新知识和运用新知识解决问题的探究及如何探究，主要包括问题引入、整理提炼、即学即练、经验习得四个环节，环节间相辅相成，层层递进。

①问题引入

在面对引入问题的时候，学生需始终保持一种怀疑、困惑、猜测、探究的心理状态，需产生"为什么""是什么""怎么办""这个结论正确吗"等问题，从而让学生形成问题意识。

对"分享·创生"教学而言，学习和思维是从疑问开始的，有了问题学生自主学习就有了明确的目的性，学生的思维活动就具有了解决任务的性质。问题的设置只有能激发学生去解决问题，引入才是成功的。问题引入的问题具有三种形式：一是阅读问题，是指学生利用学习单的引导去阅读教材和理解教材，是属于有意义接受学习的范畴。此类问题往往比较简单，主要在教师对教材进行挖掘和加工处理后，将新知识的引入以问题串或填空的形式设计于学习单之中，在学生阅读教材或知识材料后，应引导学生自己去挖掘、建构新知识，让学生的思考置于教师讲解之前。此类问题采取齐问齐答，教师同步书写即可。二是探究问题，是指在学习单的问题引导下经历探索发现新知识，属于探究式学习的范畴，所以学习单上设计的这类问题就是引导和帮助学生经历知识形成的发现过程。在学习单的设计中，应给学生提供一些探究的素材和方法，并按照知识生成的过程，学生获得知识基本采取的方法就是观察比较、分析、归纳、概括、猜想、验证、证明。这类问题难度相对大一些，探究过程需要思维碰撞，故采用共学活动。三是两者的结合，指问题引入的问题既有阅读问题又有探究问题，是有意义的接受学习和探究式学习的整合。

②整理提炼

整理提炼即知识的概念性总结，知识的性质总结等，是问题导入后的重要环节，是推进"分享·创生"教学的形式保障。该环节让学生能通过问题看到本质，能通过问题的解读启发对问题的思考，承载与共学组合作探究。俗话说"三个臭皮匠，赛过诸葛亮"，在环节中做到：第一，共学组活动，人人在组内汇报交流，做到人人发言、人人发表见解。第二，难点质疑，形成初步结论。第三，分工合作，为交流展示做好准备，培养团队精神。整理提炼常常包括概念性提炼、结论性提炼、步骤方法性提炼，在后面学习单的设计中，会着重讨论。

③即学即练

即学即练包含直接训练和变式训练。两者都是将知识转化为技能的关键途径，训练的主要作用有巩固知识、形成技能、培养能力、反馈矫正、双线评价。

直接训练是整理提炼后对内容的加深巩固，一定是围绕这一个问题结论的再次学习，重在突破数学学科的讲练结合，这是推进"分享·创生"教学的必要手段。变式训练是学生探究和交流获得知识方法后，进行一定量的、不同层次的变式练习，将此巩固结论性提炼或方法性提炼的内容，以新知识形式纳入已有的知识结构之中，重新构架知识体系，最终内化为个人知识。在学习单中，常常以变形式、变内容、变条件、变背景等方式进行设计，也可以以"题组"形式分层推进。不管是直接训练还是变式训练，完成后基本以"展示交流"为学生行动展开，并结合组内结对帮扶达到纠错巩固的效果，最后搭配"经验习得"来完成整个环节，这是推进"问题导学"的智慧源泉。

④经验习得

经验习得是以整理提炼为原点，充分发挥教材内容即学即练的辐射作用，共同探寻、习得相关的知识与方法。经验习得主要是即学即练方法的总结，归纳，思维的提高，重在巩固与总结。

经验习得也可以是"学习链接"的习得，学习链接内容可以是新领域、新知识、新方法的介绍或是专题讲座、数学史话、名题欣赏、数学应用、案例评析和与其他学科知识的联系等。学习链接提供给学生独学、共学探究的相关信息，当学生通过独学、共学探究获得结论后，再与学习链接中的内容进行对比，可以发现自己的结论的优缺点，从而起到自我评价的作用。学习链接既重教材而又超越教材，要求教师注意挖掘教材的文化内涵，做好课内外数学知识的有效链接，使学生汲取丰富的营养，使学习的触角伸向学习材料的源头，增强学生的学习体验，拓宽学生的视野。

(3)学习反馈

学习反馈是指将学习活动的结果（正确性、适当性）的有关信息提供给学习者的活动。学习反馈在学习单中包括两个方面的内容：学习知识反馈、学习反思。

学习知识反馈在学习单中往往以"当堂检测"形式呈现，对学生所学的知识进行检查并反馈，它是实施课堂优化教学的重要手段，也是提高课堂质量行之有效的方法。在课堂教学的过程中，教师并不能全面了解学生的学习情况，而课堂检测后，教师可发现学生对知识掌握得怎样，能力提高到何种程度，哪些学生已达到了目标，哪些学生还有待于进一步提高，之后教师可制订出相应的措施予以帮助。因此，它既可以检测学生的学习效果，也能够促进学生的高效学习。对学生来说，及时了解学习的结果，可以很快地获得矫正性信息，进一步调整自己的学习，而教师对学生的学习进行及时的、恰当的评价，是一种很重要的反馈形式，是推动学习，提高学习效果的有利因素。

在"分享·创生"教学中的当堂反馈，学生独思独做完成后，大多情况使用"小老师"来完成该环节。

学习反思在学习单中就是归纳总结，是对知识、方法和自我体验与感悟的反思。其实，学习反思贯穿于整个学习过程之中，可以在某一个具体知识的获得后或某一具体问题解决后进行，也可以在全课结束时进行，包括解题方法、数学思想、分享学习的体会。学生通过共学组获得交流后，学生小结，教师补充、提炼，使这节课所学知识系统化，并从感性认识上升到理性认识。学生对"分享·创生"学习的过程进行总结，体现对学生的多元评价。

4. 学习评价

学习评价的内容不但是教师与学生及时了解学生学习质量的一种反馈手段和重要途径，也是学生学习的一项重要内容和策略，是学习活动不可或缺的组成成分，是对学习行为和结果的评价，包括学习效果、学习态度、学习情感的评价。在前面谈到过学习单中的学习评价主要有三种方式，即对学习的评价、为学习的评价、学习内评价。其中对学习的评价主要是一节课学习结果的评价，一般采用"测评"的方法进行，体现在学习单中"当堂检测"环节，目的就是反馈当堂内容的学习效果。为学习的评价就是学习行为与学习表现的评价，在"分享·创生"教学中，多采用双线评价，第一条线，即在学习单上进行正确错误的判断，第二条线则是对习惯、方法的评价，比如完成格式很好，可打星号（★）。这样就可将有价值的学习表现和学习结果随时记录在学习单中，为评价提供丰富的素材。学习内评价是追求"即时效果"的一种评价，存在于整个学习过程之中，具有知识和生成学习的价值。

以上讨论的学习单的内容是"分享·创生"教学学习单的一般性构成，在进行具体的学习单设计时，可根据课型、学习内容、学习目标要求灵活地进行调整、补充或删减。

二、学习单设计的基本原则

教师对学习单的设计，是在认真领会教材内容后，梳理出教材中所涵盖的知识脉络，并深度发掘教材，将教材中深奥的、不易理解的、抽象的知识，"翻译"成学生能读懂的、易接受的、通俗的、具体的知识。同时，教师还要认真分析自己所教学生的认知水平与知识经验，在此基础上根据《标准（2022年版）》的要求和内容，系统地规划与安排学生学习、探究，从而提高学习效率。学习单的设计是实施"分享·创生"教学的前提，学习单的质量直接关系到学生学习、探究的质量。为了提高学习单的质量，有效发挥学习单的作用，学习单设计应遵循以下教学原则。

1. 目标性原则

目标是活动的预期目的，为活动指明方向。在设计学习单时紧扣教学目标，抓住重点，抓住难点。作为引导和帮助学生学习、探究的学习单，引导的方向就是学生的学习目标，不仅在学习过程中各个环节与学习内容的设计安排需紧紧围绕学习目标进行，学习评价的设计也要以学习目标为标准。

2. 导学诱思原则

教师在设计问题时，既要立足教材，又要有所拓展。"导学"的同时更要注重诱思，即创设问题情境，使知识预习过程演变为学生自主探索、寻求答案的过程。设计的问题也要对准中心点，犹如写文章之开门见山，直奔主题，比较干脆利落。学习单在设计导学问题时，将知识点转变为探索性的问题点、能力点，通过对知识点的设疑、质疑、解释，从而激发学生主动思考，逐步培养学生的探究精神以及对教材的分析、归纳、演绎的能力。学习单的设计要以问题为线索遵循导学诱思原则。一方面，通过精心设计问题，使学生意识到：要解决问题，不看教材不行，不详细看教材也不行，光看教材不思考不行，思考不深不透也不行。让学生真正从教材中找到解决问题的方法，学会自学。另一方面，学习单设计的问题应贴近学生生活，适合学生年龄特点。问题的切入点既与学生的知识背景和生活经验对接，又属于其认知缺失或空白的区域，引导他们将潜在经验作为新知识的生长点。这就需要对问题结构进行改造，让学生在探究问题时更充分地融入自我，从而开启思路，将自身积累作为教学资源，在整合、提炼文本信息的过程中自主建构意义。

3. 梯度性原则

由浅入深、层层深入是学生进行数学认知的一般规律，学习单要有梯度，能引导学生由浅入深、层层深入地认识教材、理解教材，要注意内容和问题安排的梯度性，引导学生按部就班地推进思路，满足不同水平学生的需要，让"学优生"在学习单的使用中感受到挑战，让"学困生"品尝成功的乐趣，收获自信。学习单设计时应把握好设计的梯度性，包括知识内容设计层次性和问题设计渐进性。由于学生的个体差异，在学习活动中的接受能力也有很大差异，这就决定了教师在设计学习内容时要将杂乱无序、难易不一的知识处理得有层次性，符合各层次学生的认知规律。

4. 适量性原则

学习单设计时应做适当的提示，并配以一定数量的思考问题，以引导学生自主学习、探究。设计多少问题，要根据教学内容难易因地制宜，应根据教学重难点精心设计问题，设置的问题数量要适量，要聚焦课程教学目标。问题设置过多过杂，学生抓不到要领，对知识点的掌握不深刻，课堂教学效率就不高。问题设置过少，学生思考力度不够，课程资源可能被浪费。因此，教师在教学前应熟悉教材，梳理思路，明确该提什么问题，设置多少个问题，这样才能很好地驾驭课堂，增强教学效果。教师要充分把握学生的已有水平、潜在能力以及发展需求，把握"导学诱思"的量力性原则。

5. 有序性原则

数学知识具有严密的逻辑结构体系，知识的前后顺序不能颠倒，学生的认知规律不能混乱，否则就会只见树木不见森林，看不到知识的全貌，从而造成学习上不必要的困难。所以，学习单的设计要把握三个"序"①。其一，学习内容的序。一般来说，课程标准和教材体系与相应年级学生认知能力、掌握知识的顺序是相对应的。所以在设计学习单时应掌握好教材内容的体系及内在联系，并编排在学习单中，从而使学习单中的知识保持应有的逻辑关系和结构体系。其二，学习活动的序。学生在学习过程中的学习活动遵循认识规律：实践—认识—再实践—再认识……学习单作为学习活动的载体，在设计时应该坚持实践的态度，尽可能让学生经历知识的产生与形成过程，使他们在实践中发现、提出问题，并在实践中探寻规律和结论。其三，学习过程的序。一般而言，任何学习过程都是模仿熟悉、理解掌握、灵活运用三个阶段。在学习单的设计中，要善于把教材内容进行分解，化难为易，化繁为简，从学生已有的知识经验出发，由易到难、由浅入深、由近及远地安排各个环节。

6. 创新性原则

古人云"学起于思，思源于疑"，创新源自"好奇"与"质疑"。课堂上教师适时适度，富有创意的提问，能加快把知识转化为能力的进程，是发展学生思维，保证和提高教学质量的有效途径。安德森等在《学习、教学和评估的分类学》中指出，创新即将要素加以组合以形成一致性或功能性的整体，将要素重新组织成为新的模式或结构。包括三个环节：生成—计划—产生。生成即假设，根据标准提出多种可供选择的假设，如提出假设来说明观察到的现象；计划即设计，设计完成一个任务的一套步骤，如计划写一篇历史题目的论文；产生即建构，发明一种产品，如为某一特殊目的建筑住处。

7. 评价性原则②

学生在学习单的引导下进行学习，其效果如何需要及时地予以评价，而且对有些学习内容的真正理解是在相互评价中完成的。同时，学生学习兴趣与积极性的激发、调动与保持也需要评价予以保障。因此，学习单的设计要把评价有机地融入学生学习的过程之中，特别是把评价看作学生认知活动的有机组成部分。评价是保证和提高认知活动有效性的心理过程，这种有效性主要体现在以下四个方面：其一，评价使得学生所建立的关于知识的个人意义经受了某种检验而变得更加清晰、明确、合理；其二，学生在对他人的讲解进行分析评判时，需用自己的语言说出个人的看法和观点，就要对知识的个人意义进行加工、改组、归纳、概括，从而促进和丰富学生对知识的内部心理表征，提高知识内化的程度与效率；其三，通过评价，可使学生认识到所学知识的重要性，体会到在应用中的有效性，感受和欣赏到数学特有的内在美，从而使他们对知识产生一种向往的感觉经验；其四，通过自我评价，不断反思调节自己的学习策略与方法，不断丰富积累数学活动经验。

---

① 王新民，王富英，谭竹. 数学学案及其设计[M]. 北京：科学出版社，2011：96.
② 王新民，王富英，谭竹. 数学学案及其设计[M]. 北京：科学出版社，2011：71.

三、学习单的设计方法

1. 学习目标的设计

(1)学习目标设计的基本要求

①对象性

对象性是指对象主体是学生而不是教师，是站在学生的角度设置的。教师主要关注学生要做什么，要做到什么程度，要得到什么，是教师对学生的预期，期望学生通过学习，在知识、能力、情感态度与价值观等方面要达到的标准。这就要求教师在制订学习目标时，要充分关注学情，从学生的角度出发设计，要充分考虑学生的知识储备、认知能力、年龄特征和学习兴趣等。在陈述学习目标时，要以学生为主体，而不是以教师为主体。不能出现"使学生""培养学生""指导学生"等这样的陈述。

②科学性

科学性是指学习目标必须体现《标准（2022年版）》对学生知识学习和能力训练的基本要求，必须在《标准（2022年版）》中有其确定的位置。这就需要教师认真研读《标准（2022年版）》，明确"了解、知道、概述、理解、评价、探究"等字眼的陈述分别应属于什么层次的要求，识记层次、应用层次和理解层次的要求都要对应目标。因此，学习目标的设计要有系统性的思想和观点，科学合理地进行整体设计。

③可测性

学习目标作为评价学生学习活动的重要依据和标准，要能够准确知道学生所要达到的学习程度，也就是具有较强的可测性。

(2)怎样制订科学、合理的学习目标

学习目标设计的方法较多，而学习单中的学习目标的陈述要有五个基本要素[①]：主体、方式、对象、条件、程度。第一，学习目标有明确的行为主体，即由谁做？是学生，表达时一般省去；第二，说明行为方式，即怎么样做？具体的学习行为，比如观察、表示、解答、写出、举例说明等；第三，是行为对象，即做什么？比如，"能准确找到相似三角形的对应角、对应边"中的"相似三角形的对应边、对应角"就是行为"找到"的"对象"；第四，说明行为条件，即产生上述行为的条件，如"经历由具体实例建立……""感受生活中存在着大量的不等关系，了解……""能用实际生活背景和数学背景掌握……""通过小组讨论，表示……"；第五，说明行为的表现程度和标准，即做到什么程度？以衡量学生学习行为结果的水平与质量，比如，"能准确找到相似三角形的对应角、对应边"中的"准确找到"就是目标的程度和标准。在设计目标的时候，并不是所有的目标都包含五个要素，有时为了目标的表述简洁，可省略部分。原则上，从前面的三点性质而言，学习目标的表述主体明确、操作性强、可测性显著。

---

① 张映雄. 目标教学操作艺术[M]. 成都：四川教育出版社，1998：53—55.

2. 学习重难点的设计

怎么确定学生的学习重难点呢？学习重难点是学习活动中最重要的组成部分，它是学习活动的重心，直接关系到学习目标的达成。

(1)《标准(2022年版)》和学习目标是确定重难点的根本

学习重难点的确定必须依据《标准(2022年版)》，围绕学习目标设计。

(2)吃透教材是正确确定学习重难点的基础

教材是教学的主要依据，学习重点往往是教材中最基本、最主要的，是基础知识或基本技能或者是进一步学习其他内容的关键。因此，深入钻研教材，弄清教材内容中那些最基本、最主要的内容及其内在逻辑联系，是正确确定教学重难点的基础。学习难点一般由以下几个方面的原因造成：一是知识过于陌生，学生缺乏知识储备；二是知识太抽象，学生缺乏相应的感性知识；三是知识太深奥，学生缺乏认知能力；四是新旧知识相互干扰，学生缺乏相应的辨别能力。因此，学习重难点的确定必须深挖教材、吃透教材，明确知识间的内在联系和抽象、难懂的知识。这是正确确定学习重难点的基础。

(3)分析学情是正确确定重难点的关键

学生是学习的主体，学习重难点都是针对学生而言的。因此，要确定正确的重难点，必须要关注学生、了解学生、研究学生。其中包括了解学生原有的知识储备和认知能力，学生的兴趣需要与思想状况，学生的学习方法及学习习惯等。

(4)教师的专业水准是确定重难点的重要因素

学习重难点的确定在一定程度上不但取决于作为认识主体的学生，还取决于指导主体认识客体并在教学中起主导作用的教师。所以，教师的专业水平高低，直接关系到学习重难点能否正确确定。因此，教师既要不断学习专业知识，深入研究《标准(2022年版)》和教材，明确知识间的内在联系，准确地把握学习重点；还要不断研究教育教学理论，深入研究学生的特征和需求，把握学生疑难问题的脉搏，准确把握学习难点。

3. 学习准备的设计

学习准备是学习过程中设计的第一个环节，其目的是为学生在学习新知前建构好一定的心理基础，为学习新知做好铺垫。学习准备的设计前提是认真钻研教材，全面了解学情以及准确把握学习准备的内容。学习单中"学习准备"的设计内容主要目的是旧知回顾、新知引入(知识准备)，不同的内容使用不同的学生活动形式，让学生思维一直保持在行进之中。

(1)知识准备

知识准备为学习准备的核心内容，回忆与本节课有关的知识，复习与本节课学习的新知识相关的技能，观察与本节课内容有密切联系的生活现象，要解决本节课或者本单元、本章学习当中最基础的知识，发现学习中的问题，可以是填空式、提问式、习题式。

①填空式案例

在"认识二元一次方程组"中的学习准备，以填空的形式呈现，设计为，"一元一次方程的定义：只含有_____未知数，且未知数的次数是_____的_____方程"，目的是通过复习旧知，为新知学习做好铺垫。

②提问式案例

在"整式加减(1)——合并同类项"中的学习准备，以提问的形式出现，设计为："老师家里有一个储蓄罐，里面是老师平时存下来的硬币，现在想知道：里面有多少钱？为了快速地算出多少钱，你的第一步工作是怎么做的？"通过这样的问题创设学习情境，激发学生的学习兴趣，使学生尽快进入学习状态。

③习题式案例

"解一元一次方程——去括号"课时的学习准备则是以习题的形式呈现，设计为："下列去括号正确吗？(1)$3(x+8)=3x+8$，(2)$-(x-6)=-x-6$，(3)$-2(2m-3)=-4m+6$，(4)$-(3x-2)=2-3x$。"学生通过此题回顾去括号的方法，为后续学习做好知识铺垫。

(2)活动形式

学习准备的活动形式主要以齐问齐答为主，教师追问旧知，回顾一般知识、关键字词。教师同步书写，让学生思维保持兴奋状态，不停顿。

4. 知识生成过程的设计

在"分享·创生"教学的学习单中知识生成过程设计为"一知、一问、一提、一练、一习"的循环模式，学生遵循这一环节循序渐进完成知识形成、知识反馈。"一知"是指一个知识点；"一问"是指为引入知识点而提出的问题，该问题应当具有探索性，为知识的生成服务，其能力层级为探索、体验、经历；"一提"是指知识的概念性总结，知识的性质总结等；"一练"是指让学生学以致用，讲练结合；"一习"是指习得，通过对练习题的方法总结、归纳来提升思维。

(1)问题引入设计

问题引入，推进新知的形成，设计时立足学生，从不同的方向入手设计。

从"疑惑点"设问。"思维从对问题的惊讶开始。"教师在设计问题时，应抓住学生最可能产生疑惑的"疑惑点"设问，也可在引导学生自己生疑发问的基础上，设计出一些能帮助学生拨开思维迷雾的问题。

抓"兴奋点"设问。学生本身就是课程资源，而且是课程实施不可或缺的重要资源。教师在设计问题时，一定要珍视学生的思考体验，从学生阅读的"兴奋点"设置问题，易使学生视教师为知音，极快地融入问题的思考之中，高效地解决问题。

抓"关注点"设问。由于学生的年龄特点和基础水平的关系，他们对问题的关注点参差不齐，他们会根据自己的内心和理解去思考问题，理解内容，捕捉收获，激活思维，从而有自己的独特体验和对问题的解读。教师要善于揣摩学生的心理特点，善于捕捉学生的"关注点",围绕"关注点"的设问往往可以事半功倍。

案例:北师大版八年级下册第五章第四节第一课时"分式方程"

问题:观察下列方程

① $\dfrac{2}{x-1} - \dfrac{3}{x-2} = 0$ ② $\dfrac{2}{x-1} - 1 = 0$ ③ $\dfrac{2}{x-1} - \dfrac{x+2}{1-x} = 3$ ④ $\dfrac{1}{x} = \dfrac{3}{x-2}$

这些方程有哪些共同特点?与一元一次方程有什么区别与联系?

学生行为

a. 个学:独立审题,并思考。

b. 团学:共学组组内,表达自己的想法,碰撞出火花。

教师行为

a. 设计学习单时,应结合学生实际及考纲要求,设计出有效有用的问题,以及共学组所讨论问题的有效性。

b. 抛出问题后,给学生充分的时间独思独做后,组内互讲,以齐问个答的形式回答,最后教师进行点拨。

在该案例中,我们看到问题有两个:一个是"这些方程有哪些共同特点",该问题则是从知识的关注点入手,让学生关注到本节课所要学的重点内容,即何为分式方程。另一个则是从已学方程入手,增强学生的疑惑点,类比学习该类方程的特点,从而得到定义。这样的两个问题,就让本节课的重点迎刃而解。

(2)整理提炼设计

整理提炼既是对问题导入后的一个总结,让学生能够通过问题看到本质,又能通过问题的解读启发对问题的思考。承载于合作探究,这是推进"分享·创生"教学的形式保障。整理提炼的形式多以填空为主,重在让学生得出总结性的语言,可以是概念、定理或一类问题的解决策略与方法,主要包括:概念性提炼、结论性提炼、步骤方法性提炼。

案例:北师大版九年级下册第二章第五节"一元二次方程根与系数的关系"

问题:求解下列一元二次方程,并探索两根和($x_1 + x_2$)与两根乘积($x_1 \cdot x_2$)分别与系数的关系。

一元二次方程	x_1	x_2	$x_1 + x_2$	$x_1 \cdot x_2$
$x^2 - 6x + 8 = 0$				
$x^2 - 2x - 3 = 0$				
$2x^2 - 3x - 2 = 0$				

【整理提炼】

根据上述表格,请猜想关于 x 的一元二次方程 $ax^2 + bx + c = 0 (a \neq 0)$,若 $b^2 - 4ac > 0$,则 $x_1 + x_2 = $ _____;$x_1 \cdot x_2 = $ _____。你能证明你的结论吗?

学生行为

独立思考后,开展共学组活动,再以齐问齐答或齐问个答的形式得出结论,充分探索、体验、经历,以此提升思维能力。

教师行为

适时点拨,整理学生的回答,得出简明扼要的总结性语言。

该案例的整理提炼是对知识生成过程的结论性提炼,教师抛出问题后,学生进行共学组活动。在共学组合作中进行自主交流,人人发表见解后,共学组内再对难点释疑,形成初步结论并提炼,最后选出代表为交流展示做好准备。这样的整理提炼过程可以发展学生思维,培养团队精神。

(3)即学即练设计

即学即练是对整理提炼内容的加深巩固,一定是围绕着一个问题结论的再次学习,重在突破教学学科的讲练结合,这是推进"分享·创生"教学的必要手段。

即学即练或变式训练是将知识转化为技能的关键途径。训练的主要作用:巩固知识、形成技能、培养能力、反馈矫正,是对整理提炼内容的加深巩固,是围绕着一个问题结论的再次学习,重在突破数学学科的讲练结合,也是推进"问题导学"的必要手段。完成后常常以"展示交流"为学生行动展开,并结合组内结对帮扶达到纠错巩固的效果,最后搭配"经验习得"来完成整个环节,这是推进"分享·创生"教学的智慧源泉。

例题、习题的选择紧扣整理提炼,题目突破教学目标,不用设置太难。但是又需要有一定的层次性、针对性,针对重难点、疑点、易错点、方法演练。例题、习题在精而不在多,课堂时间有限,无用、重复的题目设置是对课堂宝贵时间的浪费。"经验习得"不一定每一个即学即练都包含,但"整理提炼"一定是在"问题导入"之下存在的。

案例:北师大版八年级下册第五章第四节第一课时"分式方程"

【即学即练】

下列方程中,不是分式方程的有_____。

① $\dfrac{x-1}{3}=5$ ② $\dfrac{1}{x}(x-1)+x=1$ ③ $\dfrac{1}{1+x}-3=\dfrac{1}{x-2}$ ④ $\dfrac{1}{3}\left(\dfrac{1}{2}x+1\right)=3$

【经验习得】

满足分式方程的条件:①_____;②_____。

使用方式:

在完成知识点的认识后,需要对该知识点进行加深巩固及认清定义概念中的注意事项。

第一步,学生独思独做。

第二步,组内纠错订正答案。

第三步,组内展示及班级展示,并答疑。

①小组在全班交流展示。②生生评价交流。③教师引导交流。

第四步，教师追问其中的注意事项，从而得到经验习得。

①学生质疑（教师提疑）。②教师点拨学生的思想，打开他们的思路；点拨学习疑难，启发学生思考；点拨知识重难点，启发学生比较分析，举一反三。

该案例中，学生在分式方程概念生成后，教师及时抛出针对性的即学即练，目的是加深对概念的内化理解，这个环节也是概念辨析的过程。案例中的即学即练不仅是一个题，还配有经验习得"满足分式方程的条件"，将体验上升到提炼，此环节让学生对概念的内涵与外延有了更清晰的认识。

5. 知识反馈的设计

当堂检测是学生课堂独立作业的一项重要活动。它一方面能促使学生将刚刚理解的知识加以应用，在应用中加深对新知识的理解，另一方面能暴露学生对新知识应用上的不足。"当堂"是一个时间的问题，"检测"和"反馈"必须在课堂中充分完成。所以我们一定要根据所设计的检测内容合理安排时间，切不可让检测草草收场。当然，也不能为了保证检测能落实到位而安排过长的时间，这样展示时间就短了，可能造成展示不深、不透。"反馈"应该包含两层意思：一是对学生检测成绩的反馈。检测完成后，可以采取灵活多样的方式进行批改，如争当"小老师"，小组内成员交换批改，组与组交换批改等。二是对错误原因的反馈。要让做错的学生明白错在何处，并当堂纠正，不能仅仅止步于检测，学生错得不明不白的检测也是不完整的检测。总之，"反馈"既让学生得到教训、启示、收益，也让教师了解学情。

当堂检测的设计重在习题选择，习题的设计非常重要。当堂检测的习题要少而精，必须紧扣当堂检测的知识点，这样既能使学生明确本节课的重难点，又能训练学生的思维，检测学生是否对知识理解，并学以致用；当堂检测设计需有分层性，学生的认知水平、基础能力均不相同，所以在设计的时候最好分为不同层次的习题检测，让每一层的学生都能吃饱。检测就是为了发现问题，发现问题并解决问题才是关键。因此，必须让学生整理错误的题，并记在记错本上，这样有助于巩固知识，做到心中有数。

第八章 "分享·创生"教学的典型课例

基于教学实践，我们架构了"分享·创生"教学下的课程设计，如图 8-1 所示。一般来说，初中数学基本课型可以分为新知课、复习课和讲评课。

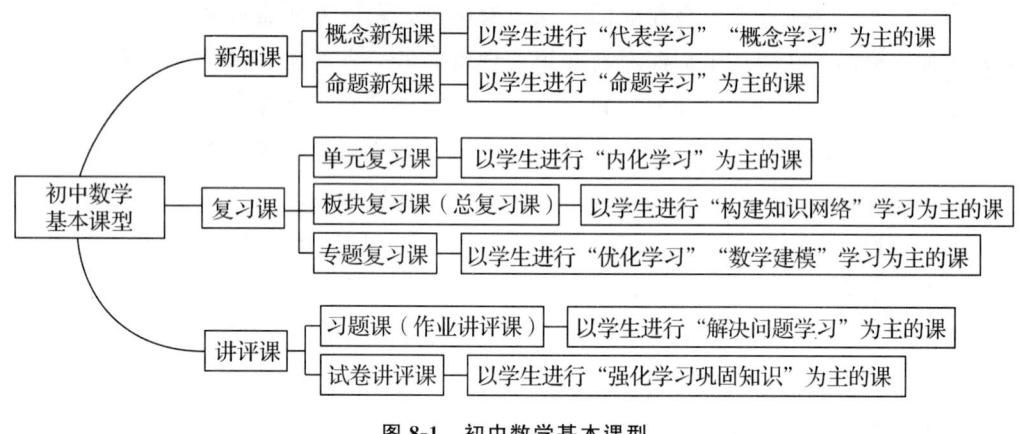

```
                    ┌─ 概念新知课 ── 以学生进行"代表学习""概念学习"为主的课
           ┌─ 新知课 ┤
           │        └─ 命题新知课 ── 以学生进行"命题学习"为主的课
           │
           │        ┌─ 单元复习课 ──────── 以学生进行"内化学习"为主的课
初中数学 ──┤
基本课型   ├─ 复习课 ┼─ 板块复习课（总复习课）── 以学生进行"构建知识网络"学习为主的课
           │        └─ 专题复习课 ──────── 以学生进行"优化学习""数学建模"学习为主的课
           │
           │        ┌─ 习题课（作业讲评课） ── 以学生进行"解决问题学习"为主的课
           └─ 讲评课 ┤
                    └─ 试卷讲评课 ──────── 以学生进行"强化学习巩固知识"为主的课
```

图 8-1　初中数学基本课型

一类完整的数学课课型由四个方面构成：理论基础、功能目标、实现条件、活动程序。"分享·创生"教学下的初中数学基本课型在相关教育教学理论的指导下，凭借教学实现条件，依照一定教学流程，围绕问题情境，开展合适的数学活动并进行有效的过程评价展开教学，从而达成教学目标。

"分享·创生"教学下架构的课程设计，要求每种基本课型的教学目标设置要以学生的能分享、能创生为落脚点，在教学内容的确定、教学素材的选择和设计方面，应面向学生的社会活动经验，结合《标准（2022 年版）》的总体目标和具体目标，将"分享·创生"教学与数学教学目标相融合来展开教学活动。

以问题情境为驱动是要求教师根据基本课型的教学内容，有计划、有目的地设置真实的问题情境，为数学知识转化为数学能力提供引导，学生经历提出问题、分析问题、解决问题的学习，达到巩固数学知识、掌握数学基本技能、感悟数学思想的目的。以数学活动为载体是指教师结合恰当的问题情境设计和开展"分享·创生"教学的数学活动，让学生经历知识的生成和问题的解决过程，持续培养学生会合作、会表达、会评价的能力，伴随着学生基本活动经验不断积累和提升，使学生感受数学的魅力，提高解决问题的能力并培养创新意识。以过程评价为手段是要求教师注重整个教学过程，在教学环节中对学习行为、情感、态度等进行多元化评价，评价在课堂中有着导向、激励等多种作用。个人评价、同伴评价、组内评价和教师评价为常见的有效评价，过程评价可以促进学生自我完善、发展竞争和合作意识，还能促使学生深刻反思、快速成长。

问题情境、数学活动与过程评价相互关联，相互作用，如图8-2所示。同时技术融合可以为"分享·创生"教学的开展提供助力，本章将以不同课型的典型课例进行具体阐述。

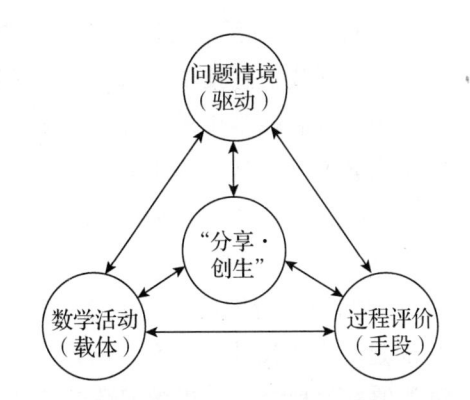

图 8-2　问题情境、数学活动与过程评价关系图

第一节　技术融合下的"分享·创生"课堂教学

现代信息技术与初中数学课堂教学相结合是时代发展的必然趋势，也是新课程改革理念下数学教学现代化的一种体现形式，它不仅有效地提高了初中数学教育教学的质量，也培养了初中学生学习数学学科以及应用信息技术的兴趣和意识，让初中学生学会了自主学习的方式与方法。单纯依靠传统的教育，已经远远满足不了社会对人才的需求，只有将教育和信息技术整合，获取有价值的资源，更新教学模式，让课堂变为学生的实验地、演练场，学生的学习主动性才会加强，才会最大程度上刺激他们的求知欲，拓宽他们的思维，才能大量地、有针对性地培养各行各业所需人才。总之，信息技术和课堂教学的结合必然成为一种高效的教学改革方向，加强信息技术学习，深化"课堂教学"变革，才能进一步推动信息技术下的教育变革。

"分享·创生"的课堂教学具有其独特性，从教师的理念到学生的表现，从教学资源的收集到学生成果的展现，从知识的深刻性挖掘到认识的直观化表达，都期待更多现代教学技术的支持。所幸我们处于信息时代，教学资源和学习素材随处可见，教师应该在理解学生、理解学科、理解教学的同时理解技术，通过有效的技术融合，实现"分享·创生"课堂的高效。

一、信息技术融合在课堂教学中的使用优势

将现代信息技术作为辅助工具与初中数学课堂教学相结合，借助其生动形象、色彩鲜明、动静皆宜、信息量大、可以突破时空限制等特点，有助于将抽象复杂的教学内容直观形象地呈现出来，帮助学生突破数学学习中的重难点。将其作为课堂教学的辅助工具，有助于改变传统单一的"教师照书教、学生机械学"的教学模式。

1. 发挥学生主体性，调动学生的积极性，由"被动"变"主动"

《标准（2022年版）》指出，教师要充分利用现代信息技术辅助教学，大力开发并向学生提供更为丰富的学习资源，把现代信息技术作为学生学习数学和解决问题的强有力工具，致力于改变学生的学习方式，使学生乐意并有更多精力投入到现实的、探索性的数学活动中去。传统的课堂教学多以教师为中心，学生处于被动接受的状态，借助现代信息技术辅助教学，可以以学生为中心，根据自身的实际情况和需要自主学习，选择不同层次及难易程度的学习内容，从而找到适合自己的学习内容和学习方法。

利用信息技术学习初中数学知识比传统的教学方式更加有趣，学生也更易接受。借助多媒体技术辅助教学，通过文字、图片、声音、视频、动画等方式呈现，数学知识变得更加直观和形象，更能够有效地激发学生学习数学的热情和主动性。因为借助信息技术的交互式学习方法，学生能够有效地对当天所学习的内容进行及时反馈，及时改正不足之处。比如，传统教学方式中，学生对课堂内容的反馈方式通常是做课后作业，而课后作业常常就是学生先做题，然后第二天教师再集中进行评讲分析，针对性不强，也不可能让每一位学生都有很大的收获。如果教师不能及时批改作业，则根本无法知道学生的作业情况，而信息技术则可以在学生每完成一道题目后立即呈现答案，正确予以鼓励，错误则会有相关提示，引导学生做出正确答案，并且每一道题都可以呈现出完整、详细的解题过程，而这在传统的教学过程中是无法实现的。所以借助多媒体教学不仅可以及时有效地反馈学生的学习情况，提高教师课堂的教学效率和学生的学习效率，更重要的是，这样的教学形式增强了学生学好初中数学的欲望和动力。

2. 提高教学效率，提升教师教学水平，由"管理者"变"引导者"

（1）通过信息技术，增加课堂容量，优化教学信息，提高教学效率

图形不是文字语言，但比文字语言更加直观形象，很多图形语言是无法用文字语言准确表达与描述的，在教学过程中适当借助多媒体展示，比直接用语言描述或者黑板上板书更能让学生理解掌握。例如，在讲解"图形的平移与旋转"时，以前的教学方式基本都是让学生自己动手画图、观察图形、得出结论，但这个过程最大的问题是无法将动态的过程展现出来，这本身对学生的想象能力就有着很高的要求，所以传统的方法可能会存在着很大的误差导致结论不准确，也会耽误课堂时间导致课堂内容不能按时完成，降低课堂效率。如果教师借助多媒体展示一些关于平移和旋转的图片与动

画，或借助网络画板动态演示平移和旋转的过程，让学生去感受这个动态过程，那么传统方式无法展示的大部分内容能够借助多媒体轻松展示出来。所以我们发现在借助多媒体教学时变得更加高效，既扩充了课堂上的教学容量，也提高了课堂上的教学效率。

(2)通过信息技术，实现教师角色转变，提升教师的教学水平

通过网络教育平台，为一线教师创建了庞大的交流空间和丰富的教学资源，比如，教育部全国中小学教师继续教育网、中小学教师国家级培训计划、"一师一优课，一课一名师"、中小学教师信息技术应用能力提升培训等活动，让教师们学到了很多新的教学思想、教学理念、教学方法等，把信息技术作为一种辅助的教学工具，不仅可以充分发挥学生自主学习、主动探索和合作交流等方面的优势，也增强了教师运用现代信息技术辅助教学的能力，提升了教师的教学水平和个人的综合素质能力，也实现了教师由"管理者"向新课程改革理念下的"引导者"角色的巨大转变。

3. 丰富教学内容，发展学生思维能力，由"学数学"到"做数学"

数学是一门具有严密性、逻辑性、精确性、创造性和想象力的基础性学科，现代数学教育强调学生通过学习数学要学会"问题解决"，在解决问题的过程中锻炼思维能力、提高应用数学的能力。而传统的数学教育更重视的是学生是否会做数学题，忽视了学生的内心活动、情感体验、合作探究、互动交流等深层次的问题。现代信息技术为初中数学课堂教学带来了新的教学方式，比如，利用网络画板及其他工具软件，为学生"做数学"提供了必要的工具与手段，让学生可以自主地进行探索。教师也可以将更多的探索、分析、思考的任务交给学生去完成；学生从传统的机械"学数学"变成了在教师的引导下自主地"做数学"。以"图形的平移与旋转"为例，以前的课堂教学基本都是让学生通过作图直观感受，但是会浪费很多时间，也很难达到预想的效果，所以有时候教师会直接把结论呈现给学生，学生无法进行自主探索，无法锻炼自己的思维能力。现在的课堂完全可以借助多媒体动态演示或者借助网络画板动态生成，引导学生自己作图，学生通过自己动手操作，很容易发现图形平移和旋转的相关性质，学生通过自己动手操作增强了学习兴趣。又如，在教学"轴对称"这部分内容的时候，可利用信息技术在网络上收集一些关于轴对称的实物图片和视频，如故宫、天坛、埃菲尔铁塔、凯旋门、泰姬陵、摩天轮等，当他们看到这些美丽壮观的建筑物时，他们的注意力就会一下子全都集中到课堂上。紧接着又为他们展示中国的传统文化脸谱和剪纸艺术，引导学生学习这部分内容，然后学生拿出课前准备好的剪刀和彩纸，自己动手剪出各种美丽的轴对称图案。通过观察和动手操作，学生不仅从中学到了数学知识，提高了审美能力，更感受到了数学的趣味和意义。

4. 化抽象为直观，突破教学重难点，由"烦琐"到"简明"

(1)抽象的问题具体化，无形的问题形象化

数学的教学重点在于对数学问题的解决方法进行探索、研究、拓展和创新的过程，数学问题来源于生活并且服务于生活。而中学的数学学习，理性知识比重很大，传统

的教学方法基本侧重于依靠思维方式进行分析,但对于逻辑思维不是很好的学生来说无疑是很大的难点。例如,在解决"动点"相关问题时,我们传统的教学方式常常是"以静制动",借特殊情况来分析动态问题,但是这需要强大的空间想象能力和严密的逻辑思维能力,对绝大部分学生来说在纸上写写画画是无法解决问题的。但是如果能利用网络画板等多媒体软件为学生展示运动轨迹,让"动点问题"真的动起来,让学生真正看到点的运动过程,比在头脑中凭直觉想象更加直观形象,这无疑是给学生创造了一种新的学习体验。又如在进行"二次函数"这部分的教学时,教师可以利用网络画板动态演示,也可以让学生自己动手操作观察系数 a 的正负性对抛物线图象开口的影响,学生不难发现系数 a 的正负性会影响抛物线的开口方向。学生通过动手操作获取直接经验,不仅加深了对知识的记忆,还促进了思维的发展。

(2)突破教学重难点,烦琐问题简明化,提高课堂效率

借助现代信息技术辅助教学能够更好地实现教学目标,突破教学中的重难点,提高数学课堂的效率。利用网络画板等多媒体技术进行动态演示,可以弥补传统教学方式的一些不足之处,可以处理传统教学方式中难以处理的问题,还能提升学生学习数学的兴趣,增强学生对数学课堂所学知识的直观印象,也为学生突破学习重难点及教师提高课堂效率和教学效果提供了积极有效的教学方式。例如,在进行"频数直方图"的教学时,以前的教学模式通常会引导学生在所给出的数据中,找出最大值和最小值,再将数据进行分组并数出每组中数据的个数,然后计算出频率,绘制频率的分布表,最后再画出图形。这样操作很明显既烦琐又费时。但是如果我们用计算机辅助教学,只需要借助 Excel 表格,首先把这些数据输入 Excel 表格,然后再选择排序,就能清楚地找到这组数据中的最大值和最小值以及各组中的频数。不仅如此,我们还能借助 Excel 表格方便地绘出柱状图,类似频数直方图。这样操作既能提高课堂效率,让我们和学生有更多的时间及精力投入更高层次的教学与学习环节中,也培养了学生运用信息技术的能力。

作为中学数学教师,我们一定要坚持多学习、多思考、多摸索、多借鉴,同时努力探索适合中学生学习的方法。借助信息技术辅助教学,真正实现信息技术与初中数学课堂教学的有效结合,实现真正有意义和价值的数学课堂教学。

二、信息技术与数学课堂教学的融合原则

《标准(2022年版)》提出,数学的课程设计与实施应根据实际情况合理地运用现代化信息技术,要注意信息技术与课程内容的整合,注重实效。

但我们认为,信息技术与数学学科的整合,其本质应该是融合,而不是简单地凑合。

首先,教学理念要与信息技术理论相融合。现代信息技术为学生的自主学习搭建了优越的学习平台,为此教师必须从传统的教学理念中解脱出来,让学生真正成为学

习的主人，引导和帮助学生在"平台"上施展才华，动手动脑，长知识，长才干。新的教学理念，要求教师把"教与学平台"的主动权还给学生。教师开展微视频教学，需要比相对简单的多媒体教学更高的技术支持。为了适应现代信息技术与数学教学的整合，教师必须不断地学习现代信息技术，提高自己的理论水平和操作能力。

其次，数学文本要与信息技术演示相融合。《标准（2022年版）》提出，要充分考虑信息技术对数学学习内容和方式的影响，开放并向学生提供丰富的学习资源，把现代信息技术作为学生学习数学和解决问题的有力工具，有效地改进教与学的方式，使学生乐意并有可能投入现实的、探索性的数学活动中去。比如说，运用网络画板来发展学生数学核心素养，即培养空间想象能力，探究几何模型，实现思维创新，建立几何直观，提升推理能力。运用网络画板展现数形结合思想，使抽象的数学语言与直观的图形结合起来、抽象的思维和形象的思维结合起来。华罗庚说过："数缺形时少直观，形少数时难入微。"任何游离于数学文本之外的信息技术表演，都是不可取的。这就需要教师对文本有深刻的理解，融会贯通，根据数学学习的规律，找准信息技术与数学教学融合的切入点。将两者融为一体，相辅相成，相得益彰。

最后，认知基础要与信息技术要求相融合。信息技术与数学课程的整合，实施微视频教学，唱主角的是学生，学生对计算机的操作能力，对网络知识的了解，决定着网络教学活动能否顺利开展。在网络教学设计时，以适合、适度、适量为原则，充分考虑学生的实际情况；在教学过程中，教师适时有针对性地加以引导，这些都是教学成功的关键所在。唯有如此，才能保证信息技术与数学教学的有效整合。

整合要讲实效，信息技术与数学学科的整合，目的是加强学生的理解能力，提升学生的学习兴趣，增强数学教学的实效性。整合贵在坚持，现代教育技术的研究与实施是一项长期而艰巨的任务。信息技术与数学教学的整合，需要有能适应现代技术要求的高素质教师。信息技术是一门新兴的科学，对多数教师来说是比较陌生的，是一个新的学习过程。如果望而却步，知难而退，是不行的；有志者，贵在坚持，知难而上，认准目标，坚持到底，方能成功。

整合要讲原则，数学教学与信息技术整合应遵循以下原则。

1. 数学教学与信息技术的整合应遵循数学学习的发现、探究的教学原则

数学课程与信息技术的整合应强调利用信息技术把数学知识的发生、发展过程展示给学生，强调对数学知识的探究；强调对数学知识的应用；强调对数学方法的迁移。其目的是使学生的数学学习始终处于发现问题、解决问题的自主学习的过程中，养成独立思考、积极探究的学习习惯，真正理解和掌握基本数学知识与技能、数学思想和方法，获得广泛的数学活动经验。

2. 数学课程与信息技术的整合应遵循知识学习和创新精神相结合的原则

《基础教育课程改革纲要（试行）》指出，要把知识学习与创新精神相结合，要培养创新型人才。而信息技术提供了这样的平台，它为数学教学的开放性，为学生的自主

性、研究性提供了有力的支持。由于有了这种支持，学生在学习数学知识时，可以通过不同的途径与方法对其进行研究，对已有的知识从多角度去思考与再认识，从而产生新的知识。

3. 数学课程与信息技术的整合应遵循优势互补的原则

整合不是否定过去，而是要融会贯通，要把信息技术与传统教学完美地整合在一起。正确理解和处理好传统教学与信息技术的作用与关系。在实际教学中，我们应该取长补短，把传统教学与信息技术完美结合起来。

三、信息技术融合在课堂教学中的使用情境

1. 利用信息技术创造直观情境，激发学生兴趣

数学知识多数是以静态形式出现，形式上显得比较单一且乏味。但兴趣是最好的教师，传统的教学模式下，学生对数学的学习兴趣越来越淡。而将信息技术融入课堂，通过图文闪烁、变色、动画，以及平移、翻折和旋转，产生图文并茂，动静结合的效果，辅助数学教学，有利于激发学生学习的好奇心与求知欲。创设各种教学情境，有利于刺激学生各种感官，极大地激起学生的兴趣，激发学生的学习动力，将传统乏味的课堂变成学生的乐园。信息技术在知识呈现上的支撑往往能将知识化静态为动态、化复杂为简单。数学知识的直观性与形象性得到有效增强，同时也令学生构建知识体系变得更加轻松而容易。

例如，在学习"圆的对称性"这一课时，用一组动画：滚动的汽车轮胎、转动的水车，还有快速旋转的风车等，展示现实生活场景，用来说明圆的中心对称性和特有的旋转不变性，进而用这个性质导出本节课的内容。通过这样的新课背景引入，来激发学生的求知欲与兴趣。教师使用多媒体的教学方式，让学生的学习兴趣更高，使得教师更好地展开课程教学，同时也提高了学生对知识的应用能力。

又如，在探究等腰三角形性质的教学中，首先，创设一种情境，激发学生内在求知的欲望。然后，让学生利用网络画板动手作一个任意等腰三角形，画出底边上的中线、高线和顶角平分线，并测量出它们的长度；拖动顶点，观察在三线的长度发生变化时，点的位置所发生的变化(学生很直观地就会发现互相重合)。再与学生交流结果，启发学生从实验结果中去寻找等腰三角形的"三线合一"的性质，最终形成感性认识。利用网络画板的度量功能和计算功能，构造动态数学模型及数据图表，可以动态地保持给定的几何关系，便于学生自行动手在变化的图形中发现恒定不变的几何规律，极大地提高了学习效率。在此基础上，教师利用动画功能制作课件，学生对等腰三角形的"三线合一"的性质在感性认识上已确定无疑了。剩下的问题是，如何利用学过的知识从理论上去论证。组织学生分组讨论，探索证明途径，在这个过程中，教师可适时点拨，引出辅助线概念，学生完成分析证明过程。在以上过程中，以网络画板为工具，学生勇于实践，亲自操作，经历知识的生成和知识的构建过程，这样获得的知识必然

是深刻的、牢固的。网络画板所创造的快捷、形象、生动的学习过程必然会给学生留下极为深刻的印象，这样进一步强化了学习的积极性和求知欲望。课堂教学氛围必然因为生动教学情境的呈现而变得越发活跃，学生在饱满的学习热情中也会更加积极地参与学习活动，教学效果自然非同一般。不仅如此，学生在动态的直观情境中还会对对称轴、对称点、对称轴与对称点之间的关系形成更好的理解，牢固掌握轴对称基本性质的同时大幅提升自己的学习效率。

2. 利用信息技术将抽象的数学问题形象化，突破教学难点

数学知识是高度抽象的知识。初中数学逐渐摆脱直观进入抽象，然而在这个过程中，学生对于抽象知识的理解有一定的困难。在一些教学内容中，数学定理的发现与讨论过程很可能是教学的难点，所以传统模式下的教师往往会在解决这些教学难点时花费大量的时间，然而学生却未必能够获得多深的感触。甚至一些学生在重复的强调中还会产生一定的疲倦感，渐渐丧失了学习的动力，自然无学习效果可言。但信息技术在教学重难点的突破上却往往可以起到很好的效果，电子白板的运用、网页的设定与截图能将静态知识转为动态呈现，教学重难点在生动直观的呈现中更利于学生理解掌握其中的关键。此外，很多旧知识的梳理与整合在隐藏功能、拉幕功能下也会变得更加简单而有条理，学生对错综复杂的数学知识的理解也会因此变得更为清晰、直接而印象深刻。在实际教学中，教师可以运用多媒体手段，将某些知识的发生过程形象化，辅助学生理解。

例如，在教学"三视图"时，学生的空间观念尚停留在感知上，而要让学生由几何图形想象出实物的形状，由实物想象出几何图形，进行几何体与其三视图、展开图之间的转化，难度很大。利用网络资源和信息技术模拟演示，让学生经历一个观察、想象、比较、综合、抽象分析的过程，发展了学生的空间观念，为学生的空间观念由感知上升为一种可以把握的能力提供了一个很好的平台。再如，在进行"截一个几何体"的教学时，开始师生共同截出几种简单的几何体，但由于学生个性水平的发挥，在截取几何体的过程中出现很多复杂情况，操作的难度也越来越大。这时，利用多媒体辅助教学，把要操作的过程制作成动画，课上展示给学生，使学生对抽象的几何体有了直观的认识，轻松突破教学重难点。

又如，"函数"是一堂典型的概念教学课，本节课的关键是让学生对"对于 x 的每一个值，y 都有唯一值与它对应"有一个明晰直观的印象。运用多媒体的直观特性，分别显示解析式 $y=x+1$，用声音、动画等形式直观地显示"对于 x 的每一个值，y 都有唯一值与它对应"，最后播放三峡大坝一期蓄水时的录像，引导学生把水位设为 y，时间设为 x，就形成了 y 与 x 的函数关系。不仅可以让学生对函数概念理解得非常透彻，还能提升学生的自豪感。利用信息技术对文本、声音、图形、影像、动画等的综合处理及强大交互的特点，能充分创造出一个有声有色、生动逼真的教学环境，为教师教学的顺利实施提供形象的表达工具，真正改变传统教育的单调模式。

3. 利用信息技术培养学生自主学习习惯，改变学习方法

学生可以利用教学类型的 App 进行数学的前置学习。教师将已经准备好的多媒体教案发给学生，学生可以通过多媒体教案以及 App 学习进行预习，在预习中将不会的难点记录下来，既可以当时就与合作学习小组成员进行交流沟通，也可以让教师为其讲解。

以"走进图形世界"为例，教师利用多媒体画出不同类型的图形，学生可以通过多媒体进行图形的识别、理解。当然，也可以提供图形的变化、展开与折叠以及立体图形的构建，教师可以用多媒体中的信息技术，来拆分与安装立体图形的建构，让学生可以多角度地看出图形的各个展示面。

4. 利用信息技术加强作业的针对性，强化个体教学

数学作业作为数学教学的重要组成部分，是课堂教学的延伸和继续，也是知识落实的重要途径及学生能力培养的重要载体。按照传统方式，教师针对全体学生，布置同样的作业，简单一点的习题，"学优生"感觉重复练习，没有挑战性，缺乏兴趣；遇到难题、生题不会做，作业难一点，"学困生"无从下手，错多对少。相同的作业，共同的评价体系，使得"学困生"在与"学优生"的对比中，长期处于劣势，难以体会到成就感，作业"拖拉、抄、欠"，逐渐对数学学习失去信心。

面对不同个体，实施分层作业很有必要。在教学中，虽然实施分层作业能使不同层次学生得到发展，但也要避免打击个别学生，特别是中等生和"学困生"的学习积极性。同时要避免成为中等生前进的阻力，"学困生"懒惰的借口。传统的作业布置和批改方式很难有效地解决精确性问题及反馈性问题，只有难度适中、符合学生"最近发展区"的练习，才能构成问题情境，使学生获得成功的喜悦和个性的发展。现代技术下的融合为作业的精准性提供了可能，能够为不同能力水平的学生布置不同层级的作业，有效促进不同层次学生的发展。

5. 利用信息技术扩大课堂容量，满足探索欲望

画图是很多数学课堂教学中都会涉及的活动，作图的繁复、机械与重复往往会占据很多课堂教学时间，但实际上并不是所有的作图都对教学目标的达成具有重要的意义。

比如，球、圆柱、圆锥、棱柱等立体图形以及一些平面图形在课堂上绘制往往会耗费很多时间，但网络画板等平台往往运用一个菜单命令就能很快完成这些图形的绘制。再比如，七巧板的剪拼往往会耗费大量的时间，于是我们可以直接在网络画板中下载相关的资源和素材，教师与学生的负担都得到了减轻，教师与学生得以将更多的注意力与精力投入教学与学习的关键环节中，师生对信息技术产生更多了解，同时也会更好地提升教学与学习的效率与品质。

又如，"顺次连接四边形四边中点，问：能够围成什么样的四边形?"对这个问题可以用网络画板展示一个动态的四边形，使四边形的形状可以任意改变，从而中点围成

的四边形的形状也发生变化,并引导学生探究中点四边形的形状由原来四边形的什么性质决定。这样给学生留下更多的思考时间与空间,让学生在已有的知识基础上能够解决新问题,并能够发现新问题,提出新问题。这样便利用信息技术巧设悬疑,引导学生自主探究问题。苏霍姆林斯基指出,在人的心灵深处,都有一种根深蒂固的需要,就是希望自己是个发现者、研究者、探究者。有效的数学学习不能单纯地依赖模仿与记忆,应通过动手实践、自主探究和合作交流,展现知识发生的过程。用网络画板介入数学常规教学,学生在教师指导下利用网络画板和计算机网络来开展探索性学习,是一种不同于传统的课堂教学,是对提高学生应用信息技术、提高学习效果的一个尝试。

四、信息技术融合在课堂教学中需要注意的问题

1. 注意信息技术与传统技术的平衡

事实上,信息技术只是辅助教学,不是必需的。我们传统教学中的动手折、动手画、动手量、实物演示同样不可少,很多是信息技术不能替代的。我们不能完全依赖信息技术,而忽视学生才是学习的主体,学生不是我们表演的观众。比如前面说的用平面去截立方体这一内容的教学,尽管我们可以用电脑模拟,但学生亲自动手去截的这一过程是必不可少的。

2. 注意具体直观与抽象理性的平衡

在数学教学中,教师根据学生思维能力的具体情况,运用多媒体为学生提供恰当的直观材料,帮助学生数学思维活动的顺利进行是必要的。但是,教师的教学处理如果过于直观,不恰当、过分地依赖演示的信息技术功能,则会降低学生思维水平,影响学生思维的发展。应该充分认识到,运用多媒体进行数学教学,利大于弊,我们要在教学实践中不断摸索,把多媒体好的一面加以利用,而把不利的一面尽量避免。这样就可以提高我们数学课堂的效率,让学生学得轻松,学得成功。

3. 注意自制素材与网络素材的平衡

很多教师反映并不是所有的内容都能找到合适的素材资源,而且由于时间与精力的限制,很难精心设计有效的多媒体课件。针对这些情况,我们可以建立一个专用课件素材库,将本校教师制作的多媒体课件资料和其他课件资料进行统一管理,为教师备课提供丰富的素材资源,将效率最大化。例如,教师在备课和制作课件时可以利用素材库中现成的资源,从而大大节约课件制作的时间,教师就有更多的时间去思考教学中可能出现的问题,制订合理的解决方案,从而大大提高课堂教学的质量和效率。真正想要让信息技术与数学教学整合并提高教学效率,就必须要合理使用信息技术,只有这样才能充分发挥信息技术优势。

总之,恰当地选准信息技术与数学课堂教学的最佳结合点,适时适量地运用多媒体,就会起到"动一子而全盘皆活"的作用,发挥其最大功效;就可以减轻学生学习的

过重负担，激发他们学习数学的热情，挖掘他们的数学潜力，把学习的主动权交还给学生，增进他们热爱数学、学以致用的情感；就可以培养他们的数学创新能力与实践能力，提高课堂教学效率，促进素质教育实施，培养学生非智力因素；就可以有效地培养更多跨世纪的创造性人才，这也符合现代化教育的需要。

第二节 新授课中的典型课例

一、概念新知课的基本结构

1. 概念新知课的教学流程

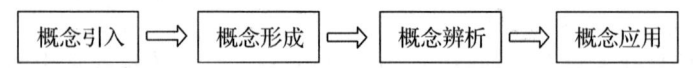

概念引入 ⟹ 概念形成 ⟹ 概念辨析 ⟹ 概念应用

2. 概念新知课的基本结构

数学概念教学中的一切活动都将围绕"让学生感知概念、理解概念、运用概念"这一基本目的而进行。教师在教学中呈现的主体是数学家创造的概念，而给学生设计的一切则是自己创造的对数学概念的"理解"，能帮助学生理解的数学概念。要学好数学概念，就必须亲历概念形成的过程，在"再创造"的过程中理解数学概念的本质，体会蕴含在概念中的思想方法。

一般地，概念新知课学习要经历以下几个基本过程：

（1）概念引入

概念引入具有直观性，数学概念的抽象性决定了数学教学中概念引入这个关键的第一步，它将有助于形成概念的基础。引入的设计、组织的好坏，将直接影响到教学活动的顺利与否，影响到学生在教师提供的感性材料中分析、比较、感知数学概念，影响到数学概念的形成。基于数学概念的抽象性，教学中应该寓数学概念于生活之中，在教学中以生活实际例子引入，利用学生的生活经验、学生熟悉的生活事物，遵照"实例—感知—抽象—认知"的基本路线，完成对数学概念的基本感受和初步认识。问题情境是基本素材和基本手段，教师的点拨与启发是基本方法，学生的思考是主要活动。学生通过思考，初步感受生活中数学概念的原型。在引入这个环节，实例的直观性、相近性，体现的是返璞归真、自然过渡，突出的是"数学源于生活而高于生活"的本色。

（2）概念形成

概念形成是一种获得概念的方式，具体是指从大量的、具体的例子出发，经过由表及里、去伪存真的分析、辨别、比较、归纳、概括的工作。通常，概念形成的具体过程为：辨别一类事物的不同例子，概括出各个例子的共同属性；提出它们的共同本质属性的各种假设，并加以检验；把本质属性与原来认知结构中的适当知识联系起来，使新概念与已有的有关概念区别开来；把新概念的本质属性推广到一切同类事物中去，以明确它的外延；扩大或改组原有的数学认知结构。

在具体概念新知课中，概念形成环节要以适量和适度的生活中原型为载体，犹如一种刺激模式，在教师的引导、启发下，让学生进行充分的观察、分析和比较，初步感知活动，并能从中归纳总结出这些原型的共同属性，在不知不觉中经历、潜移默化中"看到"概念的形成过程。此时，呼之欲出的是数学概念的数学本质和抽象表述。低起点、缓坡度的要求在这里是必须的。因此，教学中需要的是稳定，需要的是不操之过急，需要的是将引入的问题情境做进一步的引申。让数学概念来得及时，来得有效。

(3) 概念辨析

数学概念的初步形成，体现的是从一般到特殊的抽象过程，这个过程中形成的数学概念，学生未必真正明白，基本是处于一种一知半解的状态。因此，数学概念辨析也就成为教学中第三个重要环节。通过辨析，必将丰富、加深、巩固学生对数学概念的理解和掌握，同时在加深的过程中，有利于培养学生思维的深刻性、敏捷性、创造性和批判性，并能加强学生的各种能力。基于数学概念的抽象性，在数学概念辨析的过程中，通过反复比较，学生从中感受数学概念，把握数学概念的核心内容，包括对数学概念的关键词的理解。同时，适当通过反例的验证和比较，提高学生辨别准确的数学概念的能力，使其掌握"伪概念"的判断方法，达到正确掌握"真概念"的目的。

(4) 概念应用

概念的应用是概念学习的最高层次，通过运用概念去分析解决相关的问题，以进一步加深对概念的理解，进而达到灵活运用概念的理解水平。可以帮助学生在解决一些情境复杂的问题时，能够把头脑中的某一个或几个概念依据问题情境所提供的信息进行重现、提炼、概括，并使它们相互作用，融会贯通，以达到完善概念的目的。

二、概念新知课的典型案例

案例1　基于"分享·创生"的初中数学概念课"余角与补角"教学设计[①]
◆ **教学内容解析**

1. 教学内容

本节主要内容是理解余角、补角、对顶角的定义及性质。

2. 分析说明

本节课是学生在学习了"角、直角、平角的定义""角的大小比较"等内容的基础上，对于角与角之间关系的进一步深入和拓展，它为以后证明角相等提供了一种重要依据。因此本节课起着承上启下的作用。同时本节课中从"数量"关系定义余角、补角，从"位置"关系定义对顶角，使学生对定义认识的深度、广度得以拓展。在本节课中，整个教

[①] 本案例由四川省天府第四中学校王远彬提供。

学过程中渗透了从"特殊"到"一般"、类比、化归的数学思想方法，使学生进一步体会数学几何学习的精髓和本质。通过让学生经历动手操作、合作交流的探究活动达成对余角、补角性质的获得，学生经历"观察猜想—操作验证—推理论证"的数学体验过程，发展性质探究中需要的观察、分析、归纳、概括能力，经历数学理性精神的体验。

基于以上解析，确定本节课的教学重点如下。

教学重点：余角、补角、对顶角的定义及性质。

◆教学目标设置

1. 通过在生活情境中从数学角度发现问题、提出问题，理解余角、补角、对顶角的概念。

2. 通过经历探究活动中的动手操作，合作交流，掌握同角（或等角）的余角相等，同角（或等角）的补角相等，对顶角相等的性质。

3. 通过对余角、补角性质的探究，渗透从"特殊"到"一般"、类比的数学思想方法；会对文字、图形、符号三种语言进行相互转化。

4. 通过关于比萨斜塔的新闻视频引入，感受数学来源于生活，生活中处处有数学，体会学习数学的价值。

◆教学问题诊断

学生已经学习了直角、平角，比较角的大小等有关基础知识，并能用这些知识解决简单问题，也具备初步的观察、分析、概括能力，有着一定的学习经验及活动经验，形成了较好的参与意识和合作意识，并能在教师引导下进行探究。但逻辑推理能力和用数学语言进行正确表达的能力还有待进一步提高。

基于以上诊断，确定本节课的教学难点如下。

教学难点：余角、补角性质的合情推理和数学语言的规范表达。

◆教学技术支持

1. 测量及计算：在用数据验证角度的过程中，需要测量倾斜角的大小，并进行求和计算。

2. 路径：在探究余角性质时，要运用路径进行"剪—移—拼"动图制作。

3. 旋转：在讲解对顶角问题时，运用旋转功能展示剪刀变化中角度的变化情况。

◆教学过程实施

教学流程如下。

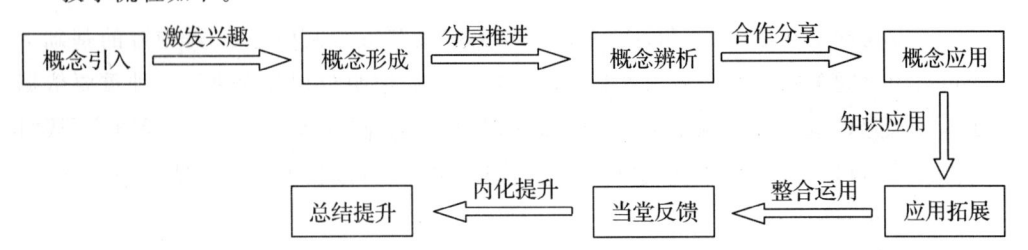

概念引入 →激发兴趣→ 概念形成 →分层推进→ 概念辨析 →合作分享→ 概念应用 ↓知识应用
总结提升 ←内化提升← 当堂反馈 ←整合运用← 应用拓展

(一)概念引入

首先播放一段有关著名的比萨斜塔近况的新闻视频，提出问题：从视频得知，"塔身的倾斜度由原来的 5.5°变成现在的 3.99°"，你知道其中的 5.5°和 3.99°是怎么测量的吗？注意这里的测角仪不能直接伸入塔身。

【学生活动】独思，齐问个答。观看视频。

【设计意图】用比萨斜塔"正身"吸引学生，激发兴趣，体会生活中的数学知识。

(二)概念形成

问题一：如果我们使用测角仪测量出了∠1的大小，能否得出塔身的倾斜度∠2呢？为什么？

问题二：如果想得到塔身与地面所成角中最大的角∠3的度数，能行吗？为什么？

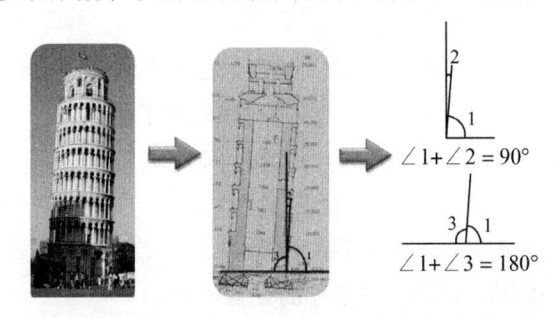

$\angle 1 + \angle 2 = 90°$

$\angle 1 + \angle 3 = 180°$

师：在刚才的问题解决过程中，我们用到了两个角的和分别是 90°，180°，于是整理提炼得定义，即

如果两个角的和等于 90°(直角)，就说这两个角互为余角。如果两个角的和等于 180°(平角)，就说这两个角互为补角。

【学生活动】共学组活动，共学组代表"展讲"。共学组学生交流讨论，提出初步测量方案；共学组代表展示后，根据回答，进一步追问。

【设计意图】引导学生初步学会在具体的情境中从数学的角度发现问题和提出问题。体会数学来源于现实生活，生活中处处有数学，从而体会数学的价值。通过比萨斜塔视频引入，学生经过抽象概括后，自然形成概念。

【技术融合说明】本环节用到了网络画板的图形的测量及计算功能，做出的测量图直观地展示了"无字证明"的过程，学生易于理解；测量法验证时，数据及时生成，计算结果同时显示，极大地提高了课堂效率。

(三)概念辨析

师：请一位同学为大家朗读定义，并重读关键词。(辨析概念中的两个关键词"两个角""互为")

动手操作：请同学们用手中的剪刀和纸质的三角板，通过"剪—移—拼"的过程，探究直角三角形两锐角之间的关系。

对余角定义的辨析：①"两个角""互为"；②是从"数量"关系进行定义；

③$x°↔(90-x)°$。

【学生活动】独思独做、共学组活动。朗读概念，重读关键词；动手操作，共学组交流讨论余角定义的实质，代表"展讲"。

【设计意图】注重以文字、图形、符号三种语言对定义进行刻画。动手操作是概念变式的一个环节，内化余角的定义，感知余角定义的实质，为学生类比理解补角定义打下基础。此处设置共学组活动，目的在于对知识形成问题，通过共学组对话交流、汇总的方式，让学生体会概念从"数量"定义，与两角的"位置"无关。

【技术融合说明】本环节用到了网络画板的路径功能，制作的动图展示图形拼的过程，便于学生理解余角的定义，从而内化概念。

（四）概念应用

1. 探究活动一

以互助组为单位，将手中的三角板△AOB，△COD 的直角顶点 O 重合在一起。

- 观察猜想：如图放置，度量∠1 与∠2，你发现了什么？
- 操作验证：请甲同学旋转△COD，乙同学观察∠1 与∠2 的大小变化，上述猜想的结论还成立吗？
- 推理论证：请用所学知识论证你的发现。
- 整理提炼：你能用一句话归纳刚才的发现吗？

余角的性质：同角（或等角）的余角相等。

【学生活动】互助组活动、互助组"展讲"。互助组合作、交流，经历"观察猜想—操作验证—推理论证"的探究过程；互助组"展讲"，展示证明过程，并用文字语言表述结论。

【设计意图】在探究活动一中，互助组学生动手操作（度量、旋转）验证了结论，又通过说理的方法证明了结论，充分体现了实验几何与论证几何的有机结合。渗透从"特殊"到"一般"的数学思想，学生亲历数学建构过程。

【技术融合说明】本环节用到了网络画板的旋转、度量功能，制作的动图展示图形旋转，角度的度量过程，学生直观得到角度相等，简洁高效地突破了教学难点。

(1) 如图，已知△ABC 中，∠ACB=90°，CD⊥AB，试找出下图中相等的锐角，并说明依据。

(2) 如图，已知 DA⊥AB，CB⊥AB，点 O 是线段 AB 上一点，DO⊥CO，试找出图中相等的锐角，并说明依据。

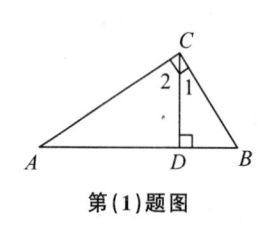

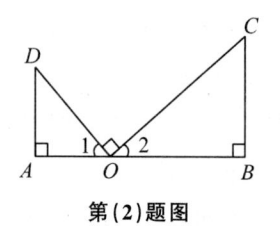

第(1)题图　　第(2)题图

问：刚才的寻找等角过程中，我们用到了哪些知识？

通过类比，我们得到补角的性质：同角（或等角）的补角相等。

【学生活动】独思独做、齐问个答、齐问齐答、"小老师展讲"。先独思独做，分析图形的特征，并尝试对图形进行分解与组合、抽象；"小老师展讲"后，教师点拨，熟悉、巩固余角的性质，学生运用余角性质合情推理；对于第(1)题可以齐问个答、再请"小老师展讲"，对于第(2)题可以齐问齐答；类比余角性质完成补角性质。

【设计意图】为了及时巩固学生对余角性质的掌握，并为后面证明两角相等打下基础，学生通过互助组探究获得余角性质后，设计2个实例应用性质。而"寻找等角"为后面学习探索直线平行的条件，三角形全等、相似奠定基础。教师注意引导学生对文字语言、图形语言和符号语言进行转换，"小老师展讲"培养学生运用数学语言准确表达的能力。

2. 探究活动二

(1)提问

使用剪刀剪东西时，哪对角同时变大或变小？请描述这组角的位置特征。

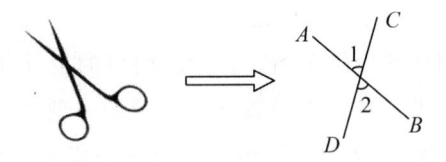

(2)整理提炼

对顶角的定义：两边互为反向延长线的两个角互为对顶角。

对顶角的概念辨析：对顶角是从"位置"关系进行定义的。

对顶角的性质：对顶角相等。

(3)即学即练

①问：为什么对顶角相等？你能用今天所学知识进行论证吗？

②下列图形中，∠1与∠2是对顶角的是图_____。

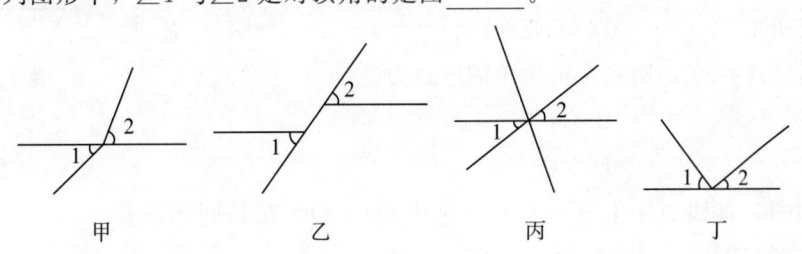

甲　　乙　　丙　　丁

【学生活动】独思独做、共学组活动、齐问个答。共学组活动探讨后，齐问个答用文字语言表述∠1与∠2的位置特征，文字语言描述对顶角定义，体会几何概念定义方式的多样性；独思独做完成即学即练，互助组纠错后，齐问个答第①题，齐问齐答第②题。

【设计意图】在探究活动二中，通过共学组交流，培养学生用文字语言表述数学问题的能力。理解概念的本质，对顶角从"位置"关系进行定义，即学即练中用补角的性质推导出对顶角相等，感悟数学逻辑的严密。区别对顶角的定义与对顶角的性质。

【技术融合说明】本环节用到了网络画板的旋转功能，制作的动图展示了剪刀的不同展开方式，直观展示出对顶角的性质。

（五）应用拓展

1. 若一个角的补角等于它的余角的 4 倍，求这个角的度数。

2. 如图，直线 AB 与 CD 相交于点 O，E 是 $\angle AOD$ 内一点，已知 $OE \perp AB$，$\angle BOD = 45°$，则 $\angle COE = $ _____。

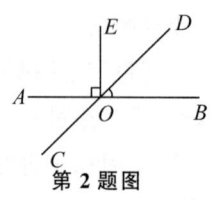

第 2 题图

【经验习得】求一个角可以通过转化为求其余角、补角、对顶角来完成。

【学生活动】独思独做、互助组活动、齐问个答、"小老师展讲"。第 1 题独思独做，齐问齐答，强调解题格式的规范；第 2 题独思独做后，互助组活动，"小老师展讲"不同的思路，熟悉、内化概念，渗透"化归"的数学思想；在教师引导下回顾解决例题及变式用到的知识和数学方法，书写自己的习得。

【设计意图】熟练应用任意角的余角、补角。题目的设计体现了几何入门阶段，对识图能力、书写格式等基本功的重视，教师在例题的处理过程中，注重了培养学生用分析法来解决几何问题。注重余角、补角、对顶角的概念在问题解决中的灵活应用。重视学生的解题反思。通过互助组活动，增强学生间的交互，"小老师展讲"训练口头表达能力，做到善讲。

（六）当堂反馈

课堂练习，检查学生的学习效果，计时 3 分钟。

1. 如图，点 O 在直线 AB 上，$\angle BOC$ 为直角，则 $\angle AOD$ 的余角是（　　）。

A. $\angle BOD$ B. $\angle COD$

C. $\angle BOC$ D. 不能确定

2. 若 $\angle A = 50°$，则 $\angle A$ 的余角的度数为（　　）。

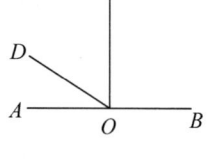

A. $50°$ B. $100°$

C. $40°$ D. $80°$

第 1 题图

3. 如图，直线 AB 上有一点 O，射线 OC，OD 在其同侧。若 $\angle AOC : \angle COD : \angle DOB = 2 : 5 : 3$。

(1) 求出 $\angle AOC$ 的度数。

(2) 计算说明 $\angle AOC$ 与 $\angle DOB$ 互余。

【学生活动】独思独做、共学组活动、"小老师展讲"、争当"小老

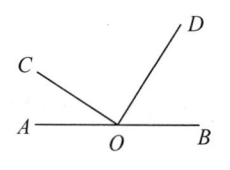

第 3 题图

师"(批阅其他同学的习题)。学生独立完成习题;"小老师"批阅;第1,2题在共学组订正纠错,第3题进行"小老师展讲"。

【设计意图】3个课堂练习,层层递进,第1题直接巩固概念,第2题注重概念性质应用,第3题注重知识、方法、书写格式的灵活应用。通过练习强化对余角、补角的运用,及时反馈学情。分层次练习,对不同层次的学生提出有差异的要求,以达到促进学生发展、激发学生学习动机的目的。

(七)总结提升

回顾本节课的学习,围绕以下三点,请同学们整理一下自己的收获。

1. 我学到了哪些知识?今后我可以采取怎样的方法学习几何概念?

2. 本节课渗透了哪些数学思想方法?

3. "分享·创生"学习的体会。

【学生活动】共学组活动、代表"展讲"。共学组组内交流、代表作总结发言。

【设计意图】回顾本课学习的知识及应用到的数学思想和数学方法。学生小结,教师补充、提炼,使这节课所学知识系统化,并从感性认识上升到理性认识。对"分享·创生"学习的过程进行总结,体现对学生的多元评价。

◆ **教学板书设计**

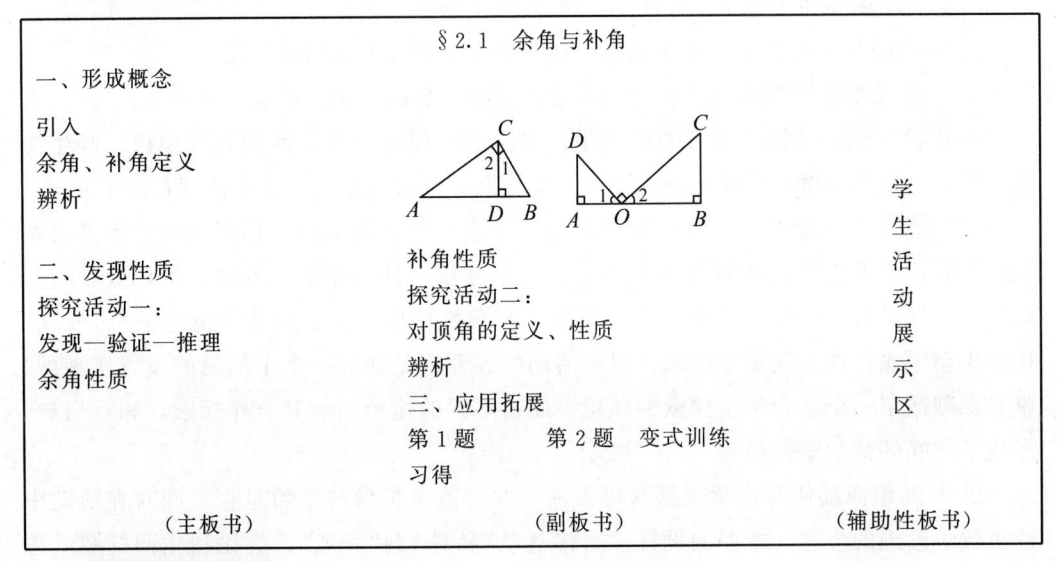

	§2.1 余角与补角	
一、形成概念 引入 余角、补角定义 辨析		学 生 活
二、发现性质 探究活动一: 发现—验证—推理 余角性质	补角性质 探究活动二: 对顶角的定义、性质 辨析 三、应用拓展 第1题　第2题　变式训练 习得	动 展 示 区
(主板书)	(副板书)	(辅助性板书)

◆ **教学目标检测**

(一)必做题

若 $\angle MON$ 的补角为 $80°$,则 $\angle MON$ 的度数为(　　)。

A. $100°$　　B. $10°$　　C. $20°$　　D. $90°$

(二)选做题

(一题多解)如右图所示,三条直线 AB,CD,EF 相交于点 O,$\angle AOF=3\angle FOB$,$\angle AOC=90°$,求 $\angle EOC$ 的度数。

◆**教学反思说明**

选做题图

本节课的教学设计始终贯穿一条主线:以学生为主体,开展充分的"分享·创生"学习。根据教学经历和学生反馈,本堂课教学设计操作性强,效果良好。课堂中学生通过概念辨析教学,对余角、补角、对顶角的概念理解较深入,能辨别三个角和为 $180°$ 与补角概念之间的区别,能很好识别对顶角。通过探究活动得出性质让学生对性质的掌握更为牢固,如本堂课中应用补角性质对对顶角相等加以证明以及课后作业都说明了这一点。而范例及变式的训练使学生对化归的数学思想方法理解更为深入,逐步形成多种方法解决问题的习惯,并能规范解题。本课的设计特别强调学生对概念的学习规律,遵循"概念引入—概念形成—概念辨析—概念应用"的认知过程,利用视频中蕴藏的数学知识引入概念,形成初步感知,通过学生朗读概念、动手操作内化概念,小试身手应用概念等环节达成对概念的深入理解。综合以上情况,本课的教学设计有如下反思:

网络画板技术在课堂中的应用,能有效解决问题。归纳起来,体现在以下几点:

1. 应用网络画板创设问题情境,能激发学生学习兴趣。

2. 网络画板强大的作图度量功能,能帮助学生迅速准确明晰题意。

3. 动态图形能凸显几何变换变与不变的规律,有助于突破难点。

在开展"分享·创生"学习的过程中,学生分组讨论、展示活动表现积极。师生交流、生生交流使思维碰撞出火花,学生思维活跃,学习效率高,主要体现在以下几点:

1. 突出学生动手操作,共学组活动培养了学生的合作能力,相互启迪,促进大家共同发展;本课教学设计中突出了学生的动手操作,自主探索,鼓励学生积极参与互动交流,教学设计中把对余角定义的辨析、余角性质的探索、对顶角概念的"再发现"用学生动手操作这条线贯穿起来。每个活动的展开都是通过一个个问题的设置实现的,整堂课创造了一个适合学生探索的环境,通过不同的途径引导其合作探索,相互启迪,形成了较好的数学学习经验。

2. 互助组活动使每位学生都获得关注,并且能全员参与学习过程;同时在活动中注重数学思想的渗透,本课的设计注重渗透从"特殊"到"一般"、类比和化归的数学思想与方法。课堂中,余角性质与补角性质之间的关系,互助组共同探究余角性质由有限的度量过渡到任意时刻结论是否成立,拓展应用中角之间的转化都充分体现了这些数学思想方法的渗透。

3. 学生"展讲"活动培养了学生的数学素养,并能让学生获得愉悦的学习体验。本课注重学生知识的自我建构,在共学组探究过程中使学生经历"观察猜想—操作验证—推理论证"的数学体验过程,共学组"展讲""小老师展讲"让学生们形成良好的学习活动习惯。

案例2　基于"分享·创生"的高中数学概念课"充分条件与必要条件"教学设计[①]

◆**教学内容解析**

1. 教学内容

本节课涉及推理的概念、运算及运用。充分条件、必要条件、充要条件是最基本的数学用语，数学中大量的命题用它们来叙述。

2. 分析说明

常用逻辑用语是数学语言的重要组成部分，是数学表达和交流的工具，也是逻辑思维的基本语言。对于"常用逻辑用语"的学习，可以帮助学生使用常用逻辑用语表达数学对象，进行数学推理，体会常用逻辑用语在表述数学内容和论证数学结论中的作用，提升交流的严谨性与准确性。

教材以命题及其关系作为知识上的铺垫，本节课主要帮助学生更加深刻认识命题的结构之间的关系，从而帮助学生更加深刻理解数学知识，培养良好的思维习惯。

基于以上解析，确定本节课的教学重点如下。

教学重点：充分条件、必要条件的理解及判断。

◆**学习目标设置**

《普通高中数学课程标准(2017版2020年修订)》要求：①通过对典型数学命题的梳理，理解必要条件的意义，理解性质定理与必要条件的关系；②通过对典型数学命题的梳理，理解充分条件的意义，理解判定定理与充分条件的关系；③通过对典型数学命题的梳理，理解充要条件的意义，理解数学定义与充要条件的关系。本节课的学习目标如下：

1. 通过对典型数学命题的梳理，归纳条件对结论成立的作用，理解充分条件的概念，能举出大量的充分条件的例子，认识其与判定定理的关系。

2. 在命题的变式探究中，理解必要条件的概念，能举出大量必要条件的例子，认识其与性质定理的关系。

3. 在探究中能归纳出定义的直观化表示，即用集合思想直观理解"充分条件"与"必要条件"，理解"小充分、大必要"的含义，培养良好的思维习惯，发展逻辑推理素养。

◆**评价任务分析**

评价任务与教学目标、教学活动紧密相连，评价任务的设计就是为学生搭建"充分表现"学习结果的平台，确保每一位学生都有展示自己并得到促进和完善的机会，从而达成学习目标。相应地，本课时设计了三个评价任务：

1. 能根据例题判断命题真假从而说出真命题中条件的特点，用自己的语言表述充分条件，在例题变式中能归纳出本质。

[①] 本案例由四川省双流中学李莎莎提供。

2. 能根据例题变式说出 q 对 p 的影响，用自己的语言表述必要条件，能解决例题并回答思考题。

3. 能发现充分条件、必要条件与集合的关系，能举大量实例说明概念。

◆**学生学情分析**

学生已有的认知储备是知道命题及其关系，知道基本结构、四种命题的真假关系，同时在生活中也积累了一定的逻辑经验，为本节课探究真命题的条件与结论的逻辑关系做铺垫。

学生的难点在于，一是理解必要条件及四种表述的等价性，所以本节课主要是结合数学命题及生活实际并借助逆否命题与原命题同真假的理论基础，结论不成立那么条件不成立，所以结论是条件成立的必备条件；二是在于本节课需要已学数学知识作为载体，知识的交融也可能会影响学生对于本节课概念的学习与理解，所以本节课选择较为简单的命题阐述概念，然后再借助充分条件与必要条件的概念应用于已学知识，促进学生利用常用逻辑用语加深对数学概念、定理的理解。

基于以上诊断，确定本节课的教学难点如下。

教学难点：必要条件概念的理解及充分条件、必要条件的判定方法。

◆**教学技术支持**

1. 多媒体：呈现课件。

2. 平板电脑：进行学生答案的统计、分享与展示。

◆**教学策略分析**

针对以上分析，本节课的学习主线是经历"问题—对话—评价—重构"，问题主线，自我评价、生生评价、师生评价，以反思重构为内在效益，分享自己的学习想法不断进行生生对话。

1. 引导—问题探究式。在例题的基础上继续启发并进行问题链引导，使学生主动参与积极思考，师生共同探讨与研究问题，进行概念的回顾与辨析，从而引导学生发现概念的内涵。习题的设计由浅入深，强化了学生对知识的理解，检测学生对知识的掌握情况，对出现的问题也给予及时纠正。

2. 合作—共学交流式。本节课概念性、理论性较强，内容相对比较抽象，学生较难理解和掌握，为此教师需要问题引领，学生更需要合作交流，共学创造，让学生从多个角度去审视问题、分析问题、思考问题和解决问题。

◆**教学过程实施**

教学流程如下。

概念引入 ⇒ 概念形成 ⇒ 概念辨析 ⇒ 衍生新知 ⇒ 概念应用 ⇒ 归纳小结 ⇒ 作业布置

【课前复习】

四种命题的真假关系

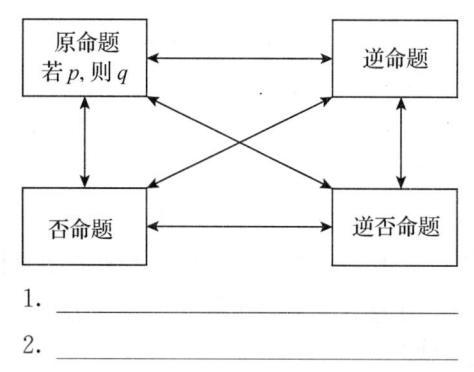

```
原命题           逆命题
若p,则q
         ╳
否命题           逆否命题
```

1. _____
2. _____

(一)概念引入

教师 PowerPoint(以下简称 PPT)呈现三幅图片请学生进行文字描述,并提出问题:笛卡儿说"一切问题都可以化为数学问题",以下生活现象反映的是数学中的哪一个模型?

1. 水是生命之源。
2. 如果我是成都人,那么我是四川人。
3. 开关闭合,灯泡发亮。

【学生活动】齐问个答,齐问齐答。观看图片,看图说话,实际问题数学化。

【设计意图】生活情境设疑引入,转移到数学问题——命题,真命题的条件和结论存在一种关系,从而引入本节课主要研究的问题且贯穿整堂课,辅助学生理解本节课的关键概念。同时,缩短了数学课堂与生活实际的联系,激发学生的学习兴趣,引导学生会用数学的眼光观察现实世界、会用数学的思维思考现实世界、会用数学的语言表达现实世界。

(二)概念形成

自主探究一:p 对 q 的影响

教师呈现问题,学生思考交流、解决问题,生成充分条件的概念,并认识本质,充分条件是命题为真(文字语言)的逻辑描述,虽然说法不同但本质上是同一个意思。

例1 下列"若 p,则 q"形式的命题中,哪些命题是真命题?哪些是假命题?

(1) p:$x=1$,q:$x^2=1$。

(2) p:$x>3$,q:$(x-1)(x-3)>0$。

(3) p:四边形是平行四边形,q:四边形是矩形。

问题1:上述真命题中,p 成立对于 q 是否成立有什么影响?出现假命题的原因是什么?

(p 成立,q 就成立,$p \Rightarrow q$;推不出,得不到,条件不够,$p \not\Rightarrow q$)

问题2:你能让假命题变成真命题吗?

（强化条件：对角线相等或有一个角是 90°）

问题 3："若 p，则 q"为真命题，这里的条件 p 有什么特点？

（说明条件 p 是足够的、充分的，有它结论必然成立，没有它结论未必不成立）

【学生活动】齐问个答，共学组活动，共学组代表"展讲"。由学生个体回答思考题，共学组学生交流讨论，从命题的结构分析真命题与假命题的原因；共学组代表分享条件 p 的特点，给出"充分条件"的定义。

【设计意图】概念教学需要以实例抽象概念、辨析内涵，本环节以方程、不等式、几何中的典型命题为载体，基于问题链，通过分析真假命题来探讨命题结构中条件对于结论的影响。共学组通过分析、交流、提炼条件的特点，给予条件 p "命名"和"定义"，激发学生的学习成就感与内驱力。

（三）概念辨析

学生自己给出"充分条件"的定义并相互完善，教师规范板书概念，并引导学生回到思考题辨析概念。

板书：

> 一般地，"若 p，则 q"为真命题，是指由 p 可以推出 q，记作 $p \Rightarrow q$，
> 并称 p 是 q 的充分条件。
> 如果"若 p，则 q"为假命题，是指由 p 不能推出 q，记作 $p \not\Rightarrow q$，
> 并称 p 不是 q 的充分条件。

思考：例 1(1) $p：x=1$，$q：x^2=1$ 是真命题，说明 $x=1$ 是 $x^2=1$ 的充分条件，这样的充分条件唯一吗？你还能举出充分条件的例子吗？

学生自主归纳出充分条件的不唯一性，得出本质"于结论而言，有它就行，没有它未必不行"。结合学生举例，教师引导学生发现结论"数学中的每一条判定定理都给出了相应结论成立的一个充分条件"。

【学生活动】齐问个答，共学组活动。由学生个体回答思考题，互助组合作、交流，升华充分条件的本质；学生举出大量充分条件的例子，由共学组代表提炼其与判定定理的关系。

【设计意图】概念形成后需要进一步挖掘概念的内涵与外延，通过正例与反例的剖析、不同的表述语言加以转换、自主举出大量实例来巩固理解概念。本环节通过二次剖析思考题，并用文字语言、符号语言、逻辑语言描述，内化定义、感知实质，为"必要条件"的理解打下基础。学生通过共学组的交流，可以加深对概念的理解与本质的提炼。

自主探究二：q 对 p 的影响

通过设置问题 1，学生领会所给的两个对象中谁为条件、谁为结论是相对的，教师在例 1 的基础上继续追问"$q：x^2=1$ 是 $p：x=1$ 的充分条件吗？"通过产生认知冲突"q 不是 p 的充分条件"，激发思考"难道 q 对 p 的成立不起任何作用吗？""怎么考虑 q 对 p

的影响?"

问题1：当我们说"若 p，则 q"是真命题，也即 $p \Rightarrow q$，p 是 q 的充分条件，与此同时，是否也意味着 q 对 p 的成立也有影响呢？

追问1："若 p，则 q"是真命题，则"若 q，则 p"的真假确定吗？是不是说 q 对 p 的成立不起任何作用呢？

追问2：在保持 p 与 q 正确关系即命题真假的前提下，q 对 p 的影响是什么呢？

命题一 $p: x=1$，$q: x^2=1$。

引导学生考虑原命题与逆否命题同真假，所以 $\neg q \Rightarrow \neg p$，即 $x^2 \neq 1 \Rightarrow x \neq 1$。如果 $q: x^2=1$ 不成立，则 $p: x=1$ 一定不成立。

追问3：那么这个关系是否对于一般的真命题都成立呢？类似地，你能给 q 命名吗？

命题二 p：我是成都人，q：我是四川人。

借助引例：如果"q：我是四川人"不成立，则"p：我是成都人"一定不成立，所以"q：我是四川人"是"p：我是成都人"必须具备的条件。

【**学生活动**】独思独做，齐问个答，齐问齐答，共学组活动。例1命题一的变式齐问齐答，独立思考命题一中 q 对 p 的影响，并由"小老师展讲"；通过共学组4人研讨活动，由代表对问题总结陈述，并用自己的语言对 q"命名"和"定义"。

【**设计意图**】学生易于理解充分条件，必要条件是本节课学生理解的难点，通过例题变式引导学生认识条件与结论是相对的，仅仅是变换了认知主体，同时以问题链促使学生独立思考，以共学组研讨活动突破学生的理解难点，"若 p，则 q"为真命题，"若非 q，则非 p"为真命题，没有 q，就没有 p，条件是结论的充分条件，结论是条件的必要条件。

学生自己给出"必要条件"的定义并相互完善，教师规范板书概念。学生完成下面例2，巩固对必要条件的理解并进行判断方法的提炼。

板书：

> 一般地，"若 p，则 q"为真命题，是指由 p 可以通过推理得出 q，记作 $p \Rightarrow q$，并称 p 是 q 的充分条件，q 是 p 的必要条件。
> "若 p，则 q"为假命题，是指由 p 不能推出 q，记作 $p \nRightarrow q$，并称 p 不是 q 的充分条件，q 不是 p 的必要条件。

例2 下列"若 p，则 q"形式的命题中，哪些命题中的 q 是 p 的必要条件？

(1) $p: x=y$，$q: x^2=y^2$。

(2) 若两个三角形全等，则这两个三角形的面积相等。

(3) $p: (x-1)(x-3)>0$，$q: x>3$。

问题2：你还能举出必要条件的例子吗？怎么理解 q 是 p 的必要条件？

【学生活动】独思独做，生讲生学，互助组活动。首先由学生独立思考完成，再对例2进行"小老师展讲"，并归纳判断必要条件的方法；由互助组交流讲述必要条件的例子，并提炼其与性质定理的关系，归纳必要条件的含义"无之，一定不成立；有之，也未必成立"。

【设计意图】本环节是进一步巩固学生对必要条件的理解与判断方法的掌握，培养学生的数学表达与归纳能力。通过互助组活动，学生就必要条件的理解进行交流与举例，提升学生逻辑推理能力，教师引导学生发现结论"数学中的每一条性质定理都给出了相应结论成立的一个必要条件"，达成学习目标2。另一方面，将例题进一步深化探究可以归纳出逻辑语言更加直观的表述，即集合关系（图形语言）。

（四）衍生新知

在例2(3)的基础上，教师提出问题，怎么快速准确判断"推出"是否成立呢？

$(x-1)(x-3)>0 \Rightarrow x>3$ 如何判断"推出"是否成立？四边形是矩形 $\Rightarrow$ 四边形是平行四边形呢？

问题：记集合 $A=\{x \mid x$ 满足条件 $p\}$，$B=\{x \mid x$ 满足条件 $q\}$，且 $p \Rightarrow q$，则集合 A 与 B 有怎样的关系？

【学生活动】齐问个答，齐问齐答，共学组活动。首先由学生独立思考后个人讲述判断思路；由共学组进行4人研讨活动，并由代表讲述两个集合之间的关系。

【设计意图】本环节旨在形成充分条件、必要条件更加直观的表述形式，建立文字语言、符号语言、逻辑语言、集合语言的关系。

（五）概念应用

教师呈现练习，学生完成。

1. 填空（充分不必要、必要不充分、充要、既不充分也不必要）。

(1) "$x^2=1$" 是 "$x=1$" 的_____条件。

(2) "$xy<0$" 是 "$x<0$ 或 $y<0$" 的_____条件。

(3) "$a>b$" 是 "$ac>bc$" 的_____条件。

(4) "$xy \neq 0$" 是 "$x^2+y^2 \neq 0$" 的_____条件。

(5) 下列"开关A闭合"分别是"灯泡D亮"的_____、_____、_____条件。

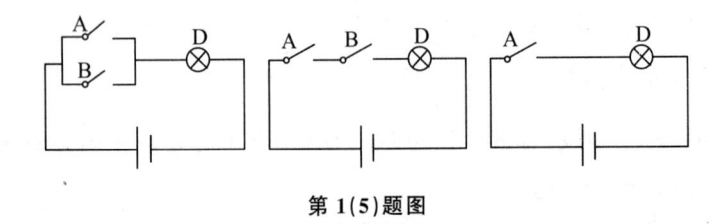

第1(5)题图

教师提炼：两个对象之间的关系可以分为四类，即充分不必要条件、必要不充分条件、充要条件，以及既不充分也不必要条件。

2. 已知 $p: x > a$, $q: x > 1$, 其中 $a \in \mathbf{R}$。

(1) $x > 1$ 的一个充分条件是_____。

(2) $x > 1$ 的一个必要条件是_____。

变式 1 若 $p: x > a$ 是 $q: x > 1$ 的充分条件, 则 a 的取值范围是_____。

变式 2 若 $p: x > a$ 是 $q: x > 1$ 的必要条件, 则 a 的取值范围是_____。

教师提出问题: 充分条件、充要条件、必要条件的对象在范围上有什么关系?

3. 使得不等式 $x^2 > 4$ 成立的一个充分条件是_____。

变式 将条件改为"必要条件"呢?

【学生活动】齐问个答, 共学组活动, 互助组活动, 生讲生学。练习 1 由学生独立思考后进行"展讲", 学生评价, 总结判断的方法, 并给出四种条件的符号定义; 练习 2 由学生独立完成后, 进行共学组对话交流, 并请代表总结; 练习 3 由互助组交流, 由"小老师展讲"进一步辨析问题、内化概念。

【设计意图】练习 1 要求学生会判断对象 p 对于对象 q 的逻辑关系, 并借助数形的角度理解, 归纳判断的一般方法。另一方面, 渗透条件的四种类型(充分不必要、必要不充分、充要、既不充分也不必要), 并由学生给出符号定义; 练习 2 引导学生正确认识两个对象之间的逻辑因果关系, 熟悉两种表达方式, "p 是 q 的充分条件"与"q 的充分条件是 p", 体会必要条件、充分条件分别是充要条件的放大与缩小等; 练习 3 引导学生分辨谁是条件、谁是结论。反馈学情, 评价目标达成情况, 通过互助组活动, 增强学生间的交互, "小老师展讲"训练口头表达能力, 做到善讲, 以此促进对知识的获得和学习动机的持续激发。

(六) 归纳小结

教师提问: 本节课你学到了什么? 还有什么疑惑? 并引用墨子的语录("有之则必然, 无之则未必不然, 是为大故""无之则必不然, 有之则未必然, 是为小故")对本节课进行总结。

【学生活动】共学组活动。共学组组内交流, 代表总结发言。

【设计意图】回顾本课所学内容。学生小结, 教师补充、提炼, 使这节课所学知识系统化, 对"分享·创生"学习的过程进行总结, 体现对学生的多元评价。

(七) 作业布置

1. 请找到高中阶段学过的数学内容中三个以上关于充分条件和必要条件的命题。

2. 已知 $p: x > a$, $q: x > 7$, p 是 q 的必要条件, 求实数 a 的取值范围。

◆ **板书设计**

1.2.1 充分条件与必要条件	
一、定 义 　　(1)"若 p，则 q"是真命题(文字) 　　(2)$p \Rightarrow q$(符号) 　　(3)p 是 q 的充分条件(逻辑) 　　(4)q 是 p 的必要条件(逻辑) 二、集合关系 　　$A=\{x \mid x$ 满足条件 $p\}$，$B=\{x \mid x$ 满足条件 $q\}$ 　　(1)p 是 q 的充分条件：$A \subseteq B$ 　　(2)p 是 q 的必要条件：$B \subseteq A$ 　　　　（主板书）	引例分析：(1) p：$x=1$，q：$x^2=1$； 　　　　　(2) p：$x>3$，q：$(x-1)(x-3)>0$。 学生活动展示区 （副板书）

◆ **教学反思**

高中数学教学的总体目标导向是六大核心素养，本节课与逻辑推理素养紧密相关，让逻辑素养的发展在课堂教学中落地生根，于教材要精选教学内容，于学生要成为课堂的主角，于教师要成为好的组织者与引领者。概念课作为高中数学的重要课型，本堂课设计的出发点是"让学生站在课堂的中央"，围绕概念课的基本环节即概念引入(生活情境、数学问题)—概念形成(实例抽象、出现由来)—概念辨析(内涵外延、特征、相关对象的区别等)—概念应用，通过师生对话、生生对话、自我对话等实现。

本节课的操作性强，学生主动参与度高，教学内容完整，教学测评效果较好，反思主要有以下几个方面：

1. 通过共学组的四人研讨活动，学生全部参与两个概念的讨论，能够主动归纳出充分条件的含义"有之，一定成立；无之，有可能成立"；建立充分条件的概念后，主动生成"必要条件"的概念。

2. 通过互助组的师徒讲解，在辨析"必要条件"环节能主动归纳出判断方法，突破学习难点。

3. 在内容选择上，逻辑用语作为数学语言之一，能帮助学生清晰认识已学知识，本节课的知识载体覆盖面广，涉及解方程、不等式等初中知识，例子广泛但隐藏一根主线，围绕 p：$x=1$，q：$x^2=1$，一题多变。

4. 学生"展讲"、生生对话的过程不仅暴露了学生的思考误区，同时思想的碰撞使学生对概念的理解更加清晰；另一方面，可以培养学生的表达能力与思维能力。

本节课的不足之处在于重视了概念生成，却忽略了概念的生成过程，导致学生对于概念不够熟悉深刻，应用概念的过程不够自然；与集合的关系衔接不够自然；学生活动的空间可以更加广泛。

第三节　复习课中的典型课例

复习课是一种常见的课型，也是教学的重要组成部分。通过复习课对已学习的知识进行梳理、巩固、应用、提升，使得学生在原有的基础之上建构新的知识体系与框架创生出思维能力。实践教学中，在一个章节、学期、学年新课结束之后，都会通过复习课的方式来帮助学生梳理知识，提高学生的解题能力。因此，一堂好的复习课，学生受益良多。本节主要讨论数学板块复习课的基本结构。

一、板块复习课的基本结构

1. 板块复习课的教学流程

基础自测 ⟹ 结构搭建 ⟹ 考点精析 ⟹ 小结提升

2. 板块复习课的基本结构

板块复习课既要解决知识点的回顾、应用与提升，又要提高基本技能，增强解决问题的能力。在板块复习课中，应注重基础知识、技能的培养；应注重再次体验知识的发生、发展的过程；应注重对数学思想方法的渗透；应注重提高对知识综合题型的解题能力。

一般地，板块复习课学习要经历以下几个基本过程：

(1) 基础自测

该环节主要是通过学生课前完成，教师在课中呈现答案来实施，该环节的主要目的是唤醒学生已有经验。因此，在学习单的制作时，选题很关键。难度方面，以理解为主，难度适当。内容方面，选题要匹配后面每一个考点。对于想讲但是不符合本堂课难度的题目，放在最后的作业里呈现。

(2) 结构搭建

该环节的主要目的是让学生俯视全局。教师课前通过对近十年的初中学业水平考试(以下简称中考)试题分析，整理归纳出本节所复习知识点在中考中所占比例、考题出现的形式。在上课时，教师通过PPT以考情分析表的方式呈现，从知识点分类的角度让学生明确中考考查方向，考查难度；从考点的角度，让学生能够在逻辑结构上用框架图把知识点串成线。

(3) 考点精析

考点精析环节，是本节复习课最重要的一个环节。教师根据本节课内容，精心设计分享学习单。这个环节仍然以知识点的形式出现。以圆的有关概念及性质复习为例，这一节内容就分为四个知识点也就是四个考点，考点一是圆的基本概念及性质，考点二是垂径定理及其推论，考点三是圆周角定理及其推论，考点四是圆的内接四边形。每一个考点又通过三个环节来突破。如考点一由以下三个步骤进行。

①知识梳理

分享学习单上以填空的形式呈现出该考点相关的基本概念、性质、方法。学生课前独立填空，梳理知识点。上课时，教师采用齐问个答的方式，指定学生进行订正，其他学生红笔打勾，修正结果。

②链接中考

这个环节可以以一组题的形式呈现，也可以以一道题的形式呈现。一般选用中考原题，或者各区县的一诊、二诊试题。对于多个小知识点，难度系数较低的，如概念的辨析，则选择以一组题的形式，呈现方式以选择、填空为主。对于一个综合性较强的知识点，也可以以一道综合题的形式呈现，呈现方式以解答题为主。该环节的处理，均按照以下流程进行：独思独做—师徒互助—对话性讲解—举手待展。学生先独立思考完成链接中考的练习题，完成之后，根据教师数学课的分组也就是师徒组，进行组内订正。一般情况是一位学业水平相对优秀的学生和一位学业水平相对低一点的学生进行搭档。先完成的学生主动站在自己搭档的旁边，与自己的搭档进行核对。如果意见统一，核对之后，红笔打勾，举手待展；如果核对的过程中，出现意见不统一的，可以通过对话性讲解的方式找出正确答案，有错误的学生就红笔改错，改错完成之后，师徒二人共同举手待展；如果在核对的过程中，师徒二人出现解决不了的问题，可以用红笔圈起来，做好备注，举手待展，在这个环节结束，教师提问时，说出自己的疑惑，由其他同学上台讲解为之解决。

③变式练习

这个环节，结合具体的情况进行。如果需要变式练习就有这个环节，如无必要，则不进行该环节。教师根据本节复习知识点的具体情况，考虑是否增加变式练习。如果增加了变式练习，则可以以PPT的方式呈现，也可以通过教师的追问实现该环节。遇到需要落到笔头的题目，处理方式仍然是独思独做—师徒互助—对话性讲解—举手待展。

(4)小结提升

该环节主要由学生共学组完成，其主要目的是学生间对本节复习知识的解惑，学习单的检查以及双线评价的认证。

二、板块复习课的典型案例

基于"分享·创生"的初中数学复习课"二次函数板块复习(1)"教学设计[①]

◆教学内容解析

1. 教学内容

本节课的内容为梳理二次函数的图象和性质，渗透类比、化归的数学思想。

---

① 本案例由四川大学附属中学新城分校曾志跃提供。

2. 分析说明

二次函数是描述变量之间关系的重要数学模型,现实生活中的喷泉形成的曲线、投掷小球形成的抛物线均是二次函数在实际生活中的现实原形。此外,二次函数也是解决最大面积、最大利润等单变量最优化实际问题的重要数学模型。当然,在数学上,二次函数还是一种非常基本的初等函数。对二次函数的复习与再应用,有利于学生进一步体会函数的思想,累积利用函数解决问题的经验。在新课学习中,学生已经对二次函数的概念、图象、性质有了一定的认识,也利用二次函数来处理单变量的最优化问题。所以,本节"二次函数板块复习(1)"不仅会引导学生再次夯实二次函数相关基本概念,还会在原有的基础上通过系统设计让学生将碎片化的知识点联系起来,而不是机械记忆。在应用方面也不只是简单处理知识问题,而是将中考考点与二次函数知识相结合,由浅入深地引导学生应用二次函数的知识来处理中考试题中更加抽象化、数学化的问题。最后,使学生在回顾、应用、反思、提升中对二次函数的相关知识有一个更为全面、深入的了解,以逐步提升学生在利用函数解决数学抽象问题时的方式方法与逻辑思维。

基于以上诊断,确定本节课的教学重点如下。

教学重点:复习二次函数知识,加深对函数思想的理解。

◆**教学目标设置**

1. 梳理二次函数有关知识,搭建知识框架;运用二次函数解决有关问题。
2. 体会数形结合、分类讨论、方程、转化等数学思想。
3. 在探究过程中进行合作并进行交流分享,感受"分享·创生"学习的乐趣。

◆**教学问题诊断**

学生已经经历了学习二次函数有关知识的完整过程,并且也利用二次函数的知识,处理了部分实际问题、数学问题。学生对于二次函数相关概念、公式、定理的掌握程度较高,但对于怎样整合二次函数的知识来处理更加数学化、抽象化的问题,在处理函数问题时应选择哪些思想方法等问题的掌握度是非常低的,甚至只是凭感觉来解决问题,而没有归纳过具体数学思想方法。

基于以上诊断,确定本节课的教学难点如下。

教学难点:体会数形结合、分类讨论、方程、转化等数学思想。

◆**教学技术支持**

1. 新建参数:建立各项系数对应的参数,进而可以利用参数来控制二次函数图象。
2. 建立坐标系:为了更好地观察函数图象需要建立适当的坐标系。
3. 追踪函数图象:在观察各项系数对函数图象的影响时,需要追踪函数图象,以对比图象变化前后的差别。
4. 平移函数图象:在观察两个二次函数图象交点个数的情况时,需要左右平移其中的一个函数图象,从而观察交点的个数。

5. 旋转函数图象：在处理绕某个点旋转某一角度时，需要旋转二次函数图象以便观察。

◆ **教学过程实施**

教学流程如下。

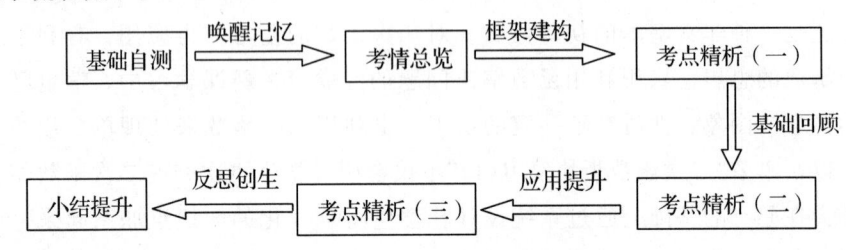

基础自测 →（唤醒记忆）→ 考情总览 →（框架建构）→ 考点精析（一）→（基础回顾）→ 考点精析（二）→（应用提升）→ 考点精析（三）→（反思创生）→ 小结提升

（一）基础自测

1. 关于抛物线 $y=x^2-2x-1$，下列说法中错误的是（ ）。

A. 开口方向向上

B. 对称轴是直线 $x=-1$

C. 当 $x>1$ 时，y 的值随 x 值的增大而减小

D. 顶点坐标为 $(1，2)$

2. 二次函数 $y=ax^2+bx+c$ 的图象如图所示，下列四条信息：(1) $b^2-4ac>0$；(2) $c>1$；(3) $2a-b<0$；(4) $a+b+c<0$。其中错误的有（ ）。

A. 1 个　　　　　　B. 2 个

C. 3 个　　　　　　D. 4 个

第 2 题图

3. 把抛物线 $y=-2x^2$ 向右平移 1 个单位，然后向下平移 3 个单位，则平移后抛物线的解析式为（ ）。

A. $y=-2(x+1)^2-3$ 　　　　B. $y=-2(x-1)^2+3$

C. $y=-2(x+1)^2+3$ 　　　　D. $y=-2(x-1)^2-3$

【学生活动】独思独做。学生根据学习单的引导完成基础自测部分的内容并核对正误。

【设计意图】通过与二次函数有关的基础练习题唤醒学生对二次函数基本概念、图象、公式、定理的记忆，为接下来的学习做好准备。

【技术融合说明】本环节利用网络画板的文本与动画功能，可更为高效地展现题目，并能及时与学生核对结果的正误。

(二)考情总览

近几年命题点	考查频次	年份(题号)	分卷(题型)
二次函数的图象与性质	5次	2020(10)	A卷(选择)
		2019(10)	
		2018(10)	
		2017(10)	
		2016(9)	
二次函数的表达式	必考	每年(28)	B卷(解答)
二次函数的平移与旋转	1次	2015(9)	A卷(选择)
	1次	2017(28)	B卷(解答)

【学生活动】独思独做。学生通过教师的引导、展示回顾近些年成都市中考数学中有关二次函数的考点。

【设计意图】通过展示与二次函数相关命题的考查频次、年份、题型,让学生对二次函数在中考数学中的考查范围、难度、题型有一个初步的认识。从而对中考考查的二次函数内容有一个全面的了解。

【技术融合说明】本环节利用网络画板中图片、表格的功能给学生直观、形象、动态地呈现出近些年中考数学中与二次函数有关的内容。

(三)考点精析

1. 二次函数的图象与性质

(1)知识回顾

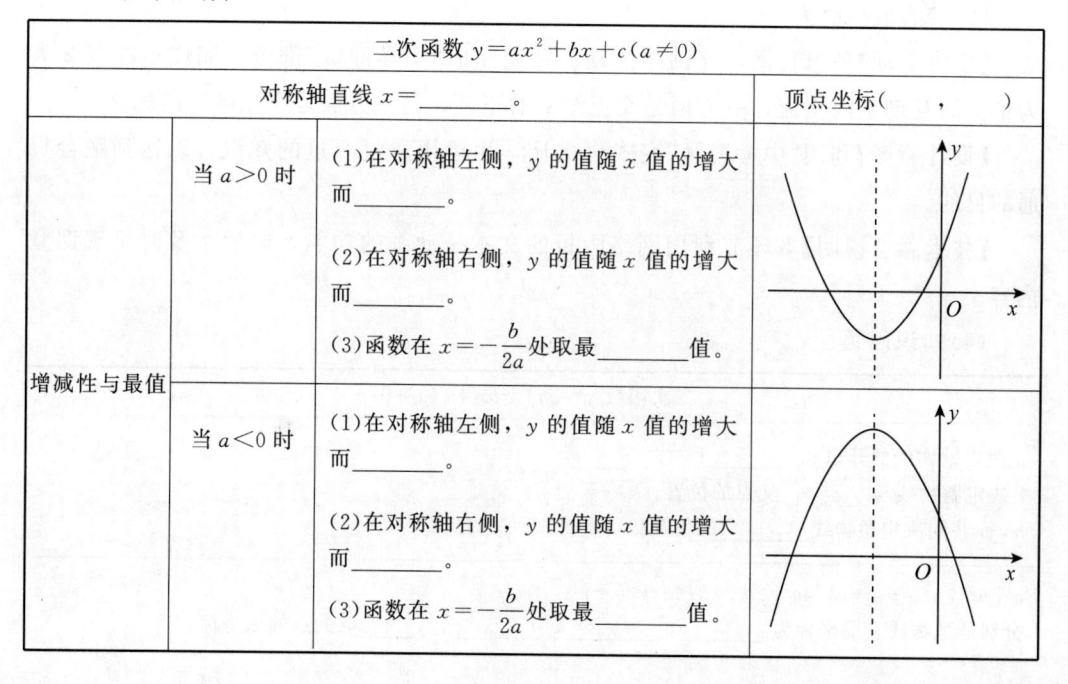

	二次函数 $y = ax^2 + bx + c (a \neq 0)$	
	对称轴直线 $x = $ _____。	顶点坐标(_____ , _____)
增减性与最值	当 $a > 0$ 时	(1)在对称轴左侧,y 的值随 x 值的增大而 _____。 (2)在对称轴右侧,y 的值随 x 值的增大而 _____。 (3)函数在 $x = -\dfrac{b}{2a}$ 处取最 _____ 值。
	当 $a < 0$ 时	(1)在对称轴左侧,y 的值随 x 值的增大而 _____。 (2)在对称轴右侧,y 的值随 x 值的增大而 _____。 (3)函数在 $x = -\dfrac{b}{2a}$ 处取最 _____ 值。

(2)真题精析

(2018·成都)关于二次函数 $y=2x^2+4x-1$，下列说法正确的是（　　）。

A. 图象与 y 轴的交点坐标为(0，1)

B. 图象的对称轴在 y 轴的右侧

C. 当 $x<0$ 时，y 的值随 x 值的增大而减小

D. y 的最小值为 -3

【学生活动】齐问齐答，独思独做，共学组活动，"小老师展讲"。根据表格内容，在教师引导下，共同完成回顾内容；独立完成"真题精析"部分；完成后与小组内成员交流，一方面是交流结果的正误，另一方面是交流解题的思路；在组内交流后，有意愿和全班同学进行交流的学生将作为"小老师"走上讲台与全班同学进行交流。

【设计意图】利用表格引导学生回顾二次函数的对称轴、顶点坐标、增减性与最值，学生在回顾这些内容后，再及时将这些知识运用到解决"中考真题"中去，以达到及时巩固的目的。

【技术融合说明】本环节利用网络画板的文本、表格、动画的功能，向学生及时呈现课堂内容，适时推进课堂。

(3)即学即练

关于二次函数 $y=x^2+2x-8$，下列说法正确的是（　　）。

A. 图象的对称轴在 y 轴的右侧

B. 图象与 y 轴的交点坐标为(0，8)

C. 图象与 x 轴的交点坐标为(−2，0)和(4，0)

D. y 的最小值为 -9

【学生活动】独思独做，互助组活动。独立完成"即学即练"部分；完成后在以 2 人为单位的互助组内交流，一方面是交流结果的正误，另一方面是交流解题的思路。

【设计意图】利用"中考真题"变式再次让学生运用所复习过的知识，以达到融会贯通的目的。

【技术融合说明】本环节利用网络画板的文本、动画的功能，向学生及时呈现课堂内容。

(4)知识回顾

二次函数 $y=ax^2+bx+c(a\neq 0)$
a 决定抛物线的开口和_____； c 决定抛物线与_____交点的位置； a，b 共同决定抛物线_____的位置。
$a+b+c$，$a-b+c$，$4a+2b+c$，$4a-2b+c$ 分别是抛物线上横坐标为_____，_____，_____，_____的点的纵坐标。

续表

b^2-4ac 的符号决定抛物线与 x 轴交点的_____。	(1)若抛物线与 x 轴有两个交点，则 b^2-4ac _____ 0。
	(2)若抛物线与 x 轴有一个交点，则 b^2-4ac _____ 0。
	(3)若抛物线与 x 轴没有交点，则 b^2-4ac _____ 0。

(5)真题精析

①(2019·成都)如图，二次函数 $y=ax^2+bx+c$ 的图象经过点 $A(1,0)$，$B(5,0)$，下列说法正确的是(　　)。

A. $c<0$ 　　　　　　　　　　B. $b^2-4ac<0$

C. $a-b+c<0$ 　　　　　　　D. 图象的对称轴是直线 $x=3$

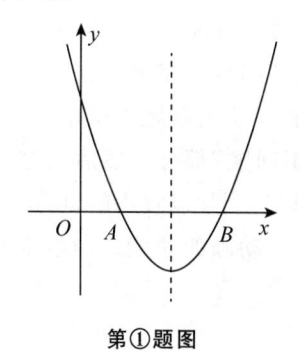

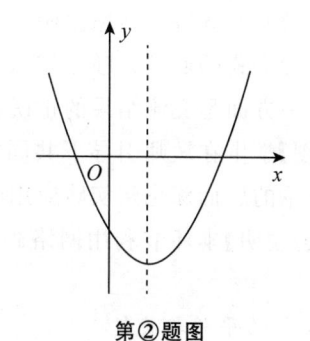

第①题图　　　　　　　　　　第②题图

②(2017·成都)在平面直角坐标系 xOy 中，二次函数 $y=ax^2+bx+c$ 的图象如图所示，下列说法正确的是(　　)。

A. $abc<0$，$b^2-4ac>0$ 　　　　B. $abc>0$，$b^2-4ac>0$

C. $abc<0$，$b^2-4ac<0$ 　　　　D. $abc>0$，$b^2-4ac<0$

【学生活动】独思独做，共学组活动，"小老师展讲"。根据表格内容，在教师引导下，共同完成回顾内容；独立完成"真题精析"部分；完成后与小组内成员交流，一方面是交流结果的正误，另一方面是交流解题的思路；在组内交流后，有意愿和全班同学进行交流的学生将作为"小老师"走上讲台与全班同学进行互动交流。

【设计意图】同样是在教师的引导下，师生共同完成表格内容，从而回顾"各项系数与二次函数图象间的关系""特殊函数值与图象的联系""函数图象与 x 轴交点个数同 b^2-4ac 符号间的关系"。在复习回顾完这些知识后，通过"真题精析"部分，将机械的知识深入到处理应用的层面上。

【技术融合说明】本环节利用网络画板的文本、动画的功能，向学生及时呈现课堂内容。

2. 二次函数的表达式

(1)知识回顾

二次函数表达式的两种形式

①一般式：形如 _____。

②顶点式：形如 _____。

(2)真题精析

(2017·成都)如图，在平面直角坐标系 xOy 中，抛物线 C：$y=ax^2+bx+c$ 与 x 轴相交于 A，B 两点，顶点为 $D(0,4)$，$AB=4\sqrt{2}$，设点 $F(m,0)$ 是 x 轴的正半轴上一点，将抛物线 C 绕点 F 旋转 $180°$，得到新的抛物线 C'。

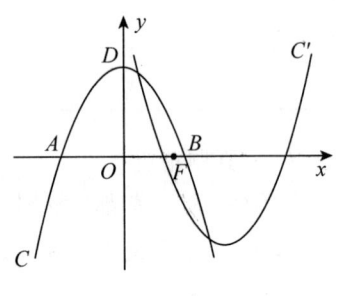

①求抛物线 C 的函数表达式。

……

第(2)题图

【学生活动】齐问齐答，独思独做，互助组活动。通过齐问齐答的方式完成对二次函数表达式两种形式的回顾；独立完成"真题精析"部分；完成后在以2人为单位的互助组内交流，一方面是交流结果的正误，另一方面是交流解题的思路。

【设计意图】学生在教师引导下共同完成"知识回顾"部分，然后通过"中考真题"及时将知识从理论的层面深化到实践应用的层面，以达到学以致用的目的。

【技术融合说明】本环节利用网络画板的文本、动画的功能，向学生及时呈现课堂内容。

3. 二次函数的平移与旋转

(1)知识回顾

平移前的表达式	平移 m 个单位长度($m>0$)	平移后的表达式	规律
$y=a(x-h)^2+k$	向左平移 m 个单位长度	$y=a(x-h\ \boxed{}\ )^2+k$	
	向右平移 m 个单位长度	$y=a(x-h\ \boxed{}\ )^2+k$	
	向上平移 m 个单位长度	$y=a(x-h)^2+k\ \boxed{}$	
	向下平移 m 个单位长度	$y=a(x-h)^2+k\ \boxed{}$	

(2)真题精析

(2015·成都)将抛物线 $y=x^2$ 向左平移2个单位长度，再向下平移3个单位长度，得到的抛物线的函数表达式为(　　)。

A. $y=(x+2)^2-3$　　　　　　B. $y=(x+2)^2+3$

C. $y=(x-2)^2+3$　　　　　　D. $y=(x-2)^2-3$

【学生活动】先齐问齐答，再独思独做，最后齐问齐答。师生共同活动，采用齐问齐答的方式回顾"二次函数的平移与旋转"；学生独立完成"真题精析"部分；完成后通过齐问齐答的方式核对结果的正误。

【设计意图】通过回顾知识与应用做到真正的讲练结合，使得学生不单是记住了固定的知识，还掌握了应用的方法及解题的思路。

【技术融合说明】本环节利用网络画板的文本、动画的功能，向学生及时呈现课堂内容。

(3) 即学即练

(2017·成都) 如图，在平面直角坐标系 xOy 中，抛物线 $C：y=ax^2+bx+c$ 与 x 轴相交于 A，B 两点，顶点为 $D(0，4)$，$AB=4\sqrt{2}$，设点 $F(m，0)$ 是 x 轴的正半轴上一点，将抛物线 C 绕点 F 旋转 $180°$，得到新的抛物线 C'。

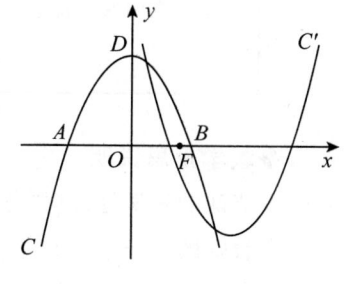

①求抛物线 C 的函数表达式。(已解决)

②求抛物线 C' 的函数表达式。

③若抛物线 C' 与抛物线 C 在 y 轴右侧有两个不同的公共点，求 m 的取值范围。

第(3)题图

【学生活动】齐问齐答。学生在教师的问题引导下，逐一分析问题，通过齐问齐答的方式进行实时互动交流。

【设计意图】教师通过问题引导学生，层层深入，在对问题的不断深入中，使得学生对利用"韦达定理"来控制"根的符号"有更深的体会，在处理"公共点"问题时，教师也在不断向学生渗透处理函数图象变化问题时"化动为静"的思想。

【技术融合说明】本环节利用网络画板可以动态演示图象的变化过程，学生通过观察"动"的过程能发现问题的"临界"之处，进而将抽象的问题具体化，将动态的问题静态化。

(四) 小结提升

课堂留白时间。

【学生活动】互助组活动，共学组活动。互助组帮扶督查完善分享学习单，共学组小组长对组员进行双线评价。

【设计意图】本节课的内容丰富，需要学生自我内化的知识、技能、方法较多。在课堂上给学生一些自主安排的时间，可以让不同层次的学生根据自己的实际学习情况来调整学习节奏。通过互助组活动，学有余力的学生能去帮助其余同学；通过共学组活动，组内成员间能彼此分享在课堂中的收获，以达到相互促进、共同成长的目的。

【技术融合说明】本环节利用网络画板可以动态演示图象的变化过程，学生通过观察"动"的过程能发现问题的"临界"之处，进而将抽象的问题具体化，将动态的问题静态化。

◆**教学板书设计**

```
                    二次函数板块复习(1)
  一、基础自测              3. 二次函数的平移与旋转
                                                    学
  二、考情总览                                        生
                                                    活
  三、考点精析                                        动
    1. 二次函数图象与性质                             展
                                                    示
    2. 二次函数的表达式
```

◆**教学反思说明**

　　本节课的教学是根据"分享·创生"教学中学科知识板块复习的框架而设计的，是学生在教师的引导下，自主回顾，积极参与共学组、互助组活动，在师生、生生的对话性讲解中质疑、评价从而不断深化创生的。在学科知识板块复习中，既要梳理知识点，又要应用知识解决具体问题，课堂教学的容量巨大。"分享·创生"教学中，学生要多次参与互助组活动、共学组活动，课堂活动时间需求大。那么在有限的时间内，怎样才能既完成课堂的教学任务，又满足学生活动的时间呢？这就必须提高课堂效率，网络画板技术在课堂中的应用，则有效解决了这些问题。归纳起来，体现在以下几点：

　　1. 应用网络画板的文本、图表的动态显示功能，实时展示学习内容，推动课堂进程。

　　2. 网络画板强大的作图功能，能帮助学生迅速准确明晰题意。

　　3. 动态图形能凸显几何变换变与不变的规律，能将抽象的变化过程具体化，有助于学生突破思维障碍，从而归纳猜想出解决问题的具体方法。

　　在"分享·创生"教学中，在师生交流、生生交流的评价质疑中，彼此互换经验，从而使学生在具体知识与思想方法上不断创生。值得改进的地方是，知识点复习时应尽可能整合知识进行系统性的复习，从而使学生对于所复习的知识有一个全面整体的认识。若复习时将知识点分割得太小太细，容易使知识碎片化、零散化。教师在引导学生自主解决问题时，应给予学生更多的空间和时间，舍得放手才会给学生留下更多创生的空间。

第四节 讲评课中的典型课例

数学讲评课包括作业讲评课和试卷讲评课，作业讲评课以学生进行"解决问题"为主，试卷讲评课以强化学习反馈信息，为进入下一步学习做准备为主，本节主要讨论数学试卷讲评课的基本结构。

一、试卷讲评课的基本结构

1. 试卷讲评课的教学流程

考情总览 ⇒ 自查互助 ⇒ 典错精析 ⇒ 小结提升

2. 试卷讲评课的基本结构

一堂试卷讲评课可以分为考情总览、自查互助、典错精析、小结提升这四个环节进行。在课堂上，以教师为主导，学生为主体来进行课堂教学。学生活动方式是多样的，可以是齐问个答、齐问齐答，共学组交流，互助组帮扶，学生"展讲"，等等，在课堂上要充分发挥学生的能动性。

一般地，试卷讲评课要经历以下几个基本过程：

(1) 考情总览——简单定位，能级分类

考情总览，也就是通过对考试情况的分析，对本次考试进行简单定位。教师以PPT的方式，先呈现本次考试的数据，班级的整体情况，包括平均分、最高分、合格率和优秀率等。再呈现班级的具体答题情况、班级名列前茅的学生和进步较大的学生。表扬班级名列前茅的学生这样有利于树立榜样，让全班同学向优秀者学习；表扬进步较大的学生，可以给中等成绩的同学信心，让全班同学向进步者学习，可以提升学生学习的信心和兴趣。最后呈现本次考试的高频错题，按照得分率由低到高的形式呈现，这样的方式也可以让学生快速了解本次考试的答题情况以及本次考试的高频错题，有利于在试卷讲评时，让学生对本次考试的易错点更加重视。

(2) 自查互助——独立纠错，师徒互助

自查互助环节由两部分构成。第一部分，学生先通过过失性失分统计表统计本次考试的过失性失分(如图8-3)，并独立完成这些过失性失分题目的纠错，为学生后续学习做铺垫，也为考出属于自己的满分努力。在每次考试之后，坚持总结过失性失分，可以减少学生过失性错误，这对学生来说，就是很大的提升。第二部分，进行互助组活动(如图8-4)，师徒独立改错，师父改错完毕之后，师父站在徒弟身边，师徒帮扶，师父协助徒弟再次对一些重难点题目纠错。在这个过程中，注意红笔订正，待师徒完成之后，互助组同时举手。

1. 独立任务	2. 互助任务
完成过失性失分统计表。 | 题号 | | | | | | 合计 | |---|---|---|---|---|---|---| | 分值 | | | | | | | 属于我的满分：（　　）+（　　）=（　　） 独立用红笔完成改错，并在错题旁写明错因。	互助组活动： 师父改错完毕后，手拿红笔，站到徒弟身边协助改错、讲解、画勾，完成后，回位，互助组同时举手。

图 8-3　　　　　　　　　　　图 8-4

（3）典错精析——高频错题，精析提炼

典错精析环节，PPT再次展示高频错题序号前两行，在这环节中，针对不同的错题，我们可以采用不同的讲评方式。针对知识概念类的典型错误，教师可以完成讲解，提炼易错点以及解决该类问题的方法。针对全班错误率较高的题目，或者这类题目有一个较难的突破点，可以采用共学组活动，先讨论修改高频错题，共学组完成后可举手示意。最后，教师点拨，学生整理内化，形成将具体问题的解决方式转化为解决这一类型问题的方法。

（4）小结提升——整理内化，二次过关

小结提升环节是试卷讲评课中必不可少的环节。这环节是学生对本节课内容的一个回顾和总结，也是对于今后解决本类问题的一个方法思路的总结。学生还可以发表对本堂课课堂表现、参与度等方面的收获，学生可以在不断的总结和反思中，提升自己的核心素养。

二、试卷讲评课的典型案例

基于"分享·创生"的初中数学讲评课"试卷讲评课"教学设计[①]

◆ 教学内容解析

1. 教学内容

本节课是九年级上册第八周数学周测试题讲评，本次周测测试的内容为九年级上册第四章的全部内容，其教学内容为本次周测试题的典型错题的讲解和知识梳理。

2. 分析说明

本次测试题主要考查了成比例线段、相似三角形性质的应用、图形的位似以及相似三角形的证明等知识。本次试题包括选择题、填空题和解答题三种形式。题量分布为：选择题10道，共计30分；填空题4道，共计16分；解答题6道，共计54分。卷面总分为100分。通过试题批改发现，学生在比例的性质、相似三角形判定的应用方面错误率较高。

---

① 本案例由四川大学附属中学西区学校蒋维提供。

相似三角形的知识是有关几何度量运算和代数学习的必要基础,因而图形的相似具有学科的基础性和广泛的应用。基于此,本节课除了进行典型错题的讲解,更要着力于发展学生的推理能力、分析问题的能力、解决问题的能力,并在这个过程中体会数形结合、分类讨论、方程、转化等数学思想。在解决有关图形相似的典型问题的过程中,引导学生习得解题方法,发展归纳反思的能力。

基于以上解析,确定本节课的教学重点如下。

教学重点：相似三角形相关的综合运用问题的解决。

◆**教学目标设置**

1. 通过课前知识梳理,强化知识的薄弱环节,明确试卷作答中出现的错误及原因。

2. 通过教师课上对典型错题的分析,师生互动,将具体问题的解决方式转化为解决这一类型问题的方法,形成解题策略。

3. 体会数形结合、分类讨论、方程、转化等数学思想。

4. 在探究过程中进行合作并交流分享,感受"分享·创生"学习的乐趣。

◆**教学问题诊断**

学生已经学习了图形相似的有关知识,对于相似三角形一般性的运用已经比较熟练,但是对不同知识点的整合运用和处理运动图形的相关问题还较为生疏,不会分析问题,更没有提炼出方法。

基于以上诊断,确定本节课的教学难点如下。

教学难点：体会数形结合、分类讨论、方程、转化等数学思想,并提炼解题方法。

◆**教学技术支持**

路径：在展示相似三角形动点问题时,要运用动图制作出三角形的运动路径。

◆**教学过程实施**

教学流程如下。

考情总览 简单定位 能级分类 →（自主完善）→ 自查互助 独立纠错 师徒互助 →（分层推进 合作分享）→ 典错精析 高频错题 精析提炼 →（内化提升）→ 小结提升 整理内化 二次过关

(一)考情总览

教师使用 PPT 展示,同时口述。

1. 数据发声：显示平均分、最高分、合格率等。

2. 红榜表扬：展示进步较大的学生名单。

3. 答题呈现：投影截图展示(按得分率由低到高排列)。

【学生活动】齐问齐答。了解本次考试信息及得分情况。

【设计意图】通过数据分析,让学生了解本次考试的基本情况和高频错题,为后面的典错精析讲解设立目标,让学生产生学习的能动性,为本节课后续的深入学习做铺垫。

【技术融合说明】本环节用到了 PPT 的动画功能，做出的动图利用数据直观地呈现本次考试的基本情况和高频错题，极大地提高了课堂效率。

（二）自查互助

课前给各共学组布置了小组任务——完成本次试卷的知识梳理以及过失性失分统计。课上结合 PPT 改正错误率较低的题目。现在就请小组代表展示本组的知识梳理及过失性失分统计表。

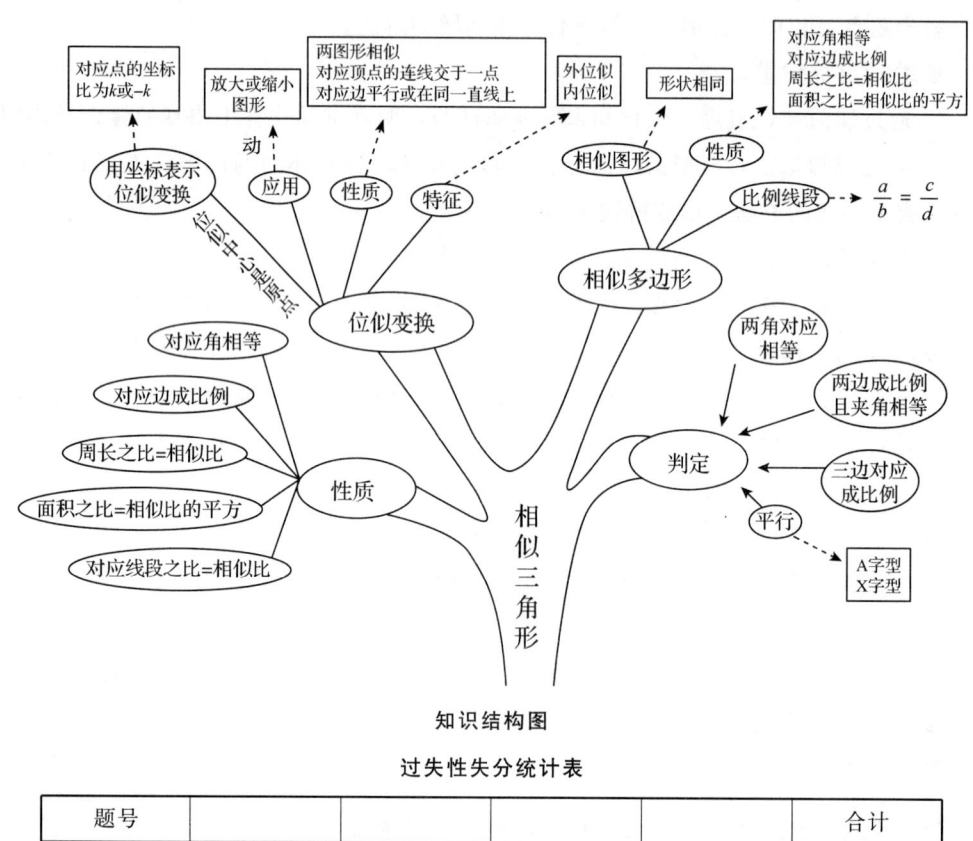

知识结构图

过失性失分统计表

题号				合计
分值				
属于我的满分：（　　　）+（　　　）=（　　　）				

刚才的小组展示，梳理了本次考试的主要知识点，总结本次考试的过失性失误，为学生后续学习做铺垫，力求考到属于自己的 100 分；学生改错完成之后，教师抽取 2 份试卷，利用投影展示 2 个板块，过失性失分统计表和已改错题。

【学生活动】共学组活动，互助组活动，共学组代表"展讲"。课前以共学组为单位，完成知识梳理；课上，共学组作知识梳理汇报，搭建知识框架；师父改错完毕后，手拿红笔，协助徒弟改错、讲解、打勾，完成后，回位，互助组同时举手。

【设计意图】完成知识梳理在于培养学生回顾与反思的习惯，以获得知识系统的自主建构能力。小组内的交流，既能使学生之间取长补短，更全面地完成周测试题的知识梳理，又能培养协作能力。通过互助组结对帮扶，关注到每位学生，通过纠错实现知识点的落实。

(三)典错精析

通过数据分析，我们再次看到考试中的高频错题，我们发现，下面 5 道题(分别是试卷原第 2 题、第 8 题、第 16 题、第 17 题、第 20 题)错误率较高，接下来我们对这些题目进行突破。教师完成试卷原第 2 题、第 8 题的讲评。

1. 若 $\dfrac{a}{b}=\dfrac{c}{d}$，且 a,b,c,d 均为正数，则下列变形式中，错误的是(　　)。

A. $\dfrac{c}{a}=\dfrac{d}{b}$　　　　　　B. $\dfrac{a+c}{b+d}=\dfrac{c}{d}$

C. $\dfrac{a+b}{b}=\dfrac{c+d}{d}$　　　　D. $\dfrac{a+1}{b}=\dfrac{c+1}{d}$

2. 若 △ABC ∽ △$A_1B_1C_1$，其面积比为 $\dfrac{4}{9}$，△$A_1B_1C_1$ 与 △ABC 的周长比为(　　)。

A. $\dfrac{2}{3}$　　　　　　　　　　B. $\dfrac{3}{2}$

C. $\dfrac{4}{9}$　　　　　　　　　　D. $\dfrac{9}{4}$

变式：若 △ABC ∽ △$A_1B_1C_1$，其面积比为 $\dfrac{4}{9}$，则 △ABC 与 △$A_1B_1C_1$ 的周长比为_____。

3. 如图，在四边形 ABCD 中，AD∥BC，AB⊥BC，点 E 在 AB 上，∠DEC=90°。

(1)求证：△ADE ∽ △BEC。

(2)若 AD=1，BC=3，AE=2，求 AB 的长。

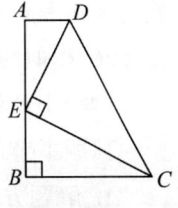

第 3 题图

4. 如图，身高 1.5 米的人站在两棵树之间，距较高的树 5 米，距较矮的树 3 米，若此人观察的树梢所成的视线的夹角是 90°，且较矮的树高 4 米，那么较高的树有多少米？

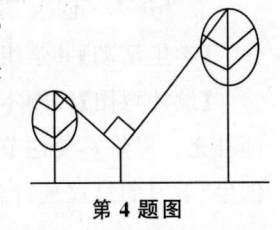

第 4 题图

5. 在 Rt△ACB 中，∠C=90°，AC=20 cm，BC=15 cm，现有动点 P 从点 A 出发，沿 AC 向点 C 方向运动，动点 Q 从点 C 出发，沿线段 CB 向点 B 方向运动，如果点 P 的速度是 4 cm/s，点 Q 的速度是 2 cm/s，它们同时出发，当有一点到达所在线段的端点时，就停止运动。设运动时间为 t s。求：

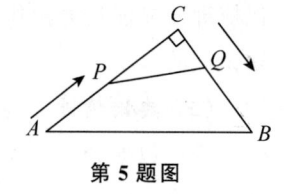

第 5 题图

(1)当 $t=3$ s 时，这时 P 与 Q 两点之间的距离是多少？

(2)若△CPQ 的面积为 S，求 S 关于 t 的函数关系式。

(3)当 t 为多少秒时，以点 C，P，Q 为顶点的三角形与△ABC 相似？

【学生活动】共学组活动、互助组活动、"小老师展讲"。共学组活动：讨论修改高频错题，共学组完成后可举手示意；第 3 题和第 4 题属于同一种类型的题目，学生的错误点主要是相似的对应关系易混淆，共学组讨论之后，找到该类型题目的易错点，由共学组代表完成第 3，4 题的类比讲评；第 5 题较难，得分率不高，共学组代表可分析此题，为其他同学提供解题思路；学生整理内化，互助组再次进行第 5 题的讲解。

【设计意图】分层推进问题，使学生的思维活动随之逐渐加深，感受用分类讨论思想解决问题。此处设置小组活动，共学组讨论交流高频错题，找出易错点，互助组对于难点问题，再次讲解，达到人人过关。共学组代表讲解分析典型错题，教师提问引导，帮助学生将具体问题的解决方式转化为解决这一类型问题的方法，是对之前内容的一个总结，为后面解决反馈练习整理思路。

【技术融合说明】本环节用到了网络画板的路径功能，制作的动图展示动点的运动轨迹及过程，便于学生理解 P 与 Q 在不同位置，以点 C，P，Q 为顶点的三角形与△ABC 相似的情况，从而找到解题方法。

(四)小结提升

回顾本节课的学习，围绕以下三点，请同学们整理一下自己的收获。

1. 解题方法。

2. 数学思想。

3. "分享·创生"学习的体会。

【学生活动】共学组活动、代表"展讲"。共学组组内交流、代表作总结发言。

【设计意图】回顾本课学习的知识及应用到的数学思想和数学方法。学生小结，教师补充、提炼，使这节课所学知识系统化，并从感性认识上升到理性认识。对"分享·创生"学习的过程进行总结，体现对学生的多元评价。

◆ **教学板书设计**

周测试讲评	
一、知识梳理	二、典型问题
1. 本章主要知识点	1. 相似三角形对应性问题
2. 知识框架图	2. 相似三角形存在性问题

学生活动展示区

◆ **教学目标检测**

(一)必做题

1. 如图，在 □ABCD 中，E 为 CD 上一点，连接 AE，BD，且 AE 与 BD 交于点 F，$S_{\triangle DEF} : S_{\triangle ABF} = 4 : 25$，则 DE : EC =（　　）。

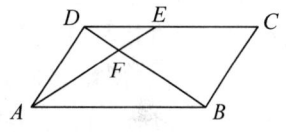

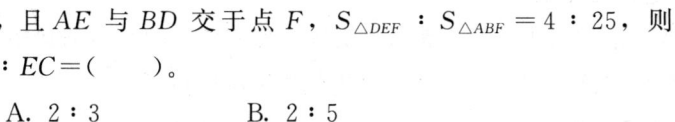

  A. 2 : 3　　 B. 2 : 5

  C. 3 : 5　　 D. 3 : 2

第 1 题图

2. 如图，小明晚上由路灯 A 下的 B 处走到 C 处时，测得影子 CD 的长为 1 米，从 C 处继续往前走 2 米到达 E 处时，测得影子 EF 的长为 2 米。已知小明的身高是 1.5 米，那么路灯 A 的高度等于_____米。

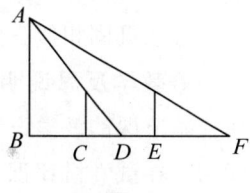

第 2 题图

3. 如图，在矩形 ABCD 中，AB = 12 cm，BC = 6 cm，点 P 沿边 AB 从点 A 开始向点 B 以 2 cm/s 的速度移动，点 Q 沿边 DA 从点 D 开始向点 A 以 1 cm/s 的速度移动。如果 P 与 Q 同时出发，用 t s 表示移动的时间（0 < t < 6）。

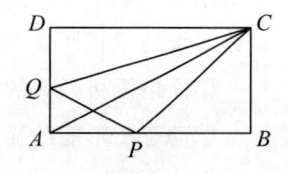

(1) 当 t 为何值时，△QAP 为等腰直角三角形？

(2) 对四边形 QAPC 的面积，提出一个与计算结果有关的结论。

第 3 题图

(3) 当 t 为何值时，以点 Q，A，P 为顶点的三角形与△ABC 相似？

(二)选做题

1. 填空。

如图，在 Rt△ACB 和 Rt△DCE 中，∠ACB = ∠DCE = 90°，∠CAB = ∠CDE = 45°，D 是线段 AB 上一动点，连接 BE。

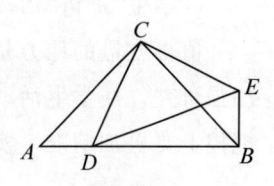

第 1 题图

(1) $\dfrac{BE}{AD}$ 的值为_____。

(2) ∠DBE 的度数为_____。

2. 类比探究。

如图，在 Rt△ACB 和 Rt△DCE 中，∠ACB=∠DCE=90°，∠CAB=∠CDE=60°，D 是线段 AB 上一动点，连接 BE。请求出 $\dfrac{BE}{AD}$ 的值及∠DBE 的度数，并说明理由。

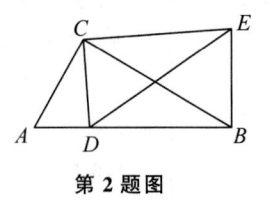

第 2 题图

3. 拓展延伸。

如图，在 Rt△ABC 和 Rt△CDE 中，∠ACB=∠DCE=90°，∠CAB=∠CDE，点 D 是线段 AB 上一动点，连接 BE，P 为 DE 的中点。若 BC=4，AC=3，在点 D 从点 A 运动到点 B 的过程中，请直接写出点 P 经过的路径长。

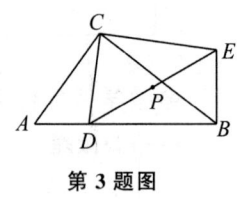

第 3 题图

【设计意图】3 道必做题，层层递进，第 1 题直接巩固相似三角形的性质的运用，第 2 题注重相似三角形的性质的实际运用，第 3 题则强化分类讨论思想。

选做题是课堂活动的延展，既面向全体学生，又满足学生个性发展的需要，是"人人都能获得良好的数学教育，不同的人在数学上得到不同的发展"的较好体现。这道选做题意在巩固相似三角形的综合运用。

◆**教学反思说明**

本节课的教学设计始终贯穿一条主线：以学生为主体，开展充分的"分享·创生"学习。在试卷讲评课中，既要梳理知识点，又要解决典型错题，提炼方法，课堂容量大。"分享·创生"学习的课堂，学生要积极参与讨论、交流、对话性讲解等活动，时间需求大。四十分钟的课堂，如何完成教学目标？解决这个矛盾，必须提高课堂效率，网络画板技术在课堂中的应用，则有效解决了这些问题。归纳起来，体现在以下两点。

①网络画板强大的作图功能，能帮助学生迅速准确明晰题意。

②动态图形能凸显几何变换变与不变的规律，有助于突破难点。

在开展"分享·创生"学习的过程中，学生分组讨论、展示活动表现积极。师生交流、生生交流使思维碰撞出火花，学生思维活跃，学习效率高，主要体现在以下几点。

①共学组活动培养了学生的合作能力，相互启迪，促进大家共同发展。

②互助组活动使每位学生都获得关注，并且能全员参与学习过程。

③学生"展讲"活动培养了学生的数学素养，并能让学生获得愉悦的学习体验。

值得改进的地方是，问题的设计还需注意要更加精准；学生活动的目标导向还要加强研究，使学生活动更加高效；教师在问题引导中要注意收放有度，在课堂时间的把控上要更加精准，实现课堂效益最大化。

后 记

光阴荏苒,岁月如梭。从 2009 年算起,"分享·创生"教学范式从萌芽到成熟已有十多个年头,其中 2014 年是促发课题研究的开始。

这一年,成都市首次开展义务教育阶段教育质量综合评价改革学业质量监测活动,本次学业质量监测工具包含学科监测和问卷调查两部分,其中在七年级数学学科问卷调查中有这样一道选择题:

你感到数学课听明白了,但完成作业很吃力。

A. 没有　　B. 偶尔　　C. 经常　　D. 总是

选择 C 和 D 选项的比例高达 79.5%,这个调查结果让所有人都震惊了,促发了我们对课堂教学的深刻反思。于是我们成立了课题研究团队,详细分析了问题背后的原因,并且开始大胆尝试课堂教学变革。2015 年,我们课题研究团队首次提出了"分享学习型课堂教学"。随着研究的逐步深入,2020 年,我们正式提出了"分享·创生"教学范式。回首这段漫长的研究历程,每一个阶段都充满了挑战与收获。从最初的课题选定,到理论框架的构建,再到实际教学的应用与反馈,每一步都凝聚着我们团队的心血与智慧。我们经历了无数次的讨论、尝试与改进,才逐渐形成了今天这套相对完善的"分享·创生"教学体系。在本书中,我们团队详细论述了"分享·创生"教学的概念、内涵、特征、基本理念等,并给出了可操作、可运用的教学范式和教学案例。

在这十多年间,我们深刻体会到了教育教学改革的艰辛与乐趣。每一次的困惑与突破,都让我们更加坚定了对"分享·创生"教学范式的信念。我们相信,这种教学范式能够真正地激发学生的学习兴趣,培养学生良好的学习习惯,挖掘学生的学习潜力,树立学生的学习信心,培育他们的核心素养。我们通过调研、考察、讲座、视导等方式,对成都市乃至四川省近百所学校进行了课堂教学研究,指导学校大力开展"分享·创生"教学实践,取得了丰硕的研究成果,涌现了一批"家门口的好学校",其中四川大学附属中学西区学校的改革经验还被选入第五届全国教育改革创新典型案例、第六届基层党建创新案例、教育部党的十八大以来教育综合改革典型案例、四川省教育改革创新发展典型案例等。

在这本书即将付梓的时候,我们团队要感谢在这个过程中给予我们支持和帮助的所有人。感谢教育教学专家们的悉心指导,他们的智慧与经验为我们指明了研究的方向。感谢各级中小学的领导和教师们,他们为我们提供了宝贵的实践平台,让我们有机会将理论成果转化为实际的教学成果，尤其要感谢那些一线骨干教师，他们的积极参与和辛勤付出，使得我们的教学范式能够在更多的课堂上生根发芽。

如今，本书的完成，是对我们十多年研究工作的最好总结，亦是凝聚了我们对课堂教学变革的所有思考，但我们也深知，教育教学的研究永无止境。在未来的日子里，我们将继续与同人一道，深入探索"分享·创生"教学范式的更多可能性。

最后，希望这本书能够为广大教育工作者们提供参考，共同推动教育教学事业的进步与发展。让我们携手共创一个更加美好的教育未来，重塑教育新生态！